Español Lengua Extranjera

Preparación al examen

Especial
DELE B1
Curso completo

Curso:
Paz Bartolomé
María José Barrios
Modelos de examen:
Mónica García-Viñó

edelsa

1.ª edición: 2018
2.ª impresión: 2019

© Edelsa Grupo Didascalia, S.A. Madrid, 2018.
© Autoras curso completo, características y consejos: Paz Bartolomé, María José Barrios.
Autora modelos de examen: Mónica García-Viñó.
Dirección y coordinación editorial: Departamento de Edición de Edelsa.
Edición: Pilar Justo y Óscar Cerrolaza.
Corrección: Alicia Iglesia.
Diseño de cubierta: Departamento de Imagen de Edelsa.
Maquetación: Estudio Grafimarque.

ISBN: 978-84-9081-686-8
Depósito legal: M-23776-2018

Impreso en España/*Printed in Spain*

Audio:
Locuciones y montaje sonoro: ALTA FRECUENCIA MADRID. Tel. 915195277, www.altafrecuencia.com
Voces: Juani Femenia, José Antonio Páramo, Ariel Tobillo (voz argentina), Octavio Eguiluz (voz mexicana).
Las locuciones en las que aparecen personajes famosos son adaptaciones de entrevistas reales. Sin embargo, las voces son interpretadas por actores.

Nota:
La editorial Edelsa ha solicitado todos los permisos de reproducción correspondientes y da las gracias a quienes han prestado su colaboración.
«Cualquier forma de reproducción de esta obra solo puede ser realizada con la autorización de la editorial, salvo excepción prevista por la ley. Diríjase a CEDRO (Centro Español de Derechos Reprográficos, www.cedro.org) si necesita fotocopiar o escanear algún fragmento de esta obra».

PRÓLOGO

ESPECIAL DELE B1 CURSO COMPLETO

Desde que existen los exámenes DELE hemos trabajado como preparadoras y examinadoras del diploma B1 del Instituto Cervantes, título que cada vez resulta más necesario, e incluso imprescindible, tanto para acceder a un trabajo como para poder realizar estudios de grado o de máster.

En esta tarea muchas veces los profesores nos hemos sentido frustrados e impotentes por no poder solventar de un modo eficaz las carencias y lagunas que presentaban nuestros estudiantes. En este *Curso completo Especial DELE B1* ofrecemos un material que puede ser útil tanto a profesores como a alumnos para conseguir el objetivo de abarcar todos los contenidos imprescindibles de este nivel y tener éxito en el examen.

Este libro puede usarse como **curso intensivo** (seleccionando solo lo que interese al alumno o al profesor) o como **curso regular** de un semestre, cuatrimestre o **curso escolar completo**, adaptando, en estos casos, el ritmo de trabajo y los contenidos al tiempo disponible. Y se puede trabajar con él, tanto de forma **individual** por parte del estudiante como **en clase** con la ayuda del profesor.

Este libro consta de **ocho modelos de examen completos** agrupados **por ámbitos temáticos**, en los que **hemos incorporado,** al principio de cada uno, **el trabajo de distintos contenidos léxicos, gramaticales y funcionales**, relacionados con el tema correspondiente.

Cada modelo de examen incluye **de una a tres unidades de léxico** basadas en los *Niveles de referencia (Plan curricular del Instituto Cervantes)* y relacionadas con los temas de cada uno, presentadas de forma didáctica y **orientadas hacia las tareas reales del examen**. También ofrecemos cuatro series de **gramática** que, de forma resumida y **en forma de test**, recogen todos los contenidos establecidos para el nivel B1, lo que puede ser una buena herramienta de repaso, activación e incluso de presentación de temas gramaticales nuevos. Hemos incluido, asimismo, una sección de **contenidos funcionales** (expresión de la opinión, acuerdo, desacuerdo, probabilidad, etc.), que consta de tres series en cada examen, en las que recogemos las **principales fórmulas y exponentes lingüísticos** de este nivel.

Este *Curso* también contiene una sección de **corrección de errores**, que hemos decidido incorporar debido a que la corrección gramatical es uno de los criterios de evaluación de las pruebas escritas y orales. La selección está basada en producciones reales de los estudiantes y en errores generalizados. Por último, hemos incluido una pequeña **sección de preposiciones de uso frecuente** en este nivel.

Al final del libro, aparece una sección con las **características** de cada prueba y de cada tarea y **consejos** para ayudar al alumno a realizarlas con éxito.

En un libro aparte se presentan las **respuestas explicadas** de todos los ejercicios. Estas soluciones ofrecen una explicación detallada tanto del ítem correcto como de los incorrectos.

Pilar Alzugaray

ÍNDICE

Instrucciones generales 6

Examen 1.
Viviendas y muebles 8
Curso completo
Léxico: Viviendas y muebles 10
Gramática 14
Funciones 16
Modelo de examen
Prueba 1: Comprensión de lectura 18
Prueba 2: Comprensión auditiva 26
Prueba 3: Expresión e interacción escritas 30
Prueba 4: Expresión e interacción orales 32

Examen 2.
Las personas: su físico, su carácter y sus relaciones 34
Curso completo
Léxico: Las personas: físico y carácter 36
       Relaciones personales 40
Gramática 42
Funciones 44
Modelo de examen
Prueba 1: Comprensión de lectura 46
Prueba 2: Comprensión auditiva 54
Prueba 3: Expresión e interacción escritas 58
Prueba 4: Expresión e interacción orales 60

Examen 3.
Mundo laboral y estudios 62
Curso completo
Léxico: Mundo laboral 64
       Estudios 68
Gramática 70
Funciones 72
Modelo de examen
Prueba 1: Comprensión de lectura 74
Prueba 2: Comprensión auditiva 82
Prueba 3: Expresión e interacción escritas 86
Prueba 4: Expresión e interacción orales 88

Examen 4.
Compras y bancos 90
Curso completo
Léxico: Compras y establecimientos 92
       Bancos, economía y empresa 96
Gramática 98
Funciones 100
Modelo de examen
Prueba 1: Comprensión de lectura 102
Prueba 2: Comprensión auditiva 110
Prueba 3: Expresión e interacción escritas 114
Prueba 4: Expresión e interacción orales 116

Examen 5.
Cuerpo y salud 118
Curso completo
Léxico: Cuerpo, salud y medicinas 120
       Dieta y alimentación 124
Gramática 128
Funciones 130
Modelo de examen
Prueba 1: Comprensión de lectura 132
Prueba 2: Comprensión auditiva 140
Prueba 3: Expresión e interacción escritas 144
Prueba 4: Expresión e interacción orales 146

Examen 6.
Viajes, naturaleza y medio ambiente 148
Curso completo
Léxico: Viajes, alojamiento y transporte 150
       Geografía, clima y naturaleza 154
Gramática 158
Funciones 160
Modelo de examen
Prueba 1: Comprensión de lectura 162
Prueba 2: Comprensión auditiva 170
Prueba 3: Expresión e interacción escritas 174
Prueba 4: Expresión e interacción orales 176

Examen 7.
Ciudades, medios de transporte y de comunicación 178
Curso completo
Léxico: Ciudades y medios de transporte 180
       Medios de comunicación 184
Gramática 186
Funciones 188
Modelo de examen
Prueba 1: Comprensión de lectura 190
Prueba 2: Comprensión auditiva 198
Prueba 3: Expresión e interacción escritas 202
Prueba 4: Expresión e interacción orales 204

Examen 8.
Cultura, tiempo libre y deportes 206
Curso completo
Léxico: Actividades artísticas y de tiempo libre 208
       Deportes y juegos 214
Gramática 216
Funciones 218
Modelo de examen
Prueba 1: Comprensión de lectura 220
Prueba 2: Comprensión auditiva 228
Prueba 3: Expresión e interacción escritas 232
Prueba 4: Expresión e interacción orales 234

Características y consejos
Prueba 1: Comprensión de lectura 236
Prueba 2: Comprensión auditiva 243
Prueba 3: Expresión e interacción escritas 249
Prueba 4: Expresión e interacción orales 252

INSTRUCCIONES GENERALES

INFORMACIÓN GENERAL

Los diplomas de Español como Lengua Extranjera (DELE) son títulos oficiales de validez indefinida del Ministerio de Educación de España. La obtención de cualquiera de estos diplomas requiere una serie de pruebas.

El diploma DELE B1 equivale al nivel umbral, el tercero de los seis niveles propuestos en la escala del *Marco común europeo de referencia para las lenguas* (*MCER*). Acredita la competencia lingüística, cultural e intercultural que posee el candidato para:

- **Comprender los puntos principales de textos claros** y en lengua estándar sobre cuestiones conocidas; relacionadas con el trabajo, los estudios o el ocio.
- **Realizar intercambios comunicativos** sobre aspectos conocidos o habituales y describir cuestiones relacionadas con su pasado y su entorno.
- **Satisfacer cuestiones relacionadas con sus necesidades inmediatas**.

http://diplomas.cervantes.es/informacion/niveles/nivel_b1.html

INSTRUCCIONES GENERALES

Como candidato a este examen, deberá:

- Presentarse a las pruebas con su **pasaporte**, **carné de identidad**, **carné de conducir** o cualquier documento de identificación oficial.
- Llevar un **bolígrafo** o similar que escriba con tinta y **un lápiz del número 2**.
- Tener a mano **las cuatro últimas cifras del código de inscripción**, ya que tendrá que anotarlas en las hojas de respuesta.
- Ser muy puntual.

Antes de cada prueba, el candidato debe:

- Comprobar la hoja de confirmación de datos.
- Completar o confirmar el número de inscripción de las hojas de respuesta.
- Aprender a rellenar con bolígrafo o con lápiz las casillas de las hojas de respuesta.
- Hay una hoja de respuesta para las pruebas 1 y 2 y el cuadernillo n.º 1.
- La prueba 3 se presenta en un único cuadernillo, el n.º 2, donde también se escriben las respuestas.
- La **hoja de respuesta** se rellena de la siguiente manera:
  - Apellido(s) y nombre, centro de examen, ciudad y país donde se examina, en mayúsculas y con bolígrafo.
  - Las cuatro últimas cifras del código de inscripción (con lápiz del n.º 2). El código se pone dos veces, una con número y otra sombreando las casillas.
  - Tiene que marcar las respuestas del examen con lápiz del número 2, como se indica a continuación:

Ojo: En algunos países o ciudades las hojas de respuesta vienen ya con los datos del candidato y las respuestas se rellenan con bolígrafo.

¡ATENCIÓN!
FORMA DE MARCAR

CORRECTA

A	B	C	D
		■	

INCORRECTA

A	B	C	D
╲	●	○	╳

USE ÚNICAMENTE LÁPIZ DEL NÚMERO 2
CORRIJA BORRANDO INTENSAMENTE

Importante: Se requiere la calificación de *apto* en cada uno de los dos grupos de pruebas en la misma convocatoria de examen.
Grupo 1: Comprensión de lectura y Expresión e interacción escritas.
Grupo 2: Comprensión auditiva y Expresión e interacción orales.
Cada grupo se puntúa sobre 50. La puntuación mínima para resultar apto es de 30 puntos.

ESTRUCTURA Y CONTENIDO DEL EXAMEN[1]

PRUEBA N.º 1 — Comprensión de lectura (70 minutos)

Tarea 1:
- Extraer la idea principal e identificar información específica en textos breves.
- Relacionar **seis declaraciones** de personas o **enunciados** con **seis textos**.
- Anuncios publicitarios, cartelera, mensajes de ámbito personal, público, profesional y académico. (Enunciados: 20-30 palabras; textos 40-80 palabras)

Tarea 2:
- Extraer las ideas esenciales e identificar información específica en textos informativos simples.
- **Un texto** con **seis ítems** de respuesta preseleccionada con **tres opciones de respuesta**.
- Textos informativos de ámbito personal y público. (400-450 palabras).

Tarea 3:
- Localizar información específica en textos descriptivos, narrativos o informativos.
- Relacionar **tres textos** con **seis preguntas** o **enunciados** de respuesta preseleccionada.
- Información de guías de viajes, experiencias, noticias, ofertas de trabajo, etc., de ámbito público. (100-120 palabras).

Tarea 4:
- Reconstruir un texto a partir de sus elementos de cohesión.
- Completar **un texto** con **seis párrafos** breves entre ocho opciones.
- Catálogos, instrucciones, recetas, consejos, etc., de ámbito público y personal. (400-450 palabras).

Tarea 5:
- Identificar y seleccionar estructuras gramaticales para completar textos sencillos.
- Completar **un texto** con **seis huecos** seleccionando una de las **tres opciones de respuesta** para cada uno.
- Cartas formales básicas, correos electrónicos, etc., de ámbito público y personal. (150-200 palabras).

PRUEBA N.º 2 — Comprensión auditiva (40 minutos)

Tarea 1:
- Captar la idea principal en textos breves de tipo promocional o informativo.
- **Seis mensajes** de voz con una pregunta con **tres opciones de respuesta** cada uno.
- Anuncios publicitarios, mensajes personales, avisos, etc., de ámbito personal y público. (40-60 palabras)

Tarea 2:
- Captar la idea esencial y extraer información detallada de un monólogo de extensión larga.
- **Seis enunciados** con **tres opciones de respuesta** cada uno.
- Experiencias personales de ámbito personal, público, profesional y académico. (400-450 palabras)

Tarea 3:
- Comprender la idea principal de seis noticias breves.
- **Seis noticias** con una pregunta con **tres opciones de respuesta**.
- Programa informativo de radio o televisión con seis noticias de ámbito público. (350-400 palabras).

Tarea 4:
- Captar la idea general de un monólogo.
- Relacionar **seis enunciados** con **seis textos**. (50-70 palabras).
- Anécdotas o experiencias personales sobre un mismo tema de ámbito público y profesional.

Tarea 5:
- Reconocer información específica en conversaciones informales.
- **Seis enunciados** con **tres opciones de respuesta** cada uno.
- **Conversación** entre dos personas de ámbito personal y público. (250-300 palabras).

PRUEBA N.º 3 — Expresión e interacción escritas (60 minutos)

Tarea 1:
- Redactar un **texto informativo** (carta, mensaje de foro, correo electrónico) a partir de la lectura de un texto descriptivo o narrativo breve. (100-120 palabras).
- Texto de entrada (80 palabras) en forma de nota, anuncio, carta o mensaje (correo electrónico, foro, muro de una red social, blog, revista…) de ámbito personal y público.

Tarea 2:
- Redactar un **texto descriptivo o narrativo** (composición, redacción, entrada de diario, biografía) en el que se expresa la opinión y se aporta información de interés personal relacionada con experiencias personales, sentimientos, anécdotas. (130-150 palabras).

PRUEBA N.º 4 — Expresión e interacción orales (15 minutos + 15 minutos de preparación)

Tarea 1:
- **Monólogo breve** (2-3 minutos), a partir de un tema y unas preguntas (elegir entre dos opciones).
- **Lámina** con un tema o un titular (80-100 palabras) y preguntas para pautar la respuesta del candidato.

Tarea 2: Participar en una **conversación breve** con el entrevistador sobre el tema de la tarea 1. (3-4 minutos).

Tarea 3: Describir una **fotografía** y responder a las preguntas del entrevistador sobre esa escena de la vida cotidiana. (2-3 minutos).

Tarea 4: **Conversación** con el examinador para simular una situación cotidiana, a partir de la fotografía de la tarea 3. (2-3 minutos).

Para más información le recomendamos que visite la dirección oficial de los exámenes (http://diplomas.cervantes.es) donde encontrará fechas y lugares de examen, precios de las convocatorias, modelos de examen y demás información práctica y útil para que tenga una idea más clara y precisa de todo lo relacionado con estos exámenes.

---

[1] En los exámenes originales los temas de cada una de las pruebas son diferentes entre sí. En este libro se ofrecen modelos de exámenes englobados por temas para facilitar el aprendizaje del vocabulario y el desarrollo de estrategias por parte del candidato.

examen 1

VIVIENDAS Y MUEBLES

Curso completo

▶ **Léxico** — ■ Viviendas y muebles
▶ **Gramática**
▶ **Funciones**

Modelo de examen 1

vocabulario

FICHA DE AYUDA
Para la expresión e interacción escritas y orales

PERSONAS
- Dueño/a (el, la) ....
- Inquilino/a (el, la) ....
- Portero/a (el, la) ....
- Presidente/a de la comunidad (el, la) ....
- Vecino/a (el, la) ....

EDIFICIOS
- Ascensor (el) ....
- Ático (el) ....
- Bajo (el) ....
- Balcón (el) ....
- Escaleras (las) ....
- Pared (la) ....
- Piso (el) = Planta (la) ....
- Portal (el) ....
- Puerta (la) ....
- Sótano (el) ....
- Techo (el) ....
- Tejado (el) ....

TIPO DE VIVIENDAS
- Apartamento (el) ....
- Estudio (el) ....
- Chalé (el) ....
- - independiente ....
- - adosado ....
- Dúplex (el) ....
- Piso (el) ....

HABITACIONES
- Baño (el) ....
- Cocina (la) ....
- Comedor (el) ....
- Dormitorio (el) ....
- - de matrimonio ....
- - de los niños ....
- Entrada (la) = Recibidor (el) ....
- Estudio (el) ....
- Pasillo (el) ....
- Patio (el) ....
- Sala de estar (la) ....
- Salón (el) ....

MUEBLES Y OTROS
- Alfombra (la) ....
- Armario (el) ....
- Cama (la) ....

MUEBLES Y OTROS (continúa)
- Cómoda (la) ....
- Espejo (el) ....
- Estantería (la) ....
- Lámpara (la) ....
- Litera (la) ....
- Mesa (la) ....
- - de ordenador ....
- - escritorio ....
- Mesilla de noche (la) ....
- Sillón (el) ....
- Sofá (el) ....

ELECTRODOMÉSTICOS
- Aire acondicionado (el) ....
- Cocina (la) ....
- - eléctrica ....
- - de gas ....
- - vitrocerámica ....
- Lavadora (la) ....
- Lavavajillas (el) ....
- Microondas (el) ....
- Nevera (la) = Frigorífico (el) ....

SANITARIOS
- Bañera (la) ....
- Bidé (el) ....
- Ducha (la) ....
- Lavabo (el) ....
- Váter (el) ....

VERBOS
- Alojarse ....
- Alquilar ....
- Amueblar ....
- Construir ....
- Decorar ....
- Mudarse ....
- Reformar ....

DESCRIPCIÓN DE LA VIVIENDA
- A las afueras ....
- Amplia ....
- Bien comunicada ....
- Interior ≠ Exterior ....
- Luminosa ≠ Oscura ....
- Ruidosa ≠ Tranquila ....

Especial DELE B1 Curso completo

examen 1 Léxico

Viviendas y muebles

1 Relaciona cada una de estas personas con la definición correspondiente.

a. portero/a
b. propietario/a
c. albañil
d. inquilino/a
e. vecino/a
f. agente inmobiliario

1. Posee una casa o un edificio.
2. Alquila una vivienda al propietario.
3. Vigila un bloque de pisos o un edificio.
4. Enseña y vende viviendas.
5. Vive enfrente, al lado o cerca de tu casa.
6. Construye los diferentes tipos de viviendas.

2 Observa la imagen y completa el texto con estas palabras.

recibidor • salón comedor • cocina • terraza
aseo • dormitorio • cuarto de baño

ANUNCIO

Entras en la casa y hay un pequeño 1. .... para distribuir las diferentes partes de la vivienda.

Justo enfrente de la entrada está el 2. .... y a la izquierda hay un pequeño 3. ....

A la derecha está la 4. .... y junto a ella hay un 5. .... con bañera.

Enfrente de la cocina hay un 6. .... grande.

En este apartamento no hay 7. .... para tomar el sol.

3 Completa con las consonantes que faltan.

_u_ie_ _o_   _o_ _a_o_a   _o_i_a   _a_a_o   _i_ _a   _oa_ _a

_a_a   a_ _a_io   _a_e_e_a   _e_e_i_ió_   _u_ _a   _o_á

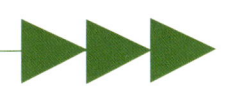

4. Encuentra estos objetos en la sopa de letras y escribe el nombre debajo.

1. ....
2. ....
3. ....
4. ....
5. ....
6. ....
7. ....
8. ....
9. ....
10. ....
11. ....
12. ....
13. ....
14. ....
15. ....

```
Z M D S C C I U X R L I B M X
U P I B I O M H N O Á U A E Z
H O E C W L R K D U M T S S S
Y I X R R T L T F U P I P I G
M A N T A O O Ó I O A E I T A
K U A Y V F O R N N R Q R A A
L Q L E I R X N C R A E A D D
J B F O Y E I U D D Q E D E E
A Y O C D G S I R A W S O N S
B K M T U A S P N I S R R O P
Ó E B A E D V J E Z Z L A C E
N O R P M E E J S J A E Q H R
E Q A T C R Y R J I O S H E T
E L D T S O W I L B A Ñ E R A
F R I G O R Í F I C O E D A D
R M G N Y E O I N J R Y I K O
A L M O H A D A W D K E Y Y R
```

5. Clasifica las palabras de los ejercicios 3 y 4 en el lugar adecuado.

LA COCINA	EL BAÑO	EL DORMITORIO	EL SALÓN

6. Lee la descripción, ¿a qué baño corresponde?

Es un baño bastante moderno. La bañera está al fondo. El váter está al lado de la bañera, a la izquierda. A la derecha, al lado de la bañera hay dos lavabos. Debajo de los lavabos hay un mueble y sobre ellos, dos espejos. Aunque no tiene ventanas, es un baño muy luminoso.

a. 
b. 
c.

Léxico - Especial DELE B1 Curso completo

examen 1 Léxico
Viviendas y muebles

7 Relaciona las columnas para completar cada verbo con la opción más adecuada.

a. pagar…
b. pasar…
c. fregar…
d. poner…
e. regar…
f. subir…
g. limpiar…
h. barrer…
i. mudarse…
j. reformar…
k. hacer…
l. sacar…
m. planchar…

1. la cama/la comida/la compra
2. la aspiradora/la fregona
3. las escaleras/en el ascensor
4. el suelo/la terraza
5. la lavadora/el lavaplatos/la mesa
6. el alquiler/la luz/el gas
7. el baño/la casa/la instalación eléctrica
8. la basura/al perro
9. los platos/el suelo
10. las plantas/el jardín
11. a otro barrio/de casa/a un piso nuevo
12. el polvo/los muebles/las ventanas
13. las camisas/los pantalones

¿Cuáles de estas actividades realizas tú? ¿Cuáles te gustan más/menos? Justifica tu respuesta.

8 Vas a Madrid por trabajo y estás buscando un piso en alquiler con una amiga. Lee estos anuncios y después completa las frases.

Nuevos anuncios en tu email: **Guardar búsqueda**

Comprar   Alquilar   ◯ Solo favoritos

☰ Listado   📍 Mapa   Ordenar: **Relevancia** Baratos Recientes Más ▾

Qué buscas
Viviendas ▾

Precio
Mín ▾   Máx ▾

Tamaño
Mín ▾   Máx ▾

Tipo de vivienda
☐ Pisos
☐ Casas o chalets
☐ Casas rústicas
☐ Dúplex
☐ Áticos

Se alquila apartamento en Chamartín.
Exterior. Luminoso. 40 m². 3.ª planta sin ascensor.
Gas natural. Recién pintado. Amueblado.
1 dormitorio y salón con sofá cama.
Ideal pareja.
950 €/mes.   Contactar con chamartin@vendopiso

Alquilo piso en Vallecas.
Sin muebles. 150 m² con terraza y plaza de garaje.
Calefacción eléctrica.
4 dormitorios y 2 baños. Cocina equipada con electrodomésticos.
Metro a 500 m.
950 €/mes.   Contacto: jmvalle@mailt.es

Alquilamos piso.
Amueblado, bien comunicado, a 5 minutos del metro (línea 3)
y autobuses y a 10 min de Renfe.
3 dormitorios.
Ideal estudiantes.
900 €/mes.   Tel.: 664567890 (llamar tardes)

(Basa tus opiniones en el precio, el lugar, la comunicación, las habitaciones…).

● Me gusta el ………………………… porque ………………………… .
● Pues yo prefiero este, ya que el metro ………………………… .
● Sí, pero el precio ………………………… . Sin embargo, yo pienso que ………………………… .
● Pero este piso ………………………… .
● Creo que la mejor opción es ………………………… .

12 Léxico - Especial DELE B1 Curso completo

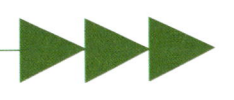

9 Elige una de estas imágenes, imagina cómo es la vivienda, dónde está, etc., y escribe un anuncio, como el del modelo, para alquilarla.

a.

b.

c.

¡Espectacular vivienda!

Estilo moderno. Situada en zona residencial, muy bien comunicada. Planta baja: salón de 30 metros, cocina grande con zona para comer. Planta primera: baño, tres amplios dormitorios, uno de ellos con baño, armarios en cada dormitorio.
Garaje. Trastero. Terraza. Calefacción. Jardín.

10 Describe ahora tu casa con estas expresiones.

Características de una vivienda:
- Bien/Mal distribuida
- Alquilada/En propiedad
- Exterior/Interior
- En las afueras/En el centro
- Con mucha/poca luz
- Bloque de pisos/Independiente
- Moderna/Antigua
- Pequeña/Grande
- Con/Sin jardín
- Ruidosa/Tranquila, acogedora
- Fría/Cálida
- Con calefacción central/individual/de gas/eléctrica
- Otros. ¿Cuáles?

Mi casa es…
Tiene…
Está…

11 ¿Dónde vives? ¿En el campo o en la ciudad? ¿Cuáles son las ventajas y desventajas de cada una?

Léxico - Especial DELE B1 Curso completo

examen 1 Gramática

1 Completa estas frases seleccionando la opción correcta.

SERIE 1

1. ___ García han ido a ver un piso en la zona más céntrica de la ciudad.
   a. La familia   b. Ø   c. Los
2. El portero me enseñó un piso de segunda mano amueblado y muy ___.
   a. barato   b. baratísimo   c. menos barato
3. Los precios de esos apartamentos son ___ más altos de la zona.
   a. los   b. Ø   c. unos
4. El casero actual es igual ___ antipático que el anterior.
   a. que   b. Ø   c. de
5. Un ___ portero debe tener todo limpio y ayudar a los vecinos.
   a. bien   b. buen   c. bueno
6. El edificio de apartamentos está construido en ___ centro de la ciudad.
   a. un   b. el   c. algún
7. Sara y Julio fueron ayer a visitar un piso. Les encantó ___ cocina, ya amueblada.
   a. la   b. una   c. otra
8. Vivo a ___ afueras de Madrid. Tardo una hora en llegar al trabajo.
   a. unas   b. Ø   c. las
9. Tu frigorífico es ___ del mercado.
   a. el bueno   b. el más   c. el mejor
10. ¡Vaya comedor tiene Luisa! Es el ___ que he visto en mi vida.
    a. más   b. mayor   c. grandísimo
11. El fin de semana estuve en el chalé de unos tíos ___.
    a. míos   b. de mí   c. mis
12. El piso tiene una cocina amplia, pero ___ otras habitaciones son muy pequeñas.
    a. unas   b. las   c. ningunas

2 Completa estas frases seleccionando la opción correcta.

SERIE 2

1. Cada ___ de los inquilinos debe pagar el alquiler el día 1 de cada mes.
   a. uno   b. un   c. Ø
2. Pon dos pastillas de ___ en el lavabo.
   a. jabones   b. jabonosas   c. jabón
3. La sala de ___ está en la planta baja del edificio.
   a. reunir   b. reuniones   c. reunión
4. Tengo ___ cosa que pedirte. Por favor, calienta la sopa en la vitrocerámica.
   a. la   b. una   c. Ø
5. Paco ha comprado un piso céntrico. ___ piso no tiene mucho espacio, pero es luminoso.
   a. Un   b. El   c. Algún
6. Se ha terminado ___ lavavajillas. ¿Puedes bajar a la calle y comprar uno?
   a. el   b. la   c. las
7. El piso tiene mucha luz, pero está ___ comunicado. No hay autobús ni metro cerca.
   a. mal   b. malo   c. peor
8. ___ pisos construidos en la zona son amplios y tienen una plaza de garaje.
   a. Todos   b. Ø   c. Los
9. Este es el ___ que he comprado. Deja el suelo perfecto, sin polvo.
   a. buen aspirador   b. mejor aspirador   c. aspirador mejor
10. Queremos comprar un ___, es decir, uno donde no ha vivido nadie.
    a. chalé nuevo   b. nuevo chalé   c. nuevo
11. El dueño del edificio ha dado ___ orden de quitar los sillones de la entrada.
    a. el   b. la   c. un
12. En el pueblo solo permiten construir casas de ___ de una planta.
    a. piedra   b. piedras   c. pedrada

3 Completa estas frases seleccionando la opción correcta.

SERIE 3

1. Siempre uso ___ microondas para calentar la comida.
   a. la   b. el   c. una
2. Hemos decidido instalar aire acondicionado ___ próximo mes.
   a. un   b. Ø   c. el
3. Todos ___ muebles están ya dentro del camión de la mudanza.
   a. unos   b. Ø   c. los
4. En el frigorífico hay tres lonchas ___, así que puedes prepararte un bocadillo.
   a. de queso   b. de quesos   c. del queso
5. Lava la blusa a mano, pero los jerséis ___ rayas puedes ponerlos en la lavadora.
   a. en   b. Ø   c. de
6. La cama del hotel es incomodísima. Es la ___ cama del mundo.
   a. peor   b. mala   c. muy mala
7. No tengo alfombra en mi habitación. Voy a comprarme ___.
   a. una   b. la   c. ella
8. Tienen el sillón en color negro y en blanco. Creo que me gusta más ___.
   a. el blanco   b. lo blanco   c. un blanco
9. ___ niños están jugando en el jardín de la urbanización.
   a. De   b. Ø   c. Los
10. Buenas tardes, ___ señor Martínez. Pase al salón, por favor.
    a. mi   b. Ø   c. el
11. Es una ___. Le pondremos un marco y la colocaremos en la estantería.
    a. gran foto   b. foto grandísima   c. foto grande
12. Necesito una mesa para el ordenador. ___ mesa debe medir 90 centímetros.
    a. Una   b. Ø   c. La

4 Completa estas frases seleccionando la opción correcta.

SERIE 4

1. Los padres de mi cuñada tienen un apartamento en ___ Pirineos.
   a. los   b. unos   c. Ø
2. En julio nos instalarán una alarma en el chalé. Así tendremos ___ seguridad.
   a. muy   b. mayor   c. la
3. En la habitación hay dos camas. ¿Prefieres ___ grande o ___ pequeña?
   a. una… una   b. Ø… Ø   c. la… la
4. ___ crisis en la venta de pisos ha hecho bajar los precios.
   a. La   b. Las   c. Unas
5. Necesitamos cambiar la cocina en el ___ posible: máximo, un mes.
   a. menos tiempo   b. menor tiempo   c. más tiempo
6. Ay, hijo mío, planchas igual ___ mal que tu padre.
   a. de   b. que   c. tan
7. En la planta baja están ___ apartamentos de los empleados.
   a. unos   b. los   c. Ø
8. Las cocinas de ___ no son tan comunes como las vitrocerámicas.
   a. gases   b. gas   c. gasolina
9. El ___ construyó un chalé con el dinero que ganó en las competiciones.
   a. atleta   b. atletismo   c. atlético
10. Estuvimos en Cáceres, en una casa preciosa, rodeada de ___.
    a. cerezal   b. cerezas   c. cerezos
11. Hoy es ___ sábado, 6 de mayo.
    a. el   b. Ø   c. un
12. Decidieron cambiar solo las lámparas del pasillo, porque ___ demás eran modernas.
    a. las   b. Ø   c. unas

examen 1 Funciones

1 SERIE 1
Elige la opción correcta y completa el cuadro de funciones con las fórmulas correspondientes.

1. ¿Qué piensas de que el portero no ___ de viernes a domingo?
   a. trabaja   b. trabajará   c. trabaje
2. ¿Te parece bien ___ el aire acondicionado?
   a. instalar   b. instales   c. instalarías
3. ¿Te ___ necesario que cambiemos la alfombra del pasillo?
   a. pareces   b. parezco   c. parece
4. ___ tú, ¿qué nevera nos conviene más: la grande o la pequeña?
   a. Según   b. Para   c. Por
5. ¿Qué os ___ las literas nuevas?
   a. parecéis   b. parece   c. parecen
6. No creo que el propietario ___ pagar la reparación del ascensor.
   a. deba   b. debería   c. debe
7. ___ mi punto de vista, hacer una mudanza es muy estresante.
   a. Por   b. Para   c. Desde
8. Me parece que el aire acondicionado no ___.
   a. funciona   b. funcione   c. funcionando
9. Que los inquilinos ___ la reforma de la escalera no es justo.
   a. paguen   b. pagan   c. pagarán
10. No me gusta la puerta del garaje, ___ muy estrecha.
    a. la parece   b. la veo   c. la mira
11. ___ el suelo de madera con ese producto fue un error.
    a. Friegues   b. Fregaste   c. Fregar
12. Es bueno ___ las escaleras y no tomar el ascensor.
    a. subas   b. subir   c. subiendo

Tu listado

a. **Pedir opinión y valoración**
   ¿Te parece que debemos comprar esa casa?
   1. ....
   2. ....
   3. ....
   4. ....
   5. ....

b. **Dar opinión**
   En mi opinión, es un poco caro.
   6. ....
   7. ....
   8. ....

c. **Valorar**
   Es bueno que haya metro cerca.
   9. ....
   10. ....
   11. ....
   12. ....

2 SERIE 2
Elige la opción correcta y completa el cuadro de funciones con las fórmulas correspondientes.

1. Es mejor tener vivienda propia que alquilada. ¿Piensas ___ yo?
   a. mismo que   b. igual que   c. similar a
2. En mi opinión, la cómoda debe estar junto a la cama. ¿A ti ___ parece?
   a. qué te   b. cómo te   c. porqué te
3. A mí ___ me parece bien cambiar la cocina. No es necesario.
   a. tampoco   b. también   c. además
4. Sí, el patio tiene poca luz. Yo pienso ___ que tú.
   a. el mismo   b. lo mismo   c. así mismo
5. Sí, es evidente que el precio de la vivienda ___ el próximo año.
   a. subirá   b. suba   c. subió
6. ___. Es importante leer el contrato de alquiler antes de firmar.
   a. Tienes razones   b. Doy la razón   c. Tienes razón
7. No, no es cierto que el vecino ___ a otra casa en junio.
   a. vaya   b. va   c. irá
8. También me gusta este chalé, pero yo sí lo ___ caro.
   a. aparece   b. localizo   c. encuentro
9. –¿Vamos a amueblar el recibidor?– ___ No tenemos dinero.
   a. ¡No va!   b. ¡Ya va!   c. ¡Qué va!
10. Yo no estoy de acuerdo en que ___ la habitación de rojo.
    a. decoramos   b. decoremos   c. decoraríamos
11. Estoy en contra ___ alquilemos el bajo. Solo causará problemas.
    a. de que   b. por que   c. con que
12. Has hablado muy bien en la reunión de la comunidad. ___
    a. ¡Bien hecho!   b. ¡Bien hablado!   c. ¡Bien comentado!

Tu listado

d. **Preguntar si se está de acuerdo**
   ¿Tú qué crees/opinas/piensas?
   1. ....
   2. ....

e. **Expresar acuerdo**
   ¡Claro, claro!
   3. ....
   4. ....
   5. ....
   6. ....

f. **Expresar desacuerdo**
   Yo no pienso lo mismo.
   7. ....
   8. ....
   9. ....
   10. ....

g. **Posicionarse a favor/en contra**
   Estoy a favor de que compremos ese chalé.
   11. ....
   12. ....

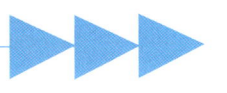

3 SERIE 3
Elige la opción correcta y completa el cuadro de funciones con las fórmulas correspondientes.

1. Me parece muy mal que ___ otra vez el recibo de la luz.
   a. subieron   b. suban   c. suben
2. ¡Qué bien que el estudio ___ tan soleado!
   a. sea   b. será   c. es
3. Dudo que ___ un presupuesto económico para pintar toda la casa.
   a. habrá   b. habría   c. haya
4. Pues… no sé, supongo que ___ la lavadora mañana por la mañana.
   a. traigan   b. traerán   c. trajeron
5. Es cierto, ___, tu información sobre el dúplex no es correcta.
   a. sin embargo   b. opuestamente   c. contrariamente
6. Sí, pero ___ es verdad que el aire acondicionado consume más.
   a. así   b. también   c. igual
7. Sí, esta casa es cara, aunque, ___, es toda exterior.
   a. por una parte   b. por otra parte   c. por esa parte
8. Estoy ___ seguro de que pasé yo el aspirador el domingo.
   a. completamente   b. definitivamente   c. íntegramente
9. Sé perfectamente ___ pagué el alquiler: el día 5 de este mes.
   a. por qué   b. cuándo   c. lo que
10. ___ ese piso es de segunda mano. Es más barato que los otros.
    a. Asegurado   b. Te aseguro   c. Seguro que
11. ___ un bloque de apartamentos, pero en realidad es un hotel.
    a. Parece   b. Aparece   c. Se parece
12. No ___ claro en el contrato quién debe pagar la comunidad.
    a. tiene   b. es   c. está
13. No es evidente ___ estilo es mejor para este espacio: ¿clásico?
    a. qué   b. que   c. cómo
14. No estoy muy seguro de ___ debamos hacer reforma en invierno.
    a. qué   b. cómo   c. que

— pregunta indirecta

Tu listado

h. **Expresar aprobación y desaprobación**
   No me parece bien comprar esa casa.
   1. ....
   2. ....

i. **Mostrar escepticismo**
   Bueno, depende.
   3. ....
   4. ....

j. **Presentar un contraargumento**
   Tienes razón, pero prefiero vivir en el campo.
   5. ....
   6. ....
   7. ....

k. **Expresar certeza y evidencia**
   (No) es cierto que la casa sea nueva.
   8. ....
   9. ....
   10. ....

l. **Expresar falta de certeza y evidencia**
   Supongo que tendrá garaje.
   11. ....
   12. ....
   13. ....
   14. ....

4 Corrección de errores
Identifica y corrige los errores que contienen estas frases. Puede haber entre uno y tres en cada una.

a. He alquilado plaza de garaje. Una plaza es muy espaciosa. (una, que, es)
b. Creo que el microondas de la marca Electronix sea lo más económico de todos.
c. A mí parece que el tejado necesite unos arreglos. (me, de, el)
d. Cada un espejo que compro se rompe en menos en un mes.
e. Ese dormitorio es igual que largo de el nuestro. — es igual de largo que
f. Rodolfo y Alberto son mal vecinos. No pagan la comunidad. (malos vecinos)
g. Todos vecinos me ayudaron con hacer la mudanza. (los)
h. En el jardín tenemos dos árboles muy preciosos. Son naranjas. (el árbol)
i. Yo pienso igual como ti y por eso prefiero hablar con la propiedad sobre el alquiler. (que tú, el propietario)
j. Me parecen perfecto si pongamos las lámparas al lado del sillón. (parece, pongamos→ponemos)

5 Uso de preposiciones
Tacha la opción incorrecta en estas frases.

a. Yo no estoy de acuerdo *de/con* pagar la reparación de las escaleras.
b. Estoy *en/a* favor de cambiar la decoración del pasillo.
c. Los españoles suelen tener una casa *de/en* tres o cuatro habitaciones.
d. Tu conexión telefónica es buena, pero *en/por* otra parte es algo cara.
e. ¿Has pagado ya el recibo *de/para* la luz?
f. El chalé está terminado. Falta el suministro *por/de* agua corriente.
g. *En/De* mi opinión, las cortinas para el comedor son muy oscuras.
h. Viven en un chalé adosado, *a/para* las afueras de Madrid.
i. No dudo *por/de* quién planchó la ropa: fue Luis, porque está arrugada.
j. Estoy segura *de/en* que Pablo fregó ayer los platos.

modelo de examen 1

PRUEBA 1 — Comprensión de lectura

Tiempo disponible para las 5 tareas: 70 min

TAREA 1

(Ver características y consejos, p. 236)

A continuación va a leer seis textos en los que unas personas hablan de la casa que desean y diez anuncios de viviendas. Relacione a las personas, 1-6, con los textos que informan sobre las viviendas, a)-j). Hay tres textos que no debe relacionar.

PREGUNTAS

	PERSONA	TEXTO
0.	ELENA	g)
1.	JUAN	
2.	CHARO	
3.	VÍCTOR	
4.	FÁTIMA	
5.	PABLO	
6.	ERNESTO	

	0. ELENA	Pues yo he tenido tantos problemas con la comunidad que mi sueño es una casa independiente y lo más alejada de cualquier zona habitada como sea posible.
i	1. JUAN	Yo, como viajo tanto, por ahora no me he planteado comprar. Me convendría algo tipo estudio: una sola habitación, cocina americana, un baño pequeñito...
b	2. CHARO	Con tres niños necesitamos un piso grande, de tres dormitorios mínimo. Que no sea una planta muy alta: me parece peligroso con niños pequeños, pero no quiero irme a las afueras...
f	3. VÍCTOR	Pues yo, como no me puedo permitir nada demasiado grande ni en el centro, supongo que me tendré que conformar con algo en las afueras. Eso sí, necesito dos habitaciones porque con tanto libro...
c	4. FÁTIMA	Siempre he querido tener algo mío en el centro, pero quiero algo donde pueda aparcar bien y que dé a una calle amplia, porque para mí lo más importante es la luz.
a	5. PABLO	Mi mujer insistió en una casa con jardín. Pero luego el que se ocupaba de él era yo. Ahora quiero algo amplio en el centro a ser posible, y con dos plantas.
e	6. ERNESTO	A mí me gustaría disfrutar de una piscina y un jardín, pero sin tener que ocuparme de ellos. Dan mucho trabajo y además son muy caros de mantener.

Especial DELE B1 Curso completo

VIVIENDAS Y MUEBLES
Comprensión de lectura

| todos | particulares | profesionales | menos ▼ |

VIVIENDAS EN ALQUILER Y VENTA

a) **DÚPLEX** de tres dormitorios en pleno centro de Madrid. Edificio de 1900 completamente reformado. En planta baja, salón comedor, cocina y aseo. En planta superior, dormitorios y baño completo. Escalera comunitaria de madera. Ascensor.

b) **VIVIENDA SEGUNDA MANO** en barrio tranquilo, a diez minutos del centro en metro. Amplio salón, dos dormitorios con posibilidad de un tercero y 2 baños (uno con ducha y otro con bañera). Primera planta y junto a colegio. Posibilidad de dejar la vivienda amueblada. 200 000 no negociables por estar por debajo de su precio de compra.

c) En pleno **CENTRO DE MADRID**, piso de dos dormitorios. Exterior y muy luminoso. Baño completo y aseo para invitados. Amplio salón con terraza. Tarima en toda la vivienda. Cocina abierta al salón. Cuarto piso con ascensor. Posibilidad de plaza de garaje.

d) **ZONA ARAPILES:** piso de alquiler de 200 m². Quinto piso con ascensor y montacargas. Amplio salón con terraza, comedor independiente, tres dormitorios. Dormitorio principal con cuarto de baño incluido y otro baño y aseo para invitados. Muy bien comunicado, en zona exclusiva.

e) **CHALÉ ADOSADO** de 120 m² de vivienda en dos plantas más bodega. En urbanización Alpedrete. Garaje para dos coches. Muy bien comunicado (a menos de cinco minutos tanto bus como renfe). Excelentes acabados. Zonas comunes (piscina y zona de juegos para niños).

f) **PISO** de dos dormitorios a 45 minutos del centro de Madrid. Cerca de la estación de tren. Salón comedor con chimenea. Baño completo y aseo. Cocina amueblada. Suelos de madera en dormitorio. Bonitas vistas de la sierra.

g) **GRAN OPORTUNIDAD.** Casa rústica de 300 m² en dos plantas, con 400 m² de parcela a 25 km de Madrid. 4 amplios dormitorios, cocina reformada, 2 baños completos, excelentes calidades, calefacción de gas natural, sistema de riego. Suelos de cerámica, ventanas de aluminio.

h) **CHALÉ** en Torrelodones (urbanización Los cisnes), junto a centro comercial. 200 m² construidos en tres plantas. Solárium. Garaje con plaza para tres coches. Jardín de 300 m² con piscina. Paneles solares instalados en tejado. Excelentes acabados. Precio negociable (urge venta).

i) **SE ALQUILA ÁTICO** en pleno centro de Madrid. En edificio histórico reformado hace cinco años en calle muy tranquila. Interior. Bien comunicado. Un dormitorio, un baño (acabado en mármol, ducha hidromasaje) y cocina amueblada abierta al salón. Amplia terraza.

j) **PISO** en barrio de Salamanca a reformar. Piso de 113 m², 4 dormitorios + 1 cuarto de plancha, portal reformado, con conserje y ascensor. Planta cuarta con ascensor, interior. Precio muy interesante. Muy buena comunicación con autobuses y metro muy cerca, facilidad para encontrar aparcamiento.

1 VIVIENDAS Y MUEBLES
Comprensión de lectura

TAREA 2

(Ver características y consejos, p. 238)

A continuación hay un texto sobre la política de viviendas en Chile. Después de leerlo, elija la respuesta correcta, a), b) o c), para las preguntas, 7-12.

| ENFEMENINO.TV | BELLEZA | MODA | NOVIAS | LUJO | MATERNIDAD | EN FORMA | PAREJA | MUJER DE HOY | PSICO & TESTS | ELLOS |

VIVIR EN CHILE

Chile tiene una de las políticas de vivienda más exitosas del mundo. Actualmente, siete de cada diez chilenos son propietarios de hogares y desde 1990 se redujo el déficit habitacional a la mitad, con la construcción de casi dos millones de viviendas. El país se ha convertido en un modelo para muchos otros países.

Los extranjeros que arriban al país no tienen restricciones para adquirir propiedades. Las ofertas de residencias en Chile son variadas, también lo son los valores. En Iquique se puede arrendar una casa por unos 150000 pesos. En Santiago, por el mismo precio, se puede arrendar un departamento de una o dos habitaciones. Pagando cuatro veces más se puede optar por una casa grande, con piscina y jardines. Con todo, las ciudades chilenas están entre las más económicas del mundo para vivir.

Estudiar en Chile es uno de los motivos que trae al país a numerosos extranjeros. Algunos son acogidos en casas de familias de clase media que están dispuestas a ser anfitrionas a cambio de una entrada económica para la casa, un contacto cultural interesante y un gasto menor para el estudiante extranjero que, además, accede a una situación que facilita su integración. La red social de estudiantes y profesores, así como el contacto con otros chilenos, permite informarse y agilizar los trámites una vez se está ya en Chile, o incluso desde el extranjero, acerca de estas familias.

También existe el sistema de pensiones o residenciales, donde el visitante puede arrendar una habitación en un barrio cercano al lugar de trabajo o estudio. Existe también la opción de los apartoteles, que ofrecen departamentos amoblados e independientes por periodos largos; además, por supuesto, de los hoteles tradicionales cuyo nivel de calidad, comodidades y precios está sugerido por su calificación en número de estrellas.

Es útil saber, para usar sin contratiempos los equipos electrónicos que pudiera traer, que la corriente eléctrica de uso doméstico en Chile es de 220 V. Se recomienda traer adaptadores o adquirirlos en tiendas electrónicas en Chile.

Si la permanencia es más prolongada y en plan familiar, hay departamentos nuevos, de diversos tamaños, y casas en barrios residenciales. Una buena alternativa son los condominios, ya que ofrecen reglas comunitarias internas de seguridad, servicios y recreación.

Si se busca contacto con la naturaleza sin alejarse demasiado de la ciudad, se puede optar por casas en la costa o en la montaña, generalmente disponibles a bajos precios fuera de temporada turística.

En Chile hay una extensa clase media y sus barrios en general son seguros. El residente, chileno o extranjero, debe tomar las precauciones lógicas de cualquier persona en cualquier parte del mundo para evitar problemas de seguridad. Además, la policía del país cuenta con el respeto de la población y un prestigio que la hace plenamente confiable.

Adaptado de http://www.thisischile.cl

VIVIENDAS Y MUEBLES
Comprensión de lectura

PREGUNTAS

7. El texto dice que antes de la década de los noventa:
   a) Había un problema de vivienda en Chile.
   b) El 70 % de los chilenos era propietario de sus casas.
   c) Se contruyeron muchas viviendas.

8. El texto afirma que las viviendas en Chile:
   a) No pueden ser compradas por extranjeros.
   b) Tienen unos precios muy similares en todo el país.
   c) Son de las más baratas del mundo.

9. Según el texto, la opción de vivir con una familia chilena:
   a) Hace que muchos extranjeros vengan a Chile.
   b) Tiene muchas ventajas para un estudiante.
   c) Es más barato, pero difícil de gestionar.

10. El texto dice que las personas que vayan a visitar Chile deben:
    a) Comprar muebles si se alojan en un apartotel.
    b) Tener cuidado con sus aparatos eléctricos.
    c) Elegir hoteles cómodos y de calidad.

11. Según el texto, las casas en la costa o la montaña:
    a) Son más económicas en temporada baja.
    b) Están bastante alejadas de la ciudad.
    c) Son aconsejables si se viene a Chile con familia.

12. En el texto se afirma que en Chile:
    a) Los problemas de seguridad son como en otras partes.
    b) Hay muchos problemas de seguridad ciudadana.
    c) El extranjero no debe confiar en la policía.

Especial DELE B1 Curso completo

VIVIENDAS Y MUEBLES
Comprensión de lectura

TAREA 3

(Ver características y consejos, p. 239)

A continuación va a leer tres textos en los que tres personas hablan sobre sus casas. Después, relacione las preguntas, 13-18, con los textos, a), b) o c).

PREGUNTAS

		a) Alfonso	b) Verónica	c) Roberto
13.	¿Qué persona tuvo que pedir dinero para comprarla?	✓		
14.	¿Qué persona ha sido propietaria de más de una casa?		✓	
15.	¿Quién piensa hacer reformas en el futuro?			✓
16.	¿Qué persona dice que su casa está en la zona antigua de la ciudad?	✓		
17.	¿Quién tiene problemas de aparcamiento?			✓
18.	¿Qué persona ha cambiado de opinión respecto a su casa ideal?		✓	

a) Alfonso

Pues la casa donde vivo ha sido de mi familia por generaciones. Cuando se casó mi abuela, su padre la construyó para ella. Está en el centro histórico de Sevilla. Allí nacieron mi padre y mi tía y vivieron mis abuelos hasta su muerte. Luego se la quedó mi tía, porque mis padres se fueron a Madrid. Pero muchas veces yo iba allí a pasar las vacaciones. En un momento, mi tía quería irse a un chalé en las afueras y la casa estaba muy vieja y daba problemas. Yo acababa de conseguir un trabajo en Sevilla. Hablé con mi padre y me dejó el dinero. Luego la fui arreglando poco a poco. Ahora soy la envidia de toda mi familia.

b) Verónica

Yo, de pequeña, vivía en las afueras y siempre tenía problemas de transporte: para el colegio, luego para la universidad, para volver por las noches... Nadie quería venir a mi casa... Siempre pensaba: «Cuando sea mayor, viviré en el mismo centro de Barcelona». Así que cuando me casé, compramos una casa en el centro. Era pequeñísima, estaba en una calle oscura y había problemas de aparcamiento... Luego tuvimos otro piso más grande y luminoso, pero el ruido era insoportable. Un día fuimos a visitar a unos amigos en el pueblo de Sant Cugat del Vallés. Al lado de su chalé había otro en venta y a los dos nos encantó. Preguntamos el precio... y aquí vivimos felices desde hace diez años.

c) Roberto

A mí me encanta mi casa. Es pequeñita, pero está muy bien situada. Tiene dos dormitorios, uno para nosotros, con un cuarto de baño incorporado, y otro para los niños, otro cuarto de baño, un salón bastante grande y una sala que es donde solemos estar normalmente. Nuestro plan es, cuando los niños crezcan, convertir esta sala en otro dormitorio, para que puedan tener un poco de independencia. Pero por ahora pueden perfectamente compartir una habitación. Una de las cosas mejores que tiene es que, aunque está muy céntrica, la calle es muy tranquila y por la noche no se oye ni un ruido. Pero a veces resulta difícil encontrar dónde dejar el coche, sobre todo, si volvemos tarde.

VIVIENDAS Y MUEBLES
Comprensión de lectura

TAREA 4

(Ver características y consejos, p. 240)

A continuación va a leer un texto del que se han extraído seis fragmentos. Después, lea los ocho fragmentos, a)-h), y decida en qué lugar del texto, 19-24, va cada uno. Hay dos fragmentos que no tiene que elegir.

LO QUE HAY QUE SABER AL ALQUILAR UN APARTAMENTO TURÍSTICO

En ocasiones, el consumidor desconoce cuáles son sus derechos y obligaciones al alquilar un apartamento para fines vacacionales.

Los apartamentos turísticos son una de las formas más habituales de pasar las vacaciones o, simplemente, un fin de semana. **19.** _____d_____.

El usuario de este tipo de apartamentos turísticos, como en cualquier otro servicio, tiene una serie de derechos y obligaciones. **20.** _____g_____. Igualmente deberá guardar la publicidad si contrata el apartamento mediante una agencia de viajes.

Los apartamentos deben cumplir unas normas mínimas en función de su categoría. El alquiler también comprende el uso y disfrute de los servicios anejos al alojamiento, por ejemplo, la piscina o el aparcamiento, que deberán ser facilitados por la empresa desde el momento en que se inicie la estancia. **21.** _____a_____.

Con respecto al precio del alojamiento, la empresa tiene la obligación de darle la mayor publicidad posible y colocar en la recepción los precios máximos mensuales. En el precio final siempre estarán comprendidos los suministros de agua, electricidad, combustible y servicios comunes. **22.** _____h_____.

Normalmente, el alojamiento se inicia a partir de las cinco de la tarde del día del periodo contratado y finaliza a las doce del mediodía del día siguiente a aquel en que concluye dicho periodo. En caso de no desalojar el apartamento, el usuario podrá ser gravado con una indemnización que debe estar prevista en el contrato.

Al contratar el alquiler del apartamento, bien la agencia o el propietario, pueden pedir al cliente un anticipo en concepto de reserva o señal. **23.** _____b_____.

Si una vez firmado el alquiler el consumidor anula la reserva, la empresa deberá devolverle el anticipo, pero no en su totalidad, ya que el propietario tiene derecho a una indemnización en función del plazo con el que se efectúe la anulación. **24.** _____e_____.

Otro coste que la agencia puede exigir al usuario es la fianza por posibles deterioros. Por ello, se recomienda hacer un inventario de los muebles y utensilios que haya en el apartamento antes de alojarse en él.

Adaptado de www.consumer.es

VIVIENDAS Y MUEBLES
Comprensión de lectura

FRAGMENTOS

a) ✓ Además de estos servicios comunes, el propietario puede ofrecer a sus clientes otros servicios complementarios, como pueden ser lavandería, restaurante, etc.

b) ✓ La cantidad que deberá entregar el usuario por dicho concepto será un porcentaje sobre el precio que dependerá del periodo total de la estancia.

c) Por tanto, normalmente el cliente debe llevar sus propias sábanas y toallas.

d) ✓ Muchas personas deciden alojarse en estos apartamentos por sus considerables ventajas: la intimidad, posibilidad de alojamiento para toda la familia y precio económico.

e) ✓ Así, el cliente recuperará el 50 % si la comunica con una antelación de entre siete y treinta días y el 95 % si lo realiza con más de treinta días.

f) Este precio debe ser abonado por el cliente en el momento de la ocupación, salvo pacto contrario.

g) ✓ Por ello, debe firmar un contrato por escrito con los requisitos mínimos que hay que cumplir por ambas partes, siendo imprescindible conservar una copia.

h) ✓ Por eso es necesario comparar precios en distintos portales de Internet que se dedican al alquiler de apartamentos, casas rurales, etc.

VIVIENDAS Y MUEBLES
Comprensión de lectura

TAREA 5

(Ver características y consejos, p. 242)

A continuación va a leer un mensaje de correo electrónico. Elija la opción correcta, a), b) o c), para completar los huecos, 25-30.

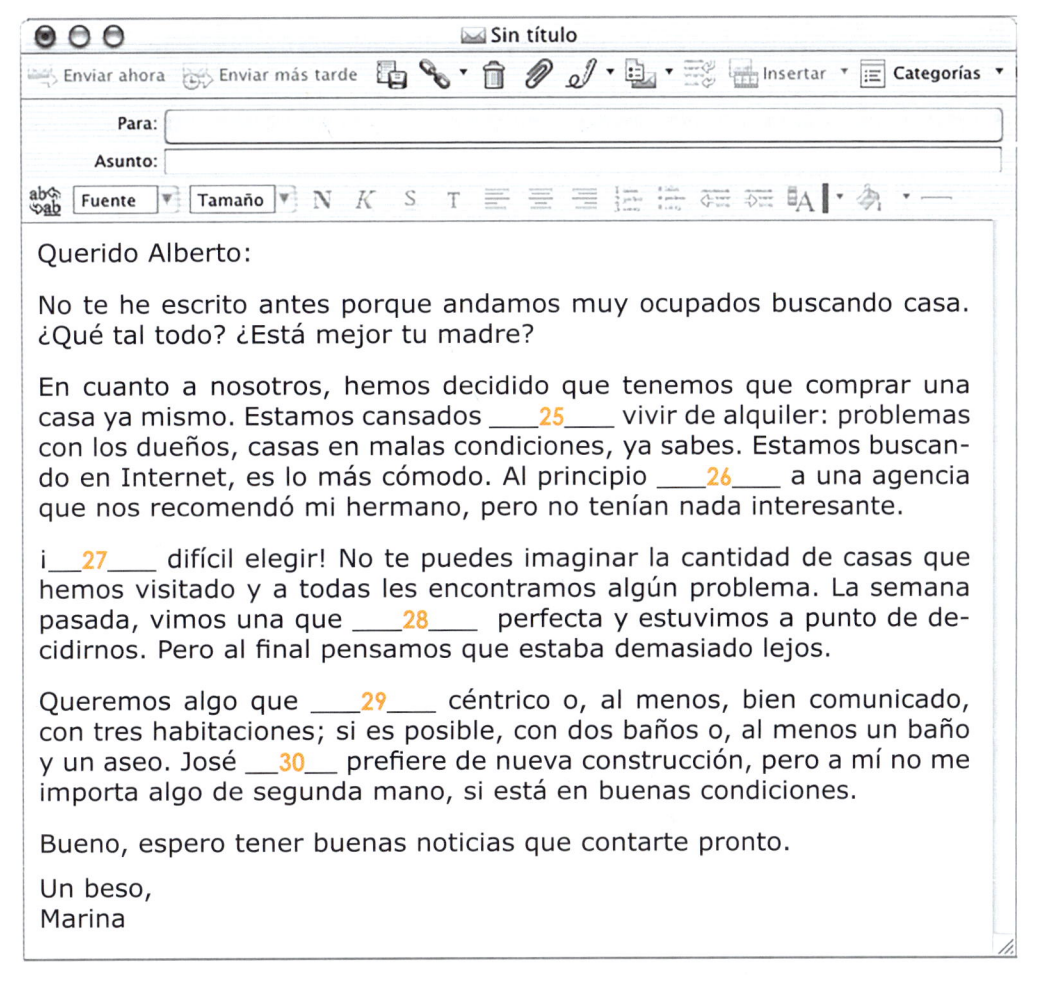

Querido Alberto:

No te he escrito antes porque andamos muy ocupados buscando casa. ¿Qué tal todo? ¿Está mejor tu madre?

En cuanto a nosotros, hemos decidido que tenemos que comprar una casa ya mismo. Estamos cansados ___25___ vivir de alquiler: problemas con los dueños, casas en malas condiciones, ya sabes. Estamos buscando en Internet, es lo más cómodo. Al principio ___26___ a una agencia que nos recomendó mi hermano, pero no tenían nada interesante.

¡___27___ difícil elegir! No te puedes imaginar la cantidad de casas que hemos visitado y a todas les encontramos algún problema. La semana pasada, vimos una que ___28___ perfecta y estuvimos a punto de decidirnos. Pero al final pensamos que estaba demasiado lejos.

Queremos algo que ___29___ céntrico o, al menos, bien comunicado, con tres habitaciones; si es posible, con dos baños o, al menos un baño y un aseo. José ___30___ prefiere de nueva construcción, pero a mí no me importa algo de segunda mano, si está en buenas condiciones.

Bueno, espero tener buenas noticias que contarte pronto.

Un beso,
Marina

PREGUNTAS

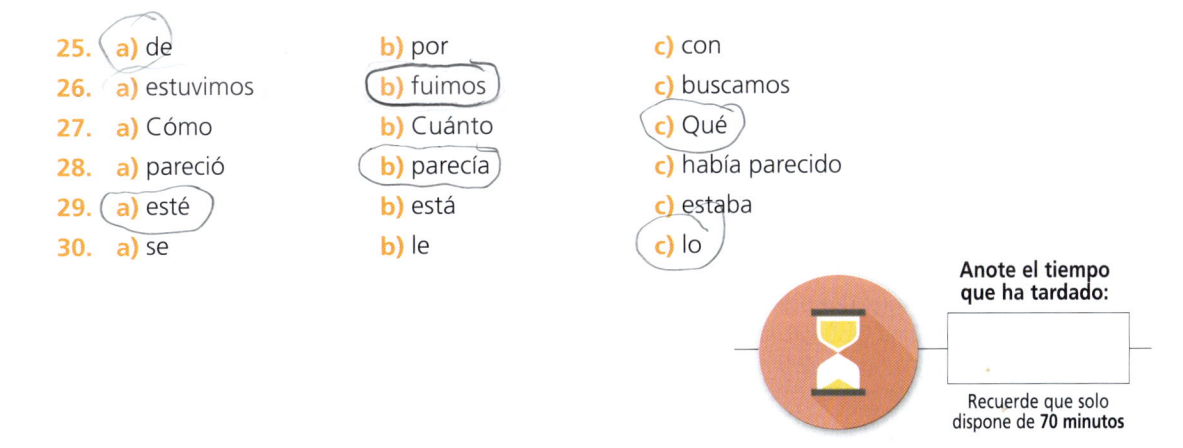

25. a) de   b) por   c) con
26. a) estuvimos   b) fuimos   c) buscamos
27. a) Cómo   b) Cuánto   c) Qué
28. a) pareció   b) parecía   c) había parecido
29. a) esté   b) está   c) estaba
30. a) se   b) le   c) lo

Anote el tiempo que ha tardado:

Recuerde que solo dispone de **70 minutos**

modelo de examen 1

PRUEBA 2 — Comprensión auditiva

Tiempo disponible para las 5 tareas. 40 min

Pistas 1-6

TAREA 1

(Ver características y consejos, p. 243)

A continuación va a escuchar seis mensajes del buzón de voz de un teléfono. Oirá cada mensaje dos veces. Después, seleccione la opción correcta, a), b) o c), para cada pregunta, 1-6.
Dispone de 30 segundos para leer las preguntas.

PREGUNTAS

Mensaje 1
1. ¿Qué problema tiene la casa que se alquila?
   a) Es bastante ruidosa.
   b) Hay que subir muchas escaleras.
   c) Es demasiado cara.

Mensaje 2
2. ¿Por qué llaman de la tienda?
   a) Porque hay problemas con el color de los muebles.
   b) Para cambiar el día de entrega del pedido.
   c) Para ofrecerles un modelo más barato.

Mensaje 3
3. ¿Qué tiene que hacer Luis?
   a) Comprar una alfombra nueva.
   b) Limpiar la alfombra.
   c) Llevar la alfombra a limpiar.

Mensaje 4
4. ¿Qué le recomiendan a la señora Martínez?
   a) Arreglar la nevera vieja.
   b) Comprar una nevera nueva.
   c) Traer una nevera de Barcelona.

Mensaje 5
5. ¿Quién llama a Ana?
   a) Una amiga.
   b) Una empleada del ayuntamiento.
   c) Su madre.

Mensaje 6
6. ¿Para qué llama Ángel a Rodrigo?
   a) Para invitarle a una fiesta próximamente.
   b) Para contarle una fiesta que hizo el mes pasado.
   c) Para informarle de que ha comprado una casa.

Especial DELE B1 Curso completo

VIVIENDAS Y MUEBLES
Comprensión auditiva

Pista 7

TAREA 2

(Ver características y consejos, p. 245)

A continuación va a escuchar un fragmento del programa Cuéntanos tu experiencia *en el que Lucas relata cómo compró su primera casa. Lo oirá dos veces. Después seleccione la opción correcta, a), b) o c), para cada pregunta, 7-12.*
Dispone de 30 segundos para leer las preguntas.

PREGUNTAS

7. Lucas cuenta en la audición que él y su novia:
   a) Decidieron comprar una casa cuando se casaron.
   b) No se ponían de acuerdo en comprar o alquilar.
   c) Llevaban dos años saliendo cuando decidieron comprar.

8. Según el audio, los problemas de Lucas se debían a que:
   a) Mucha de la publicidad que veían era falsa.
   b) No preguntaban antes de ir a ver pisos.
   c) Era difícil encontrar pisos con dos dormitorios.

9. Según la grabación, Lucas y su novia:
   a) Vivían en el mismo barrio donde encontraron la casa.
   b) Venían de barrios diferentes.
   c) Querían encontrar algo en la zona norte.

10. Lucas afirma que los papeles del banco tardaron:
    a) Cuatro años.
    b) Más de lo habitual.
    c) Un tiempo normal.

11. Según Lucas, algunos de los papeles que pedía el banco:
    a) No los llevó a tiempo.
    b) Eran difíciles de conseguir.
    c) Tenía que hacerlos el propietario.

12. El día de la firma la empleada del banco dijo que:
    a) Era la casa más bonita que había visto.
    b) Estaba muy emocionada.
    c) Lucas parecía muy feliz.

Especial DELE B1 Curso completo

VIVIENDAS Y MUEBLES
Comprensión auditiva

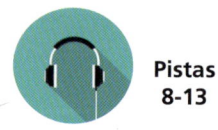

TAREA 3

(Ver características y consejos, p. 246)

A continuación va a escuchar seis noticias de un programa radiofónico español. Lo oirá dos veces. Después, seleccione la respuesta correcta, a), b) o c), para las preguntas, 13-18.
Dispone de 30 segundos para leer las preguntas.

PREGUNTAS

Noticia 1

13. La nueva aplicación:

   a) Sirve para hablar por teléfono con los hijos.
   b) Todavía no está a la venta.
   c) Se puede adquirir en este Congreso.

Noticia 2

14. La compraventa de viviendas:

   a) Ha aumentado respecto al año pasado.
   b) Ha bajado en agosto.
   c) No ha variado en diecisiete meses.

Noticia 3

15. Actualmente, los compradores de viviendas en España:

   a) Compran casas más grandes.
   b) Buscan viviendas de uno o dos dormitorios.
   c) Quieren cambiar de casa.

Noticia 4

16. El Gremio de Promotores:

   a) Quiere buscar clientes extranjeros para vender casas en la costa.
   b) Afirma que en la Costa Brava los precios han subido.
   c) Dice que franceses y rusos eligen los mismos sitios para comprar.

Noticia 5

17. El estudio Jóvenes y Emancipación afirma que:

   a) Hay más mujeres que viven independientes que hombres.
   b) Los españoles son los europeos que antes dejan la casa familiar.
   c) No tienen problemas a la hora de encontrar trabajo.

Noticia 6

18. Los españoles:

   a) Han dejado de veranear debido a la situación económica.
   b) Buscan alternativas más baratas de vacaciones.
   c) No quieren pasar sus vacaciones en Tenerife.

VIVIENDAS Y MUEBLES
Comprensión auditiva

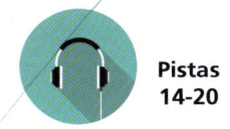

Pistas 14-20

TAREA 4

(Ver características y consejos, p. 247)

A continuación va a escuchar a seis personas contando cómo han decorado sus casas. Oirá a cada persona dos veces. Después, seleccione el enunciado, a)-j), que corresponde al tema del que habla cada persona, 19-24. Hay diez enunciados (incluido el ejemplo), pero debe seleccionar solamente seis. Dispone de 20 segundos para leer los enunciados.

ENUNCIADOS

a) Ya no le gustan los muebles que tiene.
b) Se ha gastado mucho dinero en decorar su casa.
c) Tiene pocos muebles.
d) Los muebles que tiene no fueron su elección.
e) Ha combinado estilos diferentes.
f) Tiene prisa en amueblar su casa.
g) *Vive en un piso que fue de su familia.*
h) Su casa está decorada en un estilo muy moderno.
i) Dejó la decoración en manos de otra persona.
j) Quiere cambiar de casa.

	PERSONA	ENUNCIADO
	Persona 0	g)
19.	Persona 1	
20.	Persona 2	
21.	Persona 3	
22.	Persona 4	
23.	Persona 5	
24.	Persona 6	

Pista 21

TAREA 5

(Ver características y consejos, p. 248)

A continuación va a escuchar una conversación entre un matrimonio, Eduardo y Emilia. La oirá dos veces. Después, decida si los enunciados, 25-30, se refieren a Eduardo, a), Emilia, b), o a ninguno de los dos, c).
Dispone de 25 segundos para leer los enunciados.

		a) Eduardo	b) Emilia	c) Ninguno de los dos
0.	Quiere un armario de un color específico.		✓	
25.	Piensa que en el pasado se hacían las cosas mejor.			
26.	Dice que no cabe la ropa en el armario actual.			
27.	Cree que tienen que economizar.			
28.	Piensa que comprar una nueva nevera no es importante.			
29.	Va a tener mucho trabajo próximamente.			
30.	Le parece una buena idea un armario con espejo.			

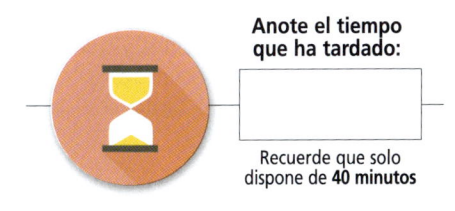

Anote el tiempo que ha tardado:

Recuerde que solo dispone de **40 minutos**

Especial DELE B1 Curso completo

modelo de examen 1

PRUEBA 3 — Expresión e interacción escritas

Tiempo disponible para las 2 tareas. 60 min

TAREA 1

(Ver características y consejos, p. 250)

Usted necesita cambiar de casa y un amigo suyo que trabaja en una inmobiliaria le ha enviado el siguiente correo electrónico.

> Hola. Me he enterado por Violeta que estás buscando una casa. Ya sabes que puedes contar conmigo, ¿quién mejor que yo para ayudarte? Tengo un banco de datos con cientos de casas de todo tipo. Solamente tienes que explicarme con detalle qué es lo que estás buscando y hasta cuánto piensas gastar. Yo, por mi parte, te enviaré todas las opciones que se ajusten a lo que quieres.
> Bueno, espero tus noticias.
> Un saludo, Pedro

Escriba un correo electrónico a Pedro (entre 100-120 palabras) en el que deberá:
- Saludar.
- Explicar cómo es su casa actual y explicar qué problemas tiene.
- Explicar por qué ha decidido cambiar de casa.
- Describir la casa que necesita.
- Explicar cuánto puede gastarse.
- Dar las gracias y despedirse.

TAREA 2

(Ver características y consejos, p. 251)

Lea el siguiente comentario de una revista del corazón.

> Como os conté el otro día, ayer estuve en una fiesta de la *jet set* y tengo que deciros que lo que más me impresionó fue… la casa. ¡Qué maravilla! ¡Cómo me gustaría vivir en un lugar así! Ahora mismo no tengo tiempo de describirla con detalle, pero me gustaría que vosotros me contarais si alguna vez habéis estado en alguna casa que os ha impresionado.

Escriba su experiencia (entre 130-150 palabras) en esta revista contando:
- Por qué fue a aquella casa.
- De quién era.
- Dónde estaba.
- Cuántas habitaciones y qué distribución tenía.
- Cómo estaba decorada.
- Por qué le gustó tanto.

Anote el tiempo que ha tardado:

Recuerde que solo dispone de **60 minutos**.

Especial DELE B1 Curso completo

VIVIENDAS Y MUEBLES

Sugerencias para la expresión e interacción orales y escritas

Apuntes de gramática

- Para describir, se usa el verbo *ser*: *La habitación es/era luminosa*.
  - Para describir una persona, un objeto o un lugar en presente, se usa el presente de indicativo: *La casa es grande*.
  - Para describir una persona, un objeto o un lugar en pasado, se usa el pretérito imperfecto: *La casa era grande*.
- Para hablar de ubicaciones, se usa el verbo *estar*: *El edificio está/estaba en las afueras*.
- Para hablar de lo que contiene la casa, puedes usar *hay/tiene*: *En la casa hay/había tres habitaciones. La casa tiene/tenía dos cuartos de baño*.
- Para valorar una casa positivamente, puedes usar: *grande, luminosa, bien comunicada, con zonas verdes*, etc.
- Para explicar cómo es algo, usamos el indicativo: *Tengo una casa que está bien comunicada*.
- Para explicar cómo es algo que buscamos o necesitamos, usamos el subjuntivo: *Busco un piso que tenga terraza*.

Describir muebles

Cama:
- *doble/individual/grande/pequeña/litera,* etc.

Mesa:
- *de comedor/de café/de televisión,* etc.
- *de madera/de cristal,* etc.
- *moderna/de estilo/antigua/funcional,* etc.
- *cuadrada/ovalada/redonda/rectangular,* etc.
- *para … personas.*

Sillas:
- *modernas/clásicas/funcionales,* etc.
- *de madera.*
- *muy cómodas.*
- *de color…*

Sofá:
- *grande/pequeño/cómodo,* etc.
- *para … personas.*

Contactar con alguien

Si le interesa/está interesado en alguno de nuestros muebles,…
- *puede llamarnos al teléfono… (tardes-noches).*
- *puede enviarnos un correo a la siguiente dirección…*
- *puede contactar con nosotros en el … (fijo) o en el … (móvil)*
- *llame al … (móvil)*

Algunos conectores importantes para ordenar y relacionar las ideas

Comenzar el monólogo:
- *En primer lugar…*
- *Para empezar…*

Añadir ideas:
- *Además…*
- *También…*
- *Por otro lado…*

Explicar cómo es una casa

Tengo una casa/un piso/apartamento/chalé/ático, etc.
- *bien comunicado/en el centro de…/cerca de/lejos de…,* etc.
- *exterior/interior/luminoso/amplio/grande/pequeño/ moderno/funcional/antiguo,* etc.
- *tiene… habitaciones/cuartos de baño con…/una cocina totalmente equipada/jardín/terraza/balcón/ bonitas vistas/una entrada…*
- *está en un edificio antiguo/moderno/clásico,* etc.; *en una zona tranquila/céntrica/con ambiente/ ruidosa…*

Especial DELE B1 Curso completo

modelo de examen 1

PRUEBA 4 — Expresión e interacción orales

15 min Tiempo disponible para preparar las tareas 1 y 2.

15 min Tiempo disponible para las 4 tareas.

TAREA 1

(Ver características y consejos, p. 252)

EXPOSICIÓN DE UN TEMA

Tiene que hablar durante 2 o 3 minutos sobre este tema.

Hable de **la casa de sus sueños**.

Incluya la siguiente información:
- Dónde estaría esa casa.
- Cómo sería.
- Si conoce alguna casa que se parezca a su casa ideal.
- Si tiene esperanza de conseguir alguna vez una casa así.

No olvide:
- Diferenciar las partes de su exposición: introducción, desarrollo y conclusión.
- Ordenar y relacionar bien las ideas.
- Justificar sus opiniones y sentimientos.

TAREA 2

(Ver características y consejos, p. 253)

CONVERSACIÓN CON EL ENTREVISTADOR

Después de terminar la exposición de la Tarea 1, deberá mantener una conversación con el entrevistador sobre el mismo tema.

Ejemplos de preguntas
- ¿Es usted una persona casera o prefiere salir?
- ¿Le gusta recibir amigos en su casa?
- ¿La mayoría de la gente de su país tiene las mismas preferencias que usted respecto a la vivienda?
- ¿Está usted satisfecho con la casa que tiene actualmente?

Especial DELE B1 Curso completo

VIVIENDAS Y MUEBLES

Expresión e interacción orales

TAREA 3

(Ver características y consejos, p. 253)

DESCRIPCIÓN DE UNA FOTO

Observe detenidamente esta foto.

Describa detalladamente (1 o 2 minutos) lo que ve y lo que imagina que está pasando. Puede comentar, entre otros, estos aspectos:
- Quiénes son y qué relación tienen.
- Qué están haciendo.
- Dónde están.
- Qué hay.
- De qué están hablando.

A continuación, el entrevistador le hará unas preguntas (2 o 3 minutos).

Ejemplos de preguntas
- ¿Se ha mudado de casa alguna vez en su vida? ¿Qué tal la experiencia?
- ¿Le ayudaron sus amigos?
- ¿Ha contratado alguna vez los servicios de una empresa de mudanza o conoce a alguien que lo haya hecho?
- ¿Tuvo algún tipo de problema o malentendido con esa empresa?

TAREA 4

(Ver características y consejos, p. 254)

SITUACIÓN SIMULADA

Usted va a conversar con el entrevistador en una situación simulada (2 o 3 minutos).

Usted acaba de hacer una mudanza. Después de irse los trabajadores de la empresa, se ha dado cuenta de que algunas cosas estaban rotas.
Imagine que el entrevistador es el empleado de la compañía de mudanzas, hable con él de los siguientes temas:
- Dígale cuándo realizaron la mudanza.
- Explíquele qué objetos están rotos.
- Explíquele por qué no se dio cuenta al principio.
- Pídale que le paguen los objetos rotos.

Ejemplos de preguntas
- Buenos días. ¿En qué puedo ayudarle?
- ¿Cuándo le llevaron los muebles?
- ¿Y cómo no se dio cuenta de que había cosas rotas? Tenía usted que reclamar en ese momento.

Especial DELE B1 Curso completo

examen 2

LAS PERSONAS: SU FÍSICO, SU CARÁCTER Y SUS RELACIONES

Curso completo

- **Léxico**
  - Las personas: aspecto físico y carácter
  - Relaciones personales
- **Gramática**
- **Funciones**

Modelo de examen 2

vocabulario

FICHA DE AYUDA
Para la expresión e interacción escritas y orales

FAMILIA
- Abuelo/a (el, la) ....
- Gemelo/a (el, la) ....
- Hijo/a (el, la) ....
- Madre (la) ....
- Madrina (la) ....
- Mellizo/a (el, la) ....
- Nieto/a (el, la) ....
- Padre (el) ....
- Padrino (el) ....
- Primo/a (el, la) ....
- Sobrino/a (el, la) ....
- Tío/a (el, la) ....

Familia política
- Cuñado/a (el, la) ....
- Nuera (la) ....
- Suegro/a (el, la) ....
- Yerno (el) ....

RELACIONES
- Amigo/a (el, la) ....
- Colega (el, la) ....
- Compañero/a (el, la) ....
- Conocido/a (el, la) ....
- Desconocido/a (el, la) ....
- Pandilla (la) ....
- Pareja (la) ....
- Pariente (el, la) ....
- Vecino/a (el, la) ....
- - de estudios ....
- - de piso ....
- - de trabajo ....

DESCRIPCIÓN FÍSICA
- Alto/a ....
- Bajo/a ....
- Delgado/a ....
- Fuerte ....
- Gordo/a ....

Pelo
- Calvo ....
- Canoso ....
- Castaño ....
- Corto ....
- Largo ....
- Liso ....
- Moreno ....
- Pelirrojo ....

DESCRIPCIÓN FÍSICA (continúa)
- Rizado ....
- Rubio ....

Ojos
- Claros (azules, verdes, grises) ....
- Oscuros (negros, marrones) ....

DESCRIPCIÓN PERSONALIDAD
- Defectos ≠ Cualidades negativas ....
- Virtudes ≠ Cualidades positivas ....

Adjetivos
- Abierto/a ≠ Cerrado/a ....
- Aburrido/a ≠ Divertido/a ....
- Atento/a ....
- Detallista ....
- Egoísta ≠ Generoso/a ....
- Nervioso/a ≠ Tranquilo/a ....
- Optimista ≠ Pesimista ....
- Puntual ≠ Impuntual ....
- Responsable ≠ Irresponsable ....
- Simpático/a ≠ Antipático/a ....
- Tímido/a ≠ Sociable ....
- Trabajador/-a ≠ Vago/a ....

Sustantivos
- Egoísmo (el) ....
- Generosidad (la) ....
- Optimismo (el) ....
- Pesimismo (el) ....
- Simpatía (la) ....
- Timidez (la) ....

VERBOS
- Caer bien/mal (a) ....
- Casarse (con) ....
- Divorciarse (de) ....
- Enamorarse (de) ....
- Gustar ....
- Llevarse bien/mal (con) ....
- Parecerse (a) ....
- Pelearse (con) ....
- Quedar (con) ....
- Romper (con) ....
- Separarse (de) ....

EXPRESIONES
- Ser almas gemelas ....
- Ser como dos gotas de agua ....
- Ser uña y carne ....
- Llevarse como el perro y el gato ....

Especial DELE B1 Curso completo

examen 2 Léxico
Las personas: aspecto físico y carácter

1 Relaciona cada verbo con la parte del cuerpo adecuada.

a. oler
b. oír
c. besar
d. tocar
e. mirar
f. ver
g. comer
h. escuchar
i. acariciar

1. boca
2. manos
3. ojos
4. nariz
5. oídos

2 Escribe la palabra correspondiente a la definición. Todas están relacionadas con el pelo.

a. Individuos que no tienen un pelo de tontos: C _ _ _ _ _.
b. Una persona que tiene el pelo del color del fuego: _ _ L _ _ _ _ _ _.
c. Cuando una persona elimina los pelos de su cara, está: _ _ _ _ T _ _ _ _.
d. Mi abuela antes era morena, pero ahora su pelo está completamente: _ _ _ _ _ O.
e. Si tu pelo no es liso ni ondulado, es: R _ _ _ _ _.
f. Alguien con el pelo de color marrón es: _ _ _ _ _ O.
g. Los pelos de un hombre en la cara se llaman: _ _ _ B _.
h. Y los que tienen encima de la boca se llaman: B _ _ _ _ _.

3 Identifica a cada persona por su descripción.

Andrea   Antonio   Julia   Carlota   David   Laura

Mario   Ramón   Adolfo   Juan   Rosa   Esteban

a. Es morena, tiene el pelo rizado y largo. Tiene 28 años y es muy alegre. ....
b. Es calvo, lleva gafas y barba. Tiene 50 años, pero su espíritu es muy joven. ....
c. Es morena y su pelo es castaño y rizado. Es tímida. ....
d. Es pelirroja, tiene los ojos verdes. Tiene 18 años y es muy guapa. ....
e. Lleva gafas. Es calvo y tiene bigote. Parece que está enfadado. ....
f. Tiene el pelo liso y blanco. Lleva gafas y es muy simpática. Tiene 62 años. ....
g. Es muy guapo: moreno, con los ojos claros y el pelo corto. ....
h. Tiene barba y pelo largo. Sus ojos son verdes. Tiene 25 años. ....
i. Tiene barba y es castaño. Lleva gafas. Tiene 40 años. ....
j. Lleva gafas. Su pelo es castaño, liso y corto. Tiene los ojos marrones. ....
k. Es simpático, moreno y lleva el pelo con flequillo. Tiene 12 años. ....
l. Es moreno y su pelo es negro, corto y rizado. Tiene 12 años. ....

Léxico - Especial DELE B1 Curso completo

Especial DELE B1 Curso completo

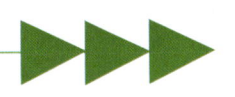

4 Escribe el sustantivo correspondiente a estos adjetivos de carácter.

a. tranquilo ✓
b. simpática ✓
c. ordenado ✓
d. alegre ✓
e. amable ✓
f. responsable ✓
g. tímido
h. sensible ✓
i. orgullosa
j. perezoso ✓
k. egoísta ✓
l. pesimista ✓

5 Localiza, en el ejercicio anterior, el contrario de estos adjetivos.

a. nervioso
b. triste
c. humilde
d. trabajador
e. optimista
f. desagradable
g. desordenado
h. insensible
i. generoso
j. antipática
k. abierto
l. irresponsable

6 Completa las definiciones.

a. De una persona que trabaja mucho, podemos decir que es — *trabajadora*
b. Alguien con quien lo pasas muy bien es — *simpática*
c. Cuando una persona nunca dice la verdad, decimos que es — *mentiroso*
d. Un individuo que no es ordenado, será — *desordenado*
e. Si mi hermana da muchos besos y abrazos, es muy — *amable*
f. Alguien que no tiene miedo de nada es — *valiente*
g. Si alguien tiene mucho miedo, será — *tímido*
h. Una persona que tiene buenas notas casi sin estudiar puede ser — *listo*
i. Si siempre piensas cosas negativas, seguro que eres — *pesimista*
j. Cuando alguien sonríe en cualquier ocasión, pensamos que es — *alegre*

7 Define con tus propias palabras estos adjetivos.

a. orgulloso
b. antipático
c. generoso
d. amable

8 Elige una imagen, ¿qué puedes decir de las personas que ves? Describe su físico e imagina cómo es su carácter.

1.
2.
3.

examen 2 Léxico

Las personas: aspecto físico y carácter

9 Escribe el opuesto.

a. aburrirse ....
b. entristecerse ....
c. estar nervioso ....
d. ponerse de buen humor ....
e. encontrarse fatal ....

10 Encuentra el intruso y justifica tu elección.

a. alegre, introvertido, abierto, simpático, extravertido
b. vagas, humildes, generosidad, nerviosas, insensibles
c. responsable, trabajador, ordenado, egoísta, tolerante
d. mentirosa, disciplinada, seria, sincera, amable

11 Piensa en tres animales que te gustan mucho. Escribe tres adjetivos que definen a cada uno.

animal	adjetivos
a.	....
b.	....
c.	....

El primer animal significa lo que los demás piensan de ti. El segundo, lo que tú piensas de ti mismo. El tercero es cómo eres en realidad.

¿Estás de acuerdo con lo que has leído? ¿Por qué? ¿Cómo te defines tú?

12 ¿Cómo se sienten? Completa con estas palabras.

enamorados • nerviosa • contento • aburrida • estresado • asustado • triste • enfadado

a. .... b. .... c. .... d. ....

e. .... f. .... g. .... h. ....

Explica algunas situaciones en las que las personas pueden sentirse como en las imágenes anteriores.

Antes de hacer un examen estoy b.

13 ¿Con qué icono del ejercicio anterior relacionas cada frase?

1. Le dan miedo las películas de zombis. ☐
2. Se pone de buen humor cuando le hacen un regalo. ☐
3. Les da pena ver animales abandonados. ☐
4. Odian llegar tarde a clase. ☐
5. No soportan estar sin hacer nada. ☐
6. Les encanta el 14 de febrero. ☐

14 Clasifica estas palabras en el lugar adecuado.

alegre • aburrido • pena • de buen/mal humor • fatal • asustado • pánico • deprimido
bien • enamorado • triste • contento • mal • lástima • miedo • estresado • asco

ESTAR	DAR	PONERSE	ENCONTRARSE

Léxico - Especial DELE B1 Curso completo

Especial DELE B1 Curso completo

15 Observa las imágenes y reacciona. ¿Qué sienten las personas? ¿Qué sientes tú?

1. ....
2. ....
3. ....
4. ....
5. ....
6. ....
7. ....
8. ....
9. ....
10. ....
11. ....
12. ....
13. ....
14. ....
15. ....
16. ....
17. ....
18. ....
19. ....
20. ....

16 Comenta las siguientes cuestiones.

- ¿Qué te pone contento?
- Cuando se aproxima tu cumpleaños, ¿cómo estás?
- Si ves a una persona pidiendo en la calle, ¿cómo te sientes?
- ¿Cuándo te sentiste por última vez enfadado? ¿Por qué?
- Recuerda la última vez que te enamoraste… Explica tus sentimientos y emociones.
- ¿Qué cosas te dan pena? ¿Por qué?
- Explica una situación que te produce estrés.
- ¿En qué situaciones te enfadas?
- ¿Qué te da miedo?

17 ¿Sabes lo que es un estereotipo? ¿Qué estereotipos conoces sobre los españoles? ¿Y sobre la gente de tu país? Comenta las siguientes frases y completa el cuadro.

PAÍS	ESTEREOTIPO
España	Todos bailan flamenco y duermen la siesta.
Italia	Solo comen pasta y hacen muchos gestos.
EE. UU.	Desayunan, comen y cenan hamburguesas.
Inglaterra	Siempre toman el té a las 17:00.
Rusia	
…	
…	
Mi país	

Léxico - Especial DELE B1 Curso completo

examen 2 Léxico — Relaciones personales

1 ¿Sabes quién era Goya? Este artista pintó a la familia del rey Carlos IV, uno de sus cuadros más famosos. Observa la imagen, lee el texto y complétalo con estas palabras.

hermano • padres • sobrina • hijos • esposa • hermana
marido • nieto • abuelos • tíos • novia

Me llamo Francisco de Goya y esta es la familia del rey Carlos IV. Cuadro que pinté en 1800: en el centro está la 1. .... del rey, M.ª Luisa, que tiene de la mano a uno de sus ¡catorce 2. ....!, Francisco de Paula. En el cuadro solo aparecen seis, entre ellos, Fernando. También están el 3. .... y la 4. .... del rey: Antonio y M.ª Josefa. Además, pinté al 5. .... de M.ª Luisa, Luis, ambos 6. .... de Carlos Luis, el 7. .... pequeño de los reyes, que, por lo tanto, ya son 8. .... Carlos Luis tiene 9. ...., jóvenes y viejos. A la izquierda he pintado a la 10. .... de Fernando, futura 11. .... de M.ª Josefa y Antonio. Seguro que está nerviosa. No es fácil ser familia de los reyes de España.

2 Según las definiciones, ¿a qué miembro de la familia nos referimos?

a. El hermano de tu padre es tu ....
b. Y el hijo de a. es tu ....
c. Los padres de tus padres son tus ....
d. Y tú eres el/la .... de c.
e. Los hijos de tus padres son tus ....
f. Los hijos de e. son tus ....

3 ¿Recuerdas el estado civil? Completa con la opción correcta en el género adecuado.

a. Si el marido de Ana ha muerto, ella es…
b. Elena vive sola, está…
c. Ana y su marido no se llevaban bien, ahora ella está…
d. Ana y Pepe se enamoraron y decidieron unirse para siempre. Están…

1. viudo
2. divorciado
3. soltero
4. casado

4 Completa las siguientes frases con *caer*, *llevarse* o *parecerse*.

a. Ese actor no me .... bien. Cree que es el mejor.
b. El presidente de ese país me .... fatal. .... mal con su equipo de gobierno.
c. Cuando mis padres conocieron a Luis, no les .... nada bien. Sin embargo, ahora .... genial con él.
d. Siempre me dicen que .... a mi abuela muchísimo, sobre todo en el carácter.
e. Cuando Ángel conoció a Ramón, ... muy bien con él, pero desde que vive en Londres no tienen contacto.
f. Víctor y su hermano .... bastante. Tienen la misma nariz.

5 Según las imágenes, ¿qué diferencias ves entre las familias de antes y las actuales?

antes — ahora

> Ahora explica cómo es tu familia y cómo era la de tus abuelos.

6. Conflictos personales. Lee los diálogos y responde verdadero (V) o falso (F).

Elena: Me da mucha rabia que no vengas a la fiesta…
Mónica: Es que no soporto a Marta…
Elena: Pero van a venir los chicos de la academia. Sé que te caen muy bien.
Mónica: Sí, pero como es en casa de Marta y me llevo fatal con ella, tendremos que hablar y no quiero.
Elena: Pero, mujer, vas a estar conmigo y con Javi.
Mónica: ¡Que no! Nos vemos otro día, ¿vale?
Elena: ¿Esa es tu decisión? ¡Eres una egoísta!

1. Elena, Mónica, Javi y Marta se llevan muy bien. V F
2. La fiesta la organizan los compañeros de academia de Mónica. V F
3. Elena quiere convencer a Mónica para ir a una fiesta. V F
4. Mónica propone a Elena quedar en otra ocasión. V F

7. ¿Piensas que las redes sociales hacen que las relaciones personales no sean buenas? Lee el texto y localiza sinónimos de estas palabras. ¿Qué desventajas, según el texto, tienen las redes sociales?

saludable • introvertidas • tareas • contestar • temor • alegría • no generosos

REDES SOCIALES

Es normal encontrar en las terrazas de las cafeterías a personas sentadas, sin hablar y mirando el móvil, algo diferente de lo que debe ser una relación humana sana y que es un peligro para la salud mental. Pero existen, además, otras consecuencias negativas.

- Parece que participar en redes sociales ayuda a las personas más tímidas a comunicarse, pero puede llevarlas a no tener contactos reales.
- La frecuencia con la que consultamos las redes sociales influye en el trabajo o los estudios y hace que se abandonen las responsabilidades.
- La conducta obsesivo-compulsiva que tienen muchos de los que viven siempre atentos a los avisos en sus teléfonos o tabletas y necesitan responder, sin importar si están acompañados, van andando o conduciendo un coche, puede ocasionar serios problemas.
- El usuario compulsivo tiene «miedo a estar desconectado», lo que le produce la necesidad de estar siempre activo en las redes.
- La envidia que algunos usuarios tienen al ver publicaciones de amigos que muestran una felicidad que ellos no tienen (viajes, compra de un aparato tecnológico de última generación, anuncio de eventos como tener pareja o ir a contraer matrimonio…) provoca ansiedad, además de sentimientos de frustración y tristeza porque se idealiza la vida de los otros.

Un estudio realizado por L. Rosen, profesor de Psicología de la Universidad Estatal de California, concluye que los adolescentes que frecuentan Facebook tienen más tendencias egoístas que los otros y problemas psicológicos como el ser antisocial.

Adaptado de http://www.gestalt-terapia.es

- Según tu opinión, ¿cuáles son las ventajas?
- ¿Publicas muchas veces al día? ¿Qué sueles publicar?
- ¿Participas en alguna red social? ¿Consultas mucho las novedades de amigos o conocidos? ¿Por qué?
- Observa la imagen que acompaña al texto y explica por qué cada red social se define de esa manera y no de otra.
- Explica con cinco palabras tus conclusiones sobre las relaciones personales a través de redes sociales.

8. En las redes sociales se suelen utilizar abreviaturas y emoticonos para expresar sentimientos, acciones o estados de ánimo. Escribe qué crees que significa cada abreviatura.

1. cnd: a. cuándo   b. conde   c. cuánto
2. xq: a. para qué   b. por qué   c. porque
3. kdms: a. queda más   b. quién da más c. quedamos
4. tb: a. ¿te vienes? b. también   c. tubo
5. bss: a. besos   b. buscas   c. bolsas

examen 2 Gramática

1. Completa estas frases seleccionando la opción correcta. — SERIE 1

1. ¿Nadie ___ quiere más café?
   a. no   b. Ø   c. lo
2. El divorcio ___ legalizó en España el 7 de julio de 1981.
   a. se   b. lo   c. Ø
3. El niño es muy introvertido. ___ pone nervioso si está con personas que no conoce.
   a. Se   b. Le   c. Lo
4. En los fuegos artificiales, un niño se quemó ___ brazo.
   a. su   b. Ø   c. un
5. ¡Qué guapos tus niños! ¡Y qué bien ___ portaron en la boda!
   a. se   b. Ø   c. le
6. He envuelto tres regalos. Envuelve tú ___.
   a. estos otros   b. demás   c. los
7. El recién nacido ___ mucho a su padre, aunque es pronto para decirlo.
   a. le parece   b. lo parece   c. se parece
8. Rompió con su novio porque él tenía mucha amistad con una amiga ___.
   a. suya muy guapa b. esa guapa   c. alguna guapa
9. No, no me des las gracias. Gracias a ___. Me has ayudado mucho.
   a. te   b. ti   c. tú
10. El jefe tiene un carácter muy difícil. No puedo ___.
    a. soportarlo   b. soportarme   c. soportarse
11. La fiesta de cumpleaños fue en Casa Tapas. Allí ___ come muy bien.
    a. nos   b. se   c. lo
12. Ha educado muy bien a su hijo. ___ ha enseñado a dar los buenos días.
    a. Lo   b. Le   c. Se

2. Completa estas frases seleccionando la opción correcta. — SERIE 2

1. Silvia y Carlos ___ seis años viviendo juntos, pero no sé si están casados.
   a. tienen   b. llevan   c. están
2. Mi colega estaba muy estresado. Bajó ___ cabeza y dijo que se iba a casa.
   a. su   b. la   c. una
3. Invitó a la despedida de soltero a los amigos de su novia, pero no fue ___.
   a. ninguno   b. alguno   c. ningún
4. Oye, ___ a María. ¡Me has hablado tanto de ella…!
   a. preséntale   b. preséntate   c. preséntame
5. Estos niños tienen una mala actitud. Obedecen ___ a sus padres.
   a. poco   b. un poco   c. nada
6. José compró los pendientes para Ana. Yo ___ envolví.
   a. se lo   b. se los   c. se les
7. La luna de miel en Costa Rica les costó ___ cuatro mil euros. ¡Carísimo!
   a. mucho más   b. más que   c. más de
8. Entre ___ y ___ ¿hay una relación de amor o de amistad?
   a. ti… él   b. tú… él   c. él… ti
9. El funcionario de la embajada me trató muy ___. Fue muy arrogante conmigo.
   a. mal   b. malo   c. malísimo
10. ___ llaman a la puerta. ¿Has invitado a alguien más a la comida familiar?
    a. Ellos   b. Nos   c. Ø
11. Jorge discute mucho con su hermano, ___ llevan muy mal.
    a. les   b. se   c. le
12. Necesito renovar el carné de conducir ___ día de la próxima semana.
    a. alguno   b. algún   c. uno

42 Gramática - Especial DELE B1 Curso completo

SERIE 3

3 Completa estas frases seleccionando la opción correcta.

1. Alberto ___ compró una pulsera preciosa a su novia.
   a. la b. le c. se
2. Pobre anciano. No tiene ___ nadie que le cuide.
   a. a b. Ø c. para
3. Javier y Marta dijeron a su hijo que era adoptado y pareció ___.
   a. entenderse b. entenderlo c. entenderle
4. En la comida de negocios, Paco dio la mano a ___ uno de los directores.
   a. todo b. más c. cada
5. Invitó a una fiesta informal a los vecinos, pero ___ fue Luisa.
   a. sola b. solo c. única
6. Elena y Vicente ___ quieren mucho. Están muy enamorados.
   a. les b. se c. los
7. Asistieron a la boda ___ de los invitados.
   a. la mayoría b. casi nadie c. unos
8. Cuando bajó del tren y vio a su novia, ___ besaron.
   a. los b. la c. se
9. ¿Vienes a la comida de Navidad? La organiza un ___.
   a. algún amigo b. mi amigo c. amigo mío
10. Carlos está moreno. Ha tomado ___ el sol en la playa.
    a. algún b. un poco c. poco
11. A Rubén ___ compré un regalo, pero a Manuel, no.
    a. le b. se c. Ø
12. ___ siento mucho el error. Perdóname, es que estaba muy estresado.
    a. Lo b. Eso c. Ø

SERIE 4

4 Completa estas frases seleccionando la opción correcta.

1. No, Carlos no es la pareja de Rosa. Yo no he dicho ___.
   a. ese b. esa c. eso
2. Ese DNI es ___. ¡Pensaba que lo había perdido!
   a. uno mío b. de mí c. el mío
3. Pepe se casa la semana próxima. Necesita ___ pelo.
   a. cortarse el b. cortar su c. cortárselo
4. Desde que Paloma y Víctor se separaron, no sé ___ de ellos.
   a. algo b. nada c. nadie
5. Perdona, ¿estás trabajando? Siento ___, pero es importante.
   a. molestarte b. molestarse c. molestarme
6. Vamos a comprar ___ máscaras para la fiesta de disfraces.
   a. variadas b. varias c. variantes
7. A Marina ___ caen fatal sus suegros. No quiere hablar con ellos.
   a. les b. se c. le
8. Según ___, todos los niños son traviesos. No tienes paciencia con ellos.
   a. ti b. tú c. para ti
9. ¿Estás aburrido? Llama ___ alguien y sal un poco.
   a. a b. para c. Ø
10. Por favor, guarda en tu casa esos ___ para Iván. Son para su fiesta de cumpleaños.
    a. mis regalos b. algunos regalos c. regalos míos
11. Durante la comida, los novios hicieron un regalo a ___ invitado.
    a. todo b. cada c. alguno
12. Perdí el contacto con la ___ de mis amigos de la infancia. ¡Qué pena!
    a. más b. mayor c. mayoría

examen 2 Funciones

1 SERIE 1
Elige la opción correcta y completa el cuadro de funciones con las fórmulas correspondientes.

1. Es increíble ___ han adornado el árbol de Navidad. ¡Precioso!
   a. que   b. cómo   c. lo
2. ¡___ grande está tu niño! ¿Cuántos años tiene?
   a. Qué   b. Cómo   c. Cuánto
3. Ayer conocí a mis nuevos compañeros. Me ___ muy bien.
   a. caigo   b. caen   c. caemos
4. Jorge vio a Ana y se enamoró ___ ella al instante.
   a. de   b. con   c. por
5. Ven ___ te presente, Paco. Vas a conocer a todos mis amigos.
   a. que   b. para   c. a
6. Señor Ramírez, me gustaría presentar___ a la señora Encinas.
   a. se   b. nos   c. le
7. ___ Sr. mío: Le escribo para darle las gracias por su gran trabajo.
   a. Estimado   b. Querido   c. Muy
8. Encantado de conocer___, señora Encinas.
   a. se   b. le   c. la
9. Señora Hernández, ¿conoce ___ señor Igea?
   a. el   b. Ø   c. al
10. Javier, ___ a tu hermana. Estoy deseando conocerla.
    a. preséntame   b. preséntate   c. preséntale
11. Hola, Pepe. Pasa, pasa… Estás en ___ casa.
    a. tu   b. su   c. mi
12. Estoy encantada ___ estar aquí con vosotros.
    a. a   b. de   c. en

Tu listado
a. **Expresar admiración y orgullo**
   Estoy impresionado con la boda que organizó.
   1. ....
   2. ....
b. **Expresar afecto**
   Pepe y su mujer se quieren muchísimo.
   3. ....
   4. ....
c. **Saludar, presentar a alguien y reaccionar**
   ¿Qué tal?
   5. ....
   6. ....
   7. ....
   8. ....
d. **Preguntar por la necesidad de una presentación y solicitar ser presentado**
   ¿Os conocéis?
   9. ....
   10. ....
e. **Dar la bienvenida y responder a ella**
   ¡Qué bien que estés aquí!
   11. ....
   12. ....

2 SERIE 2
Elige la opción correcta y completa el cuadro de funciones con las fórmulas correspondientes.

1. ___. Ayer me enfadé contigo y el responsable fue Pedro, no tú.
   a. Discúlpate   b. Discúlpame   c. Discúlpale
2. No ___, de verdad. Todos nos ponemos nerviosos a veces.
   a. te importa   b. importas   c. importa
3. Sé que llego tarde. Perdóneme, ___ he perdido el autobús.
   a. es que   b. como   c. por
4. No ___ nada, todavía no ha empezado la reunión.
   a. termina   b. pasa   c. acaba
5. No te disculpes. El ordenador ya estaba roto. No te ___.
   a. preocupaste   b. preocupes   c. preocupas
6. [Se disculpan por pisarte en el metro] No ___ nada. Tranquilo.
   a. es   b. hay   c. tiene
7. No ___ importancia, de verdad. No me causaste ningún problema.
   a. tiene   b. es   c. pasa
8. Gracias ___ tu visita. Mis padres dicen que eres muy amable.
   a. a   b. por   c. desde
9. Gracias ___ ti. Fue estupendo. Tus padres son encantadores.
   a. desde   b. por   c. a
10. [En un funeral, a la viuda] ___ mucho, de verdad.
    a. Me pone triste   b. Lo siento   c. Estoy deprimido
11. Atención. Un brindis por Luis y Ana. ¡___ vuestra salud!
    a. Con   b. De   c. A
12. Un brindis por los novios y los padrinos. ¡___!
    a. Chinchín   b. Tilín   c. Achís

Tu listado
f. **Disculparse y responder a una disculpa**
   Lo siento, de verdad, es que…
   1. ....
   2. ....
   3. ....
   4. ....
   5. ....
   6. ....
   7. ....
g. **Agradecer y responder a un agradecimiento**
   Gracias por todo.
   8. ....
   9. ....
h. **Dar el pésame**
   Lo siento.
   10. ....
i. **Proponer un brindis**
   ¡Por los recién casados!
   11. ....
   12. ....

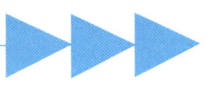

3 SERIE 3
Elige la opción correcta y completa el cuadro de funciones con las fórmulas correspondientes.

1. [A alguien que va de vacaciones] Haz muchas fotos. ¡___!
   a. Te diviertes   b. *Diviértete*   c. Que diviertas
2. [A alguien que tiene una entrevista de trabajo] ¡___!
   a. *Que te salga bien*   b. Que te salgas bien   c. Que te sales bien
3. [Antes de un examen importante, a un amigo] Tranquilo y ¡___!
   a. muchos aciertos   b. *mucha suerte*   c. mucha fortuna
4. [Sara se despide de su novio por la mañana] ___, feliz día.
   a. ¿Te vas bien?   b. Que vayas bien   c. *Que te vaya bien*
5. [El novio de Sara responde] ___, cariño. Nos vemos esta tarde.
   a. *Igualmente*   b. También   c. Es lo mismo
6. Espero que nos veamos pronto. ___.
   a. *Cuídate*   b. Cuidarte   c. Cuidado
7. [Nos despedimos de un amigo enfermo] ¡Que ___!
   a. te mejorarás   b. *te mejores*   c. te mejoras
8. [Te despides de Carlos, marido de Isabel] Adiós, y ___ a Isabel.
   a. recuerdos   b. recuerdo   c. *hola*
9. [Carlos habla con Isabel] Por cierto, Isabel, ___.
   a. saludos a Iván   b. saludos por Iván   c. *saludos de Iván*
10. Lo hemos pasado muy bien. Gracias por todo y ___.
    a. hasta un día   b. *hasta algún día*   c. hasta otro día
11. Ven cuando quieras. Esta es ___ casa.
    a. la   b. *tu*   c. mi
12. [En un *e-mail*] En espera de sus noticias, le saluda ___, Luis.
    a. francamente   b. sinceramente   c. *atentamente*

Tu listado

j. **Felicitar, formular buenos deseos y responder**
   Feliz Navidad.
   1. ....
   2. ....
   3. ....
   4. ....
   5. ....
   6. ....
   7. ....

k. **Enviar y transmitir saludos y recuerdos**
   Saludos para todos.
   8. ....
   9. ....

l. **Despedirse**
   Un saludo.
   10. ....
   11. ....
   12. ....

4 Corrección de errores
Identifica y corrige los errores que contienen estas frases. Puede haber entre uno y tres en cada una.

a. Estoy escribiendo unas tarjetas de la Navidad. Escribe tú otras esas.
b. En ese restaurante le come muy bueno.
c. Al niño ayudaron a soplar las velas de la tarta, y después tiraron de las orejas.
d. Vamos a salir a tomar algo con los colegas. Necesitamos nos divertir poco.
e. Al final del curso cada un niño ganó una máscara para la fiesta en disfraces.
f. Entre ti y Paco podéis envolverlos los regalos para el cumpleaños de Rosa.
g. La entrada al parque temático costó más que 30 euros, pero pasamos muy bien.
h. ¡Pobre Mario! Le divorció un mes pasado, con tres niños pequeños.
i. Vimos las fiestas populares del balcón y lo mandamos a Antonio unas fotos preciosas.
j. ¿Has preparado los regalos? Los conviene poner lejos los niños, para que no los vean.

5 Uso de preposiciones
Tacha la opción incorrecta en estas frases.

a. El jefe se puso *de/en* mal humor porque no terminamos el informe a tiempo.
b. Roberto y Susana viven *de/en* pareja desde que terminaron la universidad.
c. Después de 20 años, José quiere *para/a* su mujer como el primer día.
d. El parque *con/de* atracciones abre de 10:00 a 22:00 los fines de semana.
e. De adolescente era muy inseguro. Era *de/con* carácter débil.
f. Mi hermano se parece mucho *con/a* mi padre cuando pone cara de sorpresa.
g. ¿Mañana inauguráis la tienda? ¡Mucho éxito *con/a* vuestro nuevo negocio!
h. Carlos y Luisa son pareja *por/de* hecho: conviven desde hace años.
i. Los López viajan mucho por trabajo, pero han educado muy bien *para/a* sus hijos.
j. No había asientos libres, así que Pepe tuvo que estar *de/a* pie durante la boda.

modelo de examen 2

PRUEBA 1 — Comprensión de lectura

Tiempo disponible para las 5 tareas. 70 min

TAREA 1

(Ver características y consejos, p. 236)

A continuación va a leer seis textos en los que unas personas hablan del personaje público al que admiran y diez textos que informan sobre personajes que cambiaron el mundo. Relacione a las personas, 1-6, con los textos que informan sobre los personajes, a)-j). Hay tres textos que no debe relacionar.

PREGUNTAS

	PERSONA	TEXTO
0.	ALICIA	c)
1.	ROBERTO	a
2.	MARISA	u
3.	JUAN	b
4.	NATALIA	f
5.	EDUARDO	i
6.	PAULA	g

0. ALICIA	Personalmente, si hay algo que odio de verdad es la agresividad, por eso admiro a la gente que es capaz de luchar por sus ideales sin usar la violencia.
1. ROBERTO	Yo valoro mucho a la gente que se hace a sí misma, que empieza desde abajo. La gente de origen modesto que llega a ser importante.
2. MARISA	Tengo que decir que soy una romántica. Me gusta la gente que no ha conseguido el éxito durante su vida sino que el reconocimiento les ha llegado tras su muerte.
3. JUAN	A mí no me gusta la excesiva especialización de nuestros días. Por eso admiro a los personajes que han trabajado en diferentes campos, no en uno solo.
4. NATALIA	Pues a mí me encanta la gente con inteligencia emocional. Es decir, los que son capaces de utilizar su atractivo personal para triunfar.
5. EDUARDO	Yo admiro a aquellos que dedican su esfuerzo a mejorar la vida de la gente normal, sobre todo en el campo de la salud. Ahora se pueden curar enfermedades que antes eran mortales.
6. PAULA	A mí no me gustan los investigadores que pasan su vida en un laboratorio o una biblioteca... Prefiero a aquellos que, al mismo tiempo, son aventureros y hacen sus descubrimientos observando la naturaleza.

Especial DELE B1 Curso completo

LAS PERSONAS: SU FÍSICO, SU CARÁCTER Y SUS RELACIONES
Comprensión de lectura

PERSONAJES QUE CAMBIARON EL MUNDO

a) **THOMAS ALVA EDISON.** Nace en Ohio (EE. UU.) en 1847. Empezó como vendedor de periódicos en el ferrocarril y luego trabajó en distintas ciudades como operador de telégrafos. Es el creador de varios inventos importantes: el fonógrafo, la primera lámpara incandescente y una rudimentaria máquina de cine.

b) **LEONARDO DA VINCI.** Es el modelo de genio renacentista. Aunque su faceta más conocida es la de pintor, también destacan sus trabajos en anatomía, arquitectura, ciencia, filosofía, ingeniería, música... Se adelantó a su tiempo proponiendo inventos tales como el helicóptero o el submarino.

c) **GHANDI.** Nace en 1869 en la India en el seno de una familia de clase privilegiada. En 1893 va a Sudáfrica a trabajar y allí sufre el racismo, lo cual despierta su conciencia social. Empieza a luchar a favor de los derechos de los indios y de su independencia, pero siempre de un modo pacífico.

d) **NELSON MANDELA.** Estuvo veintisiete años en la cárcel por luchar contra el *apartheid* en su país. Tras su liberación lideró a su partido en las negociaciones para conseguir una democracia multirracial en Sudáfrica, cosa que se consiguió en 1994 con las primeras elecciones democráticas, dando prioridad a la reconciliación entre los diferentes grupos raciales.

e) **NAPOLEÓN.** Nacido de una familia de la pequeña nobleza local de Córcega, es considerado un genio militar. En poco más de diez años, consiguió controlar casi toda Europa Occidental y Central mediante conquistas o alianzas. Fue derrotado en 1813 y exiliado, pero logró volver al poder durante el periodo llamado *los Cien Días*. En 1815 fue finalmente derrotado en la batalla de Waterloo.

f) **CLEOPATRA.** Fue la última reina del antiguo Egipto, cuando este había perdido ya todo su poder. Con su encanto personal, logró seducir primero a Julio César y luego a Marco Antonio, consiguiendo dar importancia de nuevo a su país. Pero cuando Octavio llegó al poder y convirtió Egipto en una provincia, ella prefirió suicidarse.

g) **CHARLES DARWIN.** Empieza la carrera de Teología en Cambridge, pero el botánico John Henslow despierta en él un enorme interés por la Historia Natural. Viaja por todo el mundo observando animales y plantas, lo que le lleva a crear la teoría de la selección natural y de la evolución.

h) **CRISTÓBAL COLÓN.** Hay dudas sobre el lugar de su nacimiento. Contrariamente a lo que piensan en su época, él cree que La Tierra es redonda y propone a la Corte portuguesa llegar a las Indias atravesando el Atlántico, pero su plan es rechazado. Se dirige entonces a los reyes de España, que aceptan su proyecto y el 12 de octubre de 1492 llega a las Bahamas.

i) **ALEXANDER FLEMING.** Nace en Gran Bretaña en 1881. Con veinticinco años empieza a trabajar en el Saint Mary's Hospital de Londres, donde descubre las propiedades inhibidoras de la lisozima. En 1928 es nombrado catedrático de la Universidad de Londres. El mismo año descubre la penicilina, primer antibiótico usado ampliamente en medicina, que ha salvado desde entonces millones de vidas.

j) **JOHANNES GUTENBERG.** Como no tiene dinero para llevar a cabo su idea de crear una máquina capaz de imprimir libros, se asocia con el comerciante Johann Fust. El primer libro que imprime es una biblia. Pero Fust le reclama su dinero y Gutenberg tiene que cederle su invento. Muere pobre y arruinado, pero ahora se le considera el padre de la imprenta.

2 LAS PERSONAS: SU FÍSICO, SU CARÁCTER Y SUS RELACIONES
Comprensión de lectura

TAREA 2

(Ver características y consejos, p. 238)

A continuación hay un texto sobre la familia mexicana a través de la historia. Después de leerlo, elija la respuesta correcta, a), b) o c), para las preguntas, 7-12.

LA FAMILIA MEXICANA

En el México prehispánico, antes de la conquista, la autoridad recaía en el padre, que aconsejaba a sus hijos: «Ama, respeta, y obedece a tus padres»; «no te rías del anciano, del enfermo, del ciego…». Había una vigilancia estricta de la castidad; las relaciones fuera del matrimonio se sancionaban severamente. La mayoría de los hombres tenían una sola mujer. Solo los jefes podían tener varias mujeres.

La conquista española significó el enfrentamiento de dos culturas. Debido al cristianismo, se modificaron las costumbres familiares de los indígenas, aunque no existía un solo tipo de familia, por la mezcla de razas y clases sociales. En el México colonial el padre era la máxima autoridad y enseñaba a sus hijos la agricultura o los oficios artesanales. La madre se encargaba de las tareas domésticas. Los hijos menores debían obedecer al mayor, quien recibía los bienes de la familia, pero también la responsabilidad de mantenerla. Al casarse una pareja, las dos familias se unían y se organizaban en empresas familiares. Además, por influencia del cristianismo, los hombres de la clase gobernante hicieron menos evidente su relación con varias mujeres. Otro cambio es que los jóvenes escogían a su esposa, que antes elegía la familia y la comunidad.

En el siglo XIX, la mayoría de las familias vivían en comunidades rurales dedicadas a la agricultura, en la que participaban los niños desde muy pequeños. La mujer realizaba el trabajo del hogar y el hombre seguía siendo la autoridad en la familia. El compadrazgo era una institución muy importante, porque evitaba el abandono de los niños que quedaban huérfanos, debido a la elevada tasa de mortalidad materna por falta de atención médica. Otro de los cambios importantes fue la incorporación de la mujer al trabajo en hospitales o como maestras.

En el siglo XX se producen también importantes transformaciones: niños y jóvenes adquieren una serie de derechos que deben respetarse. La educación obligatoria refuerza algunos valores familiares tradicionales y modifica otros. La autoridad paterna es menos rígida y la madre, que trabaja muchas veces fuera del hogar, adquiere más poder de decisión, pero también aumentan sus responsabilidades, ya que generalmente sigue encargándose del trabajo doméstico. Su incorporación al trabajo pone en duda los roles tradicionales de hombres y mujeres. Por otro lado, se ha incrementado la separación de las parejas; existe violencia dentro de la familia, así como un mayor abandono y olvido de los ancianos, a veces considerados una carga. En este contexto no es raro que los hijos rechacen todo tipo de reglas provenientes de los adultos.

La sociedad de fin del siglo XX fue producto, en parte, de las transformaciones de la familia mexicana. Es importante reflexionar para identificar qué cambios son beneficiosos o perjudiciales, para decidir qué tipo de familia queremos para el futuro.

Adaptado de http://www.conevyt.org.mx

Especial DELE B1 Curso completo

LAS PERSONAS: SU FÍSICO, SU CARÁCTER Y SUS RELACIONES

Comprensión de lectura

PREGUNTAS

7. Según el texto, antes de la llegada de los españoles:
   a) No se respetaba a la madre.
   b) Muchos hombres se casaban con varias mujeres.
   c) El padre era el jefe de la familia.

8. En el texto se dice que la llegada de los españoles y el cristianismo:
   a) Supone un cambio total en el concepto de *familia* en México.
   b) Acaba con algunos privilegios de la clase alta.
   c) Hace que haya un modelo de familia único.

9. En el texto se afirma que, tras la conquista, los hijos mayores:
   a) Tenían más privilegios, pero también más deberes.
   b) Pasaron a tener la máxima autoridad de la familia.
   c) Eran los únicos que podían elegir con quién casarse.

10. Según el texto, en el siglo XIX:
    a) Gran parte de la población vivía en el campo.
    b) Los niños morían por falta de cuidados médicos.
    c) La familia era muy diferente a épocas anteriores.

11. En el texto se afirma que en el siglo XX:
    a) La familia mexicana ha mejorado en todos los aspectos.
    b) La mujer tiene doble trabajo.
    c) Los hombres se encargan de los trabajos de la casa.

12. Según el texto:
    a) La familia no cambiará en el futuro.
    b) Los cambios en la familia influyen en la sociedad.
    c) La familia mexicana debe cambiar.

Especial DELE B1 Curso completo

2 LAS PERSONAS: SU FÍSICO, SU CARÁCTER Y SUS RELACIONES
Comprensión de lectura

TAREA 3

(Ver características y consejos, p. 239)

A continuación va a leer tres textos en los que unas personas cuentan cómo conocieron a sus parejas. Después, relacione las preguntas, 13-18, con los textos, a), b) o c).

PREGUNTAS

	a) Magda	b) Nuria	c) Carmen
13. ¿Quién dice que al principio no le gustaba?		✓	
14. ¿Quién conoció a su novio cuando todavía era menor de edad?	✓		
15. ¿Quién dice que tiene lazos familiares con su novio?			✓
16. ¿Quién dice que conoció a su novio por Internet?			✓
17. ¿Quién dice que tienen aficiones muy diferentes?		✓	
18. ¿Quién cuenta que se separaron y luego volvieron a unirse?		✓	

a) Magda

Pues yo conocí a mi novio hace diez años. Ahora tengo veintiséis y él, veintisiete. ¡Imaginaos lo jóvenes que éramos! Fue en el cumpleaños de una de mis mejores amigas. Él era amigo de su hermano mayor y no conocía a nadie, así que estaba un poco aburrido, sentado en un rincón, solo. A mí me gustó en cuanto lo vi. ¡Se parece un montón a Johnny Depp! Me daba vergüenza acercarme, soy un poco tímida, pero al final me armé de valor y me acerqué a él. Nos pusimos a hablar de cosas y vimos que teníamos muchas aficiones en común. Al final, nos intercambiamos los teléfonos y pronto empezamos a salir.

b) Nuria

Pues Carlos y yo éramos compañeros de trabajo. Tengo que confesar que al principio me caía fatal. ¡Somos tan distintos! A él le encanta el campo y yo soy una urbanita convencida. Él adora las películas de acción y yo no soporto la violencia... El caso es que en una comida de empresa nos sentamos juntos y no tuvimos más remedio que hablar. Descubrí que era muy divertido y empezó a gustarme. Pero ¡qué mala suerte!, a la semana siguiente lo trasladaron a la oficina de Barcelona. Seguimos en contacto por correo electrónico y chat. En verano quedamos y nos vimos durante una semana. Yo pedí el traslado a Barcelona y me lo dieron. Llevamos cinco años juntos.

c) Carmen

Yo conocí a Juan, mi novio, en un foro. Acababa de llegar a Lyon a trabajar y estaba un poco sola. Me hablaron de un foro en el que participaban otras personas en mi misma situación: los que tenían más experiencia la compartían con los recién llegados. Como necesitaba saber algunas cosas prácticas, entré una noche y pregunté algo sobre papeleos que tenía que hacer. Juan me contestó muy amablemente y yo le contesté dándole las gracias. Luego resultó que era de mi mismo pueblo, ¡qué casualidad! Hablando y hablando descubrimos que su hermano está casado con una prima mía. Quedamos un día y la verdad es que fue amor a primera vista...

LAS PERSONAS: SU FÍSICO, SU CARÁCTER Y SUS RELACIONES

Comprensión de lectura

TAREA 4

(Ver características y consejos, p. 240)

A continuación va a leer un texto del que se han extraído seis fragmentos. Después, lea los ocho fragmentos, a)-h), y decida en qué lugar del texto, 19-24, va cada uno. Hay dos fragmentos que no tiene que elegir.

EL MITO DE DON JUAN

Los psicólogos dicen que es un síndrome infantil, pero ¿qué hombre no ha soñado alguna vez con ser un don Juan?

La leyenda de Don Juan surgió durante la Edad Media, 19. __c__ relato en el que el promiscuo don Juan seduce a la hija de don Gonzalo, jefe militar de Sevilla. Después de matar al militar, acude al cementerio e invita a la estatua funeraria de su víctima a una cena. La estatua recobra vida, asiste al banquete y le devuelve la invitación. 20. __e__.

Hacia 1657, unos actores ambulantes italianos escenificaron la obra en Francia. 21. __a__. El dramaturgo francés Molière escribe una versión estrenada en 1665. Durante el siglo XVIII Goldoni retoma el tema en su «Juan Tenorio o el libertino castigado» (1734) y Mozart compuso con este libreto una de las mejores óperas de todos los tiempos, «Don Giovanni» (1787).

En el siglo XIX, con el Romanticismo, cambió el tratamiento del personaje. 22. __d__. En cambio, el Romanticismo, que se sentía atraído por personajes rebeldes y amantes de la libertad, se sintió fascinado por esta figura, analiza su personalidad y teoriza sobre si el seductor, que hasta entonces encarnaba el mal, se siente culpable o no, y si puede salvarse. Lord Byron compuso entre 1819 y 1824 el poema «Don Juan»; Prosper Mérimée lo presenta con dos personalidades encontradas en «Las almas del purgatorio o los dos don Juan» (1834).

Como vemos, muchas obras se han escrito sobre don Juan a lo largo de la historia, 23. __f__. Este autor transforma a don Juan en un héroe simpático que acaba en brazos de su amada, aunque sea en la otra vida...

El tema parecía agotado, pero el siglo XX siguió analizando al personaje a través de los estudios realizados por intelectuales de la talla de Gregorio Marañón, Américo Castro o Ramón Menéndez Pidal. 24. __b__.

¿Habrá cabida para Don Juan en el siglo XXI?

Adaptado de http://www.masmasculino.com

2 LAS PERSONAS: SU FÍSICO, SU CARÁCTER Y SUS RELACIONES

Comprensión de lectura

FRAGMENTOS

a) Es a partir de ese momento cuando la historia se extiende por toda Europa.

b) Incluso el cine en los últimos años lo ha presentado de la mano de Gonzalo Suárez como un hombre atrapado por el destino en *Don Juan en los infiernos*.

c) pero el primer tratamiento literario formal de la historia es *El burlador de Sevilla y convidado de piedra* (1630), de Tirso de Molina,

d) Por eso se llama popularmente *don Juan* al hombre al que le gusta seducir a las mujeres y luego abandonarlas.

e) De nuevo en el cementerio, el fantasma atrapa a don Juan y lo arroja al infierno.

f) pero sin duda alguna la que más ha perdurado y se ha representado más veces es el Tenorio de Zorrilla (1844).

g) Respecto al papel de la mujer en estas obras, suele ser el de una víctima del protagonista.

h) Hasta ese momento don Juan siempre acababa castigado por sus pecados en el infierno.

Especial DELE B1 Curso completo

LAS PERSONAS: SU FÍSICO, SU CARÁCTER Y SUS RELACIONES
Comprensión de lectura

TAREA 5

(Ver características y consejos, p. 242)

A continuación va a leer un mensaje de correo electrónico. Elija la opción correcta, a), b) o c), para completar los huecos, 25-30.

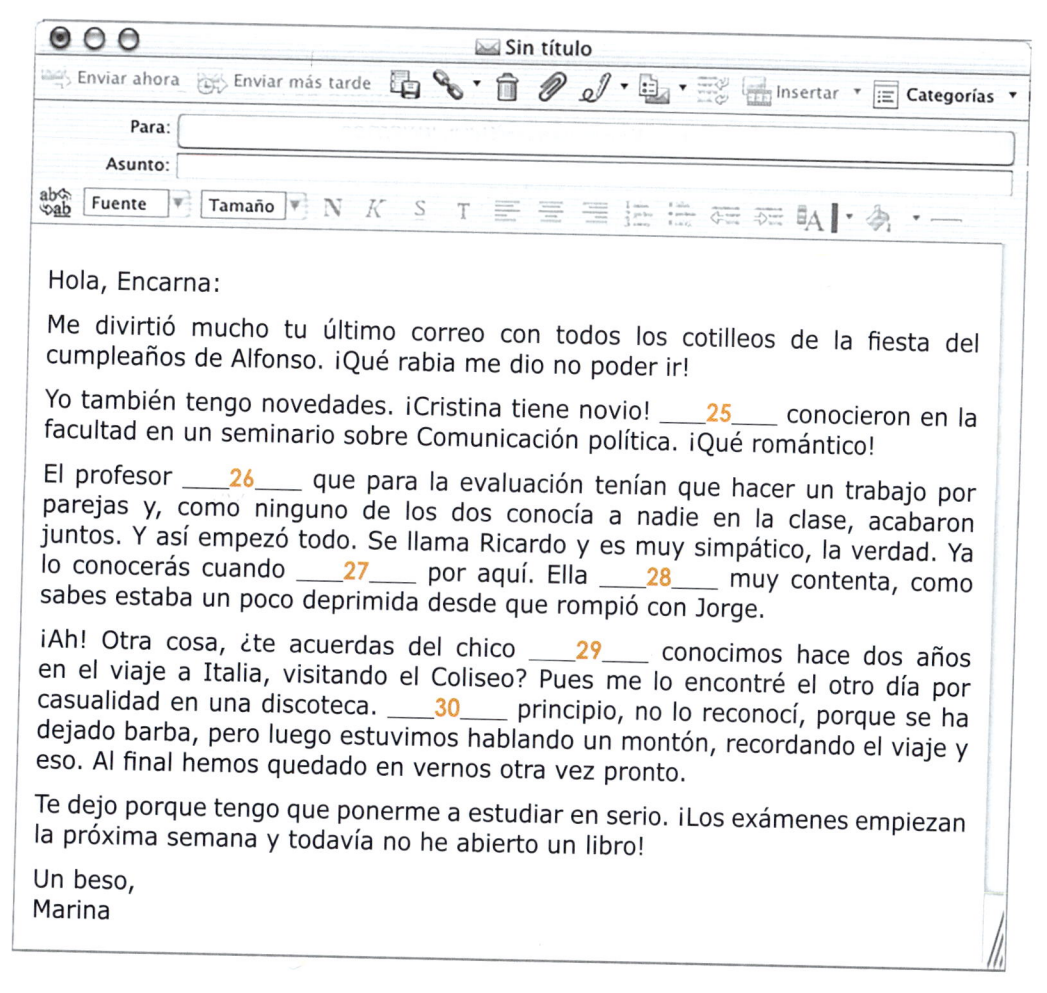

Hola, Encarna:

Me divirtió mucho tu último correo con todos los cotilleos de la fiesta del cumpleaños de Alfonso. ¡Qué rabia me dio no poder ir!

Yo también tengo novedades. ¡Cristina tiene novio! ____25____ conocieron en la facultad en un seminario sobre Comunicación política. ¡Qué romántico!

El profesor ____26____ que para la evaluación tenían que hacer un trabajo por parejas y, como ninguno de los dos conocía a nadie en la clase, acabaron juntos. Y así empezó todo. Se llama Ricardo y es muy simpático, la verdad. Ya lo conocerás cuando ____27____ por aquí. Ella ____28____ muy contenta, como sabes estaba un poco deprimida desde que rompió con Jorge.

¡Ah! Otra cosa, ¿te acuerdas del chico ____29____ conocimos hace dos años en el viaje a Italia, visitando el Coliseo? Pues me lo encontré el otro día por casualidad en una discoteca. ____30____ principio, no lo reconocí, porque se ha dejado barba, pero luego estuvimos hablando un montón, recordando el viaje y eso. Al final hemos quedado en vernos otra vez pronto.

Te dejo porque tengo que ponerme a estudiar en serio. ¡Los exámenes empiezan la próxima semana y todavía no he abierto un libro!

Un beso,
Marina

PREGUNTAS

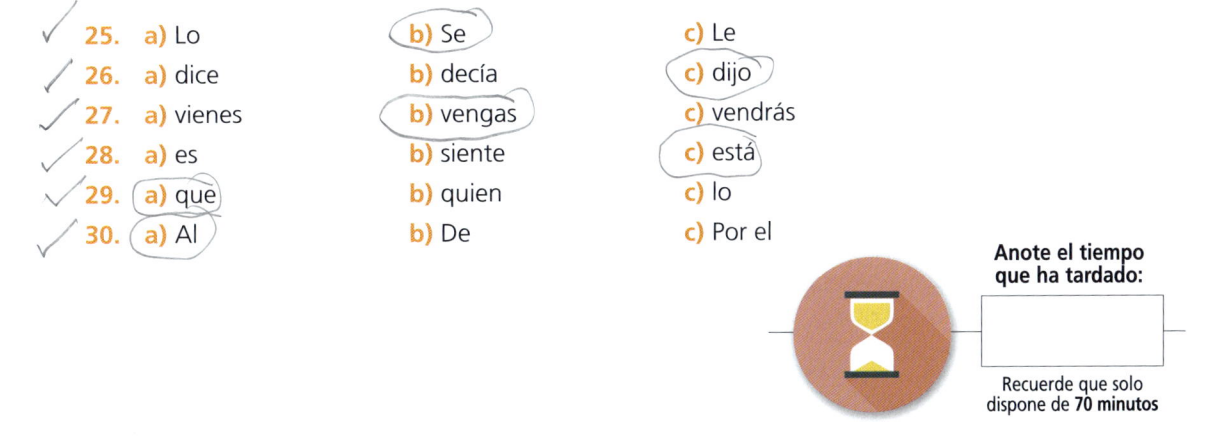

25. a) Lo   b) Se   c) Le
26. a) dice   b) decía   c) dijo
27. a) vienes   b) vengas   c) vendrás
28. a) es   b) siente   c) está
29. a) que   b) quien   c) lo
30. a) Al   b) De   c) Por el

Anote el tiempo que ha tardado:

Recuerde que solo dispone de **70 minutos**

Especial DELE B1 Curso completo

modelo de examen 2

PRUEBA 2 — Comprensión auditiva

Tiempo disponible para las 5 tareas: 40 min.

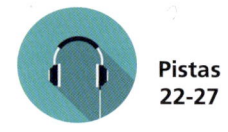

Pistas 22-27

TAREA 1

(Ver características y consejos, p. 243)

A continuación va a escuchar seis mensajes del buzón de voz de un teléfono. Oirá cada mensaje dos veces. Después, seleccione la opción correcta, a), b) o c), para cada pregunta, 1-6.
Dispone de 30 segundos para leer las preguntas.

PREGUNTAS

Mensaje 1
1. ¿Qué son Marta y Loli?
   a) Asistentas sociales.
   b) Cocineras.
   c) Canguros.

Mensaje 2
2. ¿Qué tienen que hacer los padres de Jaime Martínez?
   a) Llamar al director del colegio.
   b) Ir al colegio Santacruz.
   c) Esperar una llamada del director.

Mensaje 3
3. ¿Para qué llama Carmen?
   a) Para invitar a Isabel a una fiesta.
   b) Para pedir un favor a Isabel.
   c) Para invitar a Isabel a cenar.

Mensaje 4
4. ¿Qué relación tienen Ignacio y Luis?
   a) Compañeros de clase.
   b) Vecinos.
   c) Compañeros de trabajo.

Mensaje 5
5. ¿Qué quiere Margarita de Bea?
   a) Que compre un regalo a Laura.
   b) Que le dé su opinión.
   c) Que vaya a una tienda.

Mensaje 6
6. ¿Qué dice Cristian de Ana?
   a) Que está enfadada con Eduardo.
   b) Que quiere hablar con Eduardo.
   c) Que tiene problemas.

Especial DELE B1 Curso completo

LAS PERSONAS: SU FÍSICO, SU CARÁCTER Y SUS RELACIONES

Comprensión auditiva

Pista 28

TAREA 2

(Ver características y consejos, p. 245)

A continuación va a escuchar un fragmento del programa Experiencias inolvidables *en el que Rosa cuenta cómo fue su boda. Lo oirá dos veces. Después, seleccione la opción correcta, a), b) o c), para cada pregunta, 7-12.*
Dispone de 30 segundos para leer las preguntas.

PREGUNTAS

7. Rosa cuenta que hizo una gran fiesta para su boda:
   a) Porque siempre había sido el sueño de su vida.
   b) Principalmente para contentar a su familia.
   c) Porque era muy importante para su marido.

8. En la grabación se dice que la abuela de Rosa:
   a) No tiene más nietos que Rosa.
   b) Murió antes de casarse Rosa.
   c) Quería para Rosa una boda mejor que la suya.

9. Con respecto al vestido, Rosa afirma que:
   a) Lo diseñó ella misma.
   b) Era un vestido antiguo de su abuela.
   c) No le quedó muy bien.

10. Según la grabación, lo más caro de la fiesta fue:
    a) La decoración floral.
    b) La comida y la bebida.
    c) El alquiler del lugar de celebración.

11. Según Rosa, el único punto negativo de la fiesta fue que:
    a) La tarta no estaba buena.
    b) La foto cortando la tarta no quedó bien.
    c) Estuvo a punto de perder una joya.

12. Rosa dice que lo más original de la fiesta fue:
    a) La decoración de las mesas.
    b) El diseño de las servilletas.
    c) El vídeo que se proyectó.

2 — LAS PERSONAS: SU FÍSICO, SU CARÁCTER Y SUS RELACIONES
Comprensión auditiva

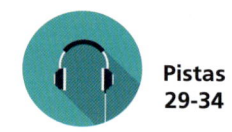

Pistas 29-34

TAREA 3

(Ver características y consejos, p. 246)

A continuación va a escuchar seis noticias de un programa radiofónico argentino. Lo oirá dos veces. Después, seleccione la respuesta correcta, a), b) o c), para las preguntas, 13-18.
Dispone de 30 segundos para leer las preguntas.

PREGUNTAS

Noticia 1
13. Las dos chicas desaparecidas:
   a) Eran amigas.
   b) Desaparecieron el mismo día.
   c) Vivían en el mismo lugar.

Noticia 2
14. Marisol Miranday busca a su padre:
   a) Pero no sabe quién es.
   b) Y ya lo ha encontrado.
   c) Porque siente necesidad de conocerlo.

Noticia 3
15. El concurso Navidad solidaria:
   a) Tiene un límite de edad.
   b) No tiene premio.
   c) Consiste en preparar una comida.

Noticia 4
16. La víctima:
   a) Tenía veintitrés años.
   b) Fue culpable del accidente.
   c) Acababa de casarse.

Noticia 5
17. El Día de la No Violencia hacia las Mujeres:
   a) Se celebró solo en Morón.
   b) Terminó con un concierto.
   c) Tuvo poca participación.

Noticia 6
18. Según este informe, los adolescentes estadounidenses:
   a) No son controlados por sus padres en el uso de Internet.
   b) Reaccionan de modo diferente al relacionarse con sus padres por Internet.
   c) No utilizan las mismas redes sociales que sus padres.

Especial DELE B1 Curso completo

LAS PERSONAS: SU FÍSICO, SU CARÁCTER Y SUS RELACIONES

Comprensión auditiva

Pistas 35-41

TAREA 4

(Ver características y consejos, p. 247)

A continuación va a escuchar a seis personas contando situaciones en que hicieron el ridículo o quedaron mal. Oirá a cada persona dos veces. Después, seleccione el enunciado, a)-j), que corresponde al tema del que habla cada persona, 19-24. Hay diez enunciados (incluido el ejemplo), pero debe seleccionar solamente seis.
Dispone de 20 segundos para leer los enunciados.

ENUNCIADOS

a) Tuvo un error intercultural.
b) Entró en un lugar prohibido.
c) La persona no caminaba bien.
d) Se rio en una situación triste.
e) *Pensaba que hablaba con otra persona.*
f) Habló de tú a una persona importante.
g) Escribió a alguien que no debía.
h) Llegó tarde a una cita importante.
i) Intentó ayudar a alguien que no lo necesitaba.
j) Creyó que la otra persona estaba enferma.

	PERSONA	ENUNCIADO
	Persona 0	e)
19.	Persona 1	
20.	Persona 2	
21.	Persona 3	
22.	Persona 4	
23.	Persona 5	
24.	Persona 6	

Pista 42

TAREA 5

(Ver características y consejos, p. 248)

A continuación va a escuchar una conversación entre dos amigos, Carlos y Rita. La oirá dos veces. Después, decida si los enunciados, 25-30, se refieren a Carlos, a), Rita, b), o a ninguno de los dos, c).
Dispone de 25 segundos para leer los enunciados.

		a) Carlos	b) Rita	c) Ninguno de los dos
0.	Se sorprende al ver al otro.		✓	
25.	Normalmente tiene otro horario laboral.			
26.	Ha tenido un problema familiar recientemente.			
27.	Está esperando un bebé.			
28.	No está casado.			
29.	No tiene prisa.			
30.	Es impuntual.			

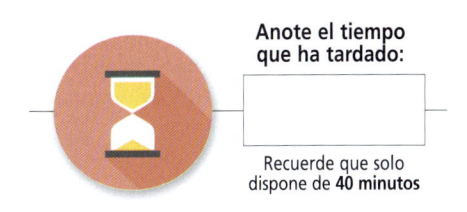

Anote el tiempo que ha tardado:

Recuerde que solo dispone de **40 minutos**

Especial DELE B1 Curso completo

modelo de examen 2

PRUEBA 3 — Expresión e interacción escritas

Tiempo disponible para las 2 tareas. 60 min

TAREA 1

(Ver características y consejos, p. 250)

Usted quiere conocer a gente porque acaba de llegar a una ciudad nueva y lee este anuncio.

> ANUNCIOS 11
>
> Hola, me llamo Paco y soy nuevo en la ciudad. Quiero conocer gente (chicos o chicas, da igual) para salir. Soy ingeniero informático y tengo 35 años, pero no me importa salir con gente mayor o más joven. Lo importante es que sea gente animada y divertida. Me gusta el cine, el teatro, los museos, bailar... También me encanta la naturaleza y hago buceo y escalada.
> Si te interesa, escríbeme a mi correo electrónico (*pacopaco@hotmail.com*) contándome sobre ti y tus aficiones.

Escriba un correo electrónico a Paco (entre 100-120 palabras) en el que deberá:
- Saludar.
- Describirse a usted mismo en cuanto a físico, carácter y gustos.
- Describir el tipo de personas que le gustan y los defectos que no soporta.
- Explicar cómo y cuándo ponerse en contacto con usted.
- Despedirse.

TAREA 2

(Ver características y consejos, p. 251)

Lea la siguiente entrada de un blog.

BLOG

El otro día me encontré con una amiga de mi infancia a la que no veía desde hacía años. Así que hoy os propongo que contemos cómo conocimos a algún amigo o amiga especial. Venga, animaos y contad vuestras experiencias...

Escriba un comentario (entre 130-150 palabras) en este blog contando:
- Dónde y cómo conoció a ese amigo especial.
- Qué impresión le causó al principio.
- Cómo continuó su relación con él/ella.
- Qué es lo que más le gusta de esta persona.
- Si la amistad continúa.

Anote el tiempo que ha tardado:

Recuerde que solo dispone de **60 minutos**

Especial DELE B1 Curso completo

LAS PERSONAS: SU FÍSICO, SU CARÁCTER Y SUS RELACIONES

Sugerencias para la expresión e interacción orales y escritas

Apuntes de gramática
- El verbo para describir, tanto el físico como el carácter, es *ser*.
- Para matizar, se usa: *muy, bastante, un poco* (solo con defectos): *Soy bastante generoso*.
- El verbo *gustar* concuerda con lo que te gusta: *Me gustan las personas sociables*.
- Para hablar de lo que se prefiere en una persona, se puede usar *lo que más/menos*: *En una persona, lo que más me gusta es su sinceridad*.
- No se usa *muy* con adjetivos que expresan una cualidad en su grado máximo (*encantador, fantástico, maravilloso*).
- La edad se expresa con *tener*.
- Para describir a alguien y hablar de sus hábitos y costumbres en la actualidad, se usa el presente. Si es en el pasado, se usa el pretérito imperfecto.
- Para hablar de cómo conociste a una persona, se usa el pretérito perfecto simple (indefinido) (para las acciones) y el pretérito imperfecto (para las circunstancias).
- Para relacionar las partes de un relato, se usan conectores temporales como *unos días más tarde, algún tiempo después*, etc.

Descripción física
Soy alto/bajo, rubio/moreno, gordo/delgado.
Tengo:
- los ojos azules, verdes, marrones...
- el pelo largo/corto, liso/rizado, rubio/moreno...
- bigote/barba/gafas...

Hablar de defectos
No soporto...
- a las personas pesimistas.
- que la gente sea egoísta.

No me gusta(n)...
- la gente que es ambiciosa.
- que mis amigos no me llamen.

Me molesta(n)...
- la gente que habla mucho.
- que mis amigos no respeten a los demás.

Odio...
- que ellos nunca digan la verdad.

Personas que prefiero
Me encanta(n)/gusta(n)...
- la gente que es amable.
- las personas que son deportistas.

Prefiero...
- las personas con sentido del humor.
- que la gente sea trabajadora.

Me interesa(n)...
- las personas que se preocupan por el medio ambiente.

Ponerse en contacto
Si estás interesado en contactar/ponerte en contacto conmigo, puedes...
- escribirme a mi dirección de correo...
- dejarme un mensaje en...
- llamarme al...

Si te interesa conocer gente como yo,...
- escríbeme a...
- envíame un mensaje al...
- puedes contactar conmigo en...

modelo de examen 2

PRUEBA 4 — Expresión e interacción orales

15 min Tiempo disponible para preparar las tareas 1 y 2.

15 min Tiempo disponible para las 4 tareas.

TAREA 1

(Ver características y consejos, p. 252)

EXPOSICIÓN DE UN TEMA

Tiene que hablar durante 2 o 3 minutos sobre este tema.

Hable de **un personaje público actual, de su país o de otro, a quien le gustaría conocer.**

Incluya la siguiente información:
- Quién es esa persona, de dónde es, a qué se dedica, por qué es conocido.
- Qué ha hecho este personaje en su vida.
- Por qué lo admira. Qué es lo que más le gusta de este personaje y lo que menos.
- De qué le gustaría hablar con este personaje, qué le diría, qué le gustaría hacer con él.

No olvide:
- Diferenciar las partes de su exposición: introducción, desarrollo y conclusión.
- Ordenar y relacionar bien las ideas.
- Justificar sus opiniones y sentimientos.

TAREA 2

(Ver características y consejos, p. 253)

CONVERSACIÓN CON EL ENTREVISTADOR

Después de terminar la exposición de la Tarea 1, deberá mantener una conversación con el entrevistador sobre el mismo tema.

Ejemplos de preguntas
- ¿Qué cualidades valora usted en las personas?
- ¿Qué otros personajes públicos admira?
- ¿Qué personajes de la vida pública odia?
- ¿Qué personaje de la historia de la humanidad es su preferido?

Especial DELE B1 Curso completo

LAS PERSONAS: SU FÍSICO, SU CARÁCTER Y SUS RELACIONES

Expresión e interacción orales

TAREA 3

(Ver características y consejos, p. 253)

DESCRIPCIÓN DE UNA FOTO

Observe detenidamente esta foto.

> Describa detalladamente (1 o 2 minutos) lo que ve y lo que imagina que está pasando. Puede comentar, entre otros, estos aspectos:
> - Quiénes son y qué relación tienen.
> - Qué están haciendo.
> - Dónde están.
> - Qué hay.
> - De qué están hablando.
>
> A continuación, el entrevistador le hará unas preguntas (2 o 3 minutos).

Ejemplos de preguntas
- ¿Ha vivido alguna vez lejos de su familia por un tiempo largo? ¿Cómo se sentía?
- ¿A quién echaba más de menos?
- Si no ha tenido esta experiencia, ¿le gustaría vivir una experiencia similar?
- ¿A quién echaría más de menos en ese caso? ¿Por qué?

TAREA 4

(Ver características y consejos, p. 254)

SITUACIÓN SIMULADA

Usted va a conversar con el entrevistador en una situación simulada (2 o 3 minutos).

> Usted está haciendo preparativos para celebrar una fiesta de bienvenida para su hermana que ha pasado un año en el extranjero por trabajo. Necesita ayuda para organizarlo todo y habla con uno de sus hermanos para pedirle su colaboración.
> Imagine que el entrevistador es su hermano, hable con él de los siguientes temas:
> - Explíquele lo que está organizando y por qué.
> - Dele detalles de la fiesta (lugar, día, hora...).

Ejemplos de preguntas
- Hola, te veo muy ocupado, ¿qué estás haciendo?
- ¿Y cuándo piensas hacer la fiesta?
- ¿A quién se lo has dicho?

Especial DELE B1 Curso completo

examen 3

MUNDO LABORAL Y ESTUDIOS

Curso completo

- ▶ **Léxico**
  - ■ Mundo laboral
  - ■ Estudios
- ▶ **Gramática**
- ▶ **Funciones**

Modelo de examen 3

Especial DELE B1 Curso completo

vocabulario

FICHA DE AYUDA
Para la expresión e interacción escritas y orales

PROFESIONES Y OFICIOS

Albañil (el) ....
Autónomo/a (el, la) ....
Ayudante (el, la) ....
Carpintero/a (el, la) ....
Ejecutivo/a (el, la) ....
Electricista (el, la) ....
Empleado/a (el, la) ....
Empresario/a (el, la) ....
Fontanero/a (el, la) ....
Funcionario/a (el, la) ....
Ingeniero/a (el, la) ....
Intelectual (el, la) ....
Jubilado/a (el, la) ....
Juez/-a (el, la) ....
Maestro/a (el, la) ....
Obrero/a (el, la) ....
Parado/a (el, la) ....
Peluquero/a (el, la) ....
Periodista (el, la) ....
Profesional liberal (el, la) ....
Sustituto/a (el, la) ....
Traductor/-a (el, la) ....

ANUNCIOS DE TRABAJO

Candidato (el) ....
Currículum vítae (el) ....
Incorporación inmediata (la) ....
Indispensable = Imprescindible
Requisitos
Se busca = Buscamos ....
Se ofrece
Se valorará

ESTUDIOS

Asignatura (la) ....
- optativa ....
- obligatoria ....
- pendiente ....
Beca (la) ....
Clase (la) ....
- teórica ....
- práctica ....
Doctorado (el) ....
Licenciatura (la) ....
Máster (el) ....
Selectividad (la) ....
Tutoría (la) ....
Verbos
Aprobar ....
Matricularse ....
Suspender ....

MUNDO LABORAL

Ascenso (el) ....
Aumento (el) ....
Carrera de estudios/profesional (la) ....
Contrato (el) ....
Demanda (la) ....
Disponibilidad (la) ....
Entrevista de trabajo (la) ....
Horario flexible (el) ....
Jefe de personal (el) ....
Jornada (la) ....
- partida ....
- continua ....
Oferta (la) ....
Sindicato (el) ....
Sueldo, salario (el) ....
Verbos
Contratar ....
Despedir ....
Firmar ....
Ganar ....
Quedarse/Estar en el paro ....

LUGARES DE TRABAJO/ESTUDIO

Academia (la) ....
Aula (el) ....
Bufete (el) ....
Centro de estudios (el) ....
Clínica (la) ....
Departamento (el) ....
- Contabilidad ....
- Ventas y *Marketing* ....
- Financiero ....
- Recursos Humanos ....
Despacho (el) ....
Empresa (la) ....
Fábrica (la) ....
Facultad (la) ....
Laboratorio (el) ....
Oficina (la) ....
Taller (el) ....

Especial DELE B1 Curso completo

examen 3 Léxico

Mundo laboral

1 Observa las imágenes. ¿Conoces el nombre de estos lugares? Completa con las consonantes que faltan. Después, di el nombre del profesional que trabaja en ellos.

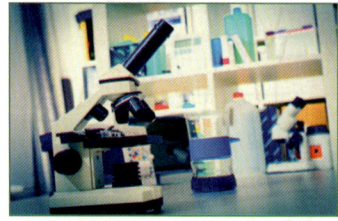

a. _ a _ o _ a _ o _ io 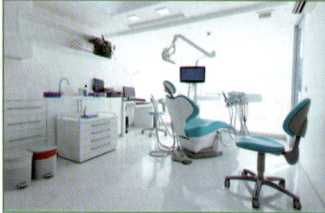   b. _ _ í _ i _ a    c. _ a _ _ e  _   d. _ e _ _ a _ _ o

e. _ á _ _ i _ a    f. _ _ _ i _ i _ a 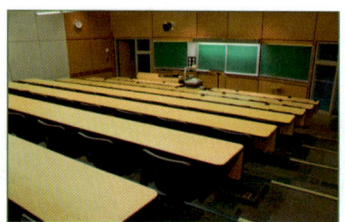   g. au _ a    h. _ a _ _ ue

2 Escribe la profesión y el lugar de trabajo relacionados con estas palabras, como en el ejemplo.

a. pan: *panadero, panadería*
b. carne: ....
c. flor: ....
d. pescado: ....
e. libro: ....
f. pelo: ....
g. zapato: ....
h. fruta: ....

3 Escribe, debajo de cada foto, el nombre del profesional. ¿Qué cualidades crees que debe tener cada uno? Escribe al menos tres.

a.  ....   b.  ....   c.  ....   d.  ....   e. ....

4 Une cada profesión con el lugar donde trabaja y las acciones que realiza.

a. canguro
b. auxiliar de enfermería
c. empleado de banca
d. estudiante en prácticas
e. responsable de ventas

1. casas particulares
2. agencias (de viajes), comercios
3. empresas de distinto tipo
4. hospitales, centros de salud
5. bancos

a. Planifica y organiza el trabajo de un equipo de vendedores.
b. Tiene un trabajo temporal donde ayuda y aprende.
c. Cuida y atiende a enfermos y heridos, bajo la supervisión de un médico.
d. Se ocupa de los niños y bebés en el domicilio.
e. Atiende a clientes, contrata productos financieros…

Léxico - Especial *DELE B1* Curso completo

5 Relaciona.

a. buscar…
b. hacer…
c. tener…
d. firmar…
e. presentar…

1. un contrato
2. trabajo
3. experiencia
4. el currículum
5. una entrevista

6 Lee qué caraterísticas tienen estas personas que buscan trabajo y las ofertas de empleo de una página especializada. ¿A quién le darías cada trabajo? ¿Por qué?

Cristina Quiroga Piñeiro (Lugo)

Técnico en Imagen personal.
Ha realizado algunos cursos de informática.
Habla español, gallego y un poco de inglés.
Experiencia en tienda de ropa.
Ayuda a sus padres en el negocio familiar (restaurante) con la contabilidad.
Quiere vivir en Lugo.

Pau Ripoll Dembele (Barcelona)

Ha estudiado Imagen en Roma.
Ha trabajado en Italia como camarero y fotógrafo *free lance*.
No le importa viajar o vivir fuera de su ciudad.
Conoce diferentes programas informáticos de edición de imágenes.
Habla español, catalán, inglés e italiano.

Carlos Argüelles Parra (Madrid)

Filólogo.
Ha trabajado como profesor particular y como bibliotecario en una escuela.
Necesita un trabajo a media jornada.
No es bueno con las tecnologías.
Habla español y francés.
No quiere vivir lejos de su familia.

Manar El Amrani (Almería)

Vive en España desde los 7 años.
Ha hecho cursos de Relaciones Públicas, Secretariado e Informática avanzada.
Ha trabajado en diferentes empresas y hoteles de Málaga como relaciones públicas y recepcionista.
Total disponibilidad.
Habla árabe, español, francés.

1. Buscamos recepcionista administrativa

Valencia | Hace 2 h

Para uno de nuestros clientes. Descripción del puesto: recepción llamadas telefónicas (en inglés y español), atención visitas, organización sala de reuniones, realización de compras y pagos del departamento. Condiciones: experiencia en atención al cliente y administración. Persona ordenada y comprometida con el trabajo.

Jornada completa. | Salario a convenir.

2. Comerciales

Galicia | Hace 3 h

¿Quiénes somos? Empresa de ingeniería, servicios y consultoría. Buscamos gente activa, decidida y amable. Con idiomas.

Ofrecemos salario fijo + comisiones y formación.

3. Fotógrafo de moda

Barcelona | Hace 2 días

Formación profesional en Artes Gráficas. Conocimientos mínimos: fotografía, iluminación, edición de fotos. Inglés: medio/alto.

Experiencia: mínimo dos años en trabajo similar. | Poder viajar.

4. Centro privado

Aranjuez (Madrid) | Hace 3 días

Para todo el curso escolar selecciona profesor/-a de 1.º y 2.º de ESO. Licenciatura o grado en Magisterio. Se valorarán conocimientos en psicología y pedagogía. Horario de tarde de lunes a jueves. Enviar currículum para entrevista personal.

Contrato y alta en la Seguridad Social. | Incorporación en septiembre.

examen 3 Léxico — Mundo laboral

7 ¿Cómo hacer una buena entrevista de trabajo? Completa estos consejos con los términos adecuados.

a. Sé tú .... No debes ser quien no ....
b. Cuida tu .... Debes causar una buena ....
c. Lleva .... complementaria sobre tu formación o ....
d. Tienes que ser .... Las mentiras no funcionan.
e. Prepara antes la .... y .... información de la empresa.

- sincero
- eres
- entrevista
- aspecto
- mismo
- documentación
- busca
- impresión
- experiencia

> Añade dos consejos más para realizar una buena entrevista de trabajo.

> Explica dos cosas que nunca debes hacer en las entrevistas. Justifica tu respuesta.

8 Para realizar distintos trabajos se necesita tener ciertas cualidades. Señala cuáles de las siguientes características positivas crees que tienes.

a. puntual ☐
b. tranquilo/a ☐
c. organizado/a ☐
d. constante ☐
e. activo/a ☐
f. rápido/a ☐
g. hábil ☐
h. responsable ☐
i. abierto/a ☐
j. honesto/a ☐
k. creativo/a ☐
l. otras ☐

> ¿Cuáles serían los opuestos de las anteriores cualidades? ¿Cuál crees que tienes?

> Según tus cualidades, ¿cuál piensas que sería tu trabajo ideal?

9 Hemos leído una interesante noticia sobre el paro en España, pero algunas palabras no se pueden leer bien porque ha llovido y el periódico se ha estropeado. Complétalas.

EL GLOBO

En los ___timos doce meses la falta de trabajo ha ___jado en 347 137 personas hasta dejar el número de para___ de las oficinas de los servicios públicos de empleo en 3 335 924. Sin duda, una buena no___cia debida en gran parte al sector tu___sti___, que de nuevo este año se situará en cif___ récord. Pero para más de tres mi___nes de trabajadores todavía no ha llegado la deseada oportu___ de volver a la vida laboral. Además, más de un millón y medio de estos parados tiene que enfrentar___ a su día a día sin ningu___ ayuda. Ayudas pequeñas que, o bien no han pag___ durante suficiente tiempo, o bien la han termin___ al aumentar su tiempo sin encontrar empleo. Aunque ___ un importante número de parados en nuestro país, el número de perso___ con ayudas por desem___ ha caído en los últimos años. Sin duda, a estos desempleados no solo les resulta más di___cil acceder al mercado labo___ (han estado mucho tiempo en paro), también en muchos casos han termin___ su ayuda.

Por otra parte, la escasa dura___ en un mismo puesto de trabajo dificulta que se pague lo suficiente para tener dere___ a poder recibir nada.

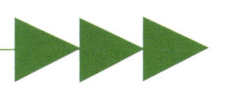

10. Relaciona estas palabras del texto anterior con su sinónimo o definición. Añade otro sinónimo (puedes buscar en el diccionario).

a. desempleo
b. inscrito
c. oportunidad
d. terminar
e. parado
f. laboral
g. ganar

1. Acabar. ....
2. Recibir dinero. ....
3. Falta de trabajo, paro. ....
4. Ocasión, casualidad. ....
5. Relacionado con el mundo del trabajo. ....
6. Apuntado. ....
7. Persona que no encuentra trabajo. ....

11. Completa con las consonantes que faltan. Ten en cuenta las definiciones.

a. __ e __ a __ __ a: Petición o solicitud de empleo.
b. __ __ o __ o __ ió __: Mejora de la situación en el empleo.
c. __ i __ __ i __ a __ o: Asociación de trabajadores.
d. e __ __ a __ i __ i __ a __ __ a __ o __ a __: Que se mantiene sin cambios.
e. __ e __ a __ __ a __ e __ __ o: Cada una de las partes o áreas en una empresa o compañía.
f. __ a __ a __ io __ e __: Periodo de descanso de los trabajadores.

12. Relaciona cada definición con su nombre correspondiente.

a. bufete
b. sueldo
c. jubilarse
d. despedir
e. huelga

1. Paro en las actividades laborales, generalmente para pedir algo.
2. Estudio u oficina de un abogado.
3. Echar del trabajo a alguien.
4. Dejar de trabajar, generalmente por razones de edad.
5. Dinero que se entrega por un trabajo.

13. Observa el gráfico, lee el artículo y escribe un breve texto comparando estos datos con los de tu país.

Los españoles trabajamos más horas que alemanes, franceses o ingleses y tenemos una jornada laboral muy distinta: pausas para comer más largas y horario de salida más tarde, lo que no beneficia el conciliar vida laboral y familiar.

Una de las características de la jornada laboral española es que mientras los ingleses paran para comer sobre las 12:00 y empiezan de nuevo a trabajar a las 13:00, en España, paran a las 14:00. Este fenómeno se suele explicar por cuestiones culturales o de clima en relación con países del norte de Europa, pero si nos comparamos con otro país mediterráneo como Italia, ese argumento no se sostiene, pues los italianos comienzan su pausa para la comida antes y salen también antes.

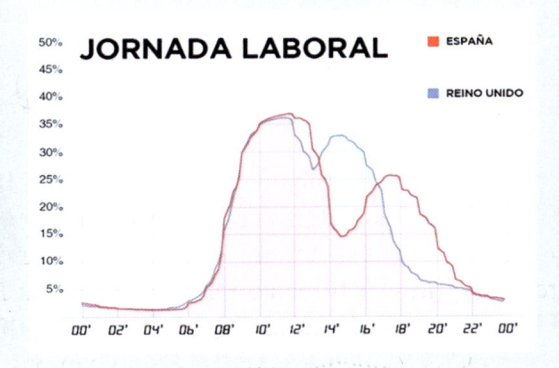

Los españoles trabajamos de media 1691 horas al año, por debajo de la media de la Organización para la Cooperación y el Desarrollo Económicos (OCDE), que es de 1765 horas, pero por encima de muchos otros países europeos como Alemania, Holanda, Noruega... Entre los países donde más horas se trabaja al año están México, Costa Rica, Corea del Sur...

Adaptado de http://www.europapress.es

14. Completa las frases y compara cuándo se realizan estas actividades en tu país y en España.

a. En España se come ...., pero en mi país .... También la cena es a las ....
b. Las tiendas abren de .... a ...., pero en mi país ....
c. Los bancos en mi país están abiertos a ...., pero en España ....
d. El horario de trabajo normal en España es de .... horas a la semana. En mi país ....

examen 3 Léxico — Estudios

1 Clasifica estas palabras o expresiones en el lugar correspondiente. Hay varias posibilidades.

una información • un esquema • un control • una duda • en la secretaría • un tema • una pausa • un descanso
un bolígrafo rojo • el examen de Historia • a la pizarra • una lección • al profesor • voluntarios • una asignatura

HACER	PREGUNTAR	PEDIR	SALIR	SUSPENDER	EXPLICAR

2 Estas palabras están relacionadas con las clases. Identifica el intruso y justifica tu elección.

a. *folio:* papel, hoja, foto
b. *apuntes:* pinturas, notas, borrador
c. *lección:* unidad, tema, documento
d. *subrayar:* marcar, señalar, escribir
e. *matricularse:* borrarse, inscribirse, apuntarse
f. *guardería:* jardín de infancia, guarda, escuela infantil

3 Completa con las vocales que faltan. Defínelas.

a. l __ c __ nc __ __ t __ r __
b. d __ ct __ r __ d __
c. d __ pl __ m __
d. gr __ d __ __ d __
e. b __ ch __ ll __ r __ t __
f. s __ c __ nd __ r __ __ __
g. m __ st __ r
h. c __ rr __ r __

4 Completa las frases con estas palabras.

a. Tengo que pedir la .... antes del día 31. ¡Ojalá me la den!
b. En la .... de la escuela me dicen que debo completar este documento e incluir una .... del DNI.
c. Hoy, en el .... nos han enseñado a crear una .... segura para que nadie pueda copiarla o robarla.
d. ¿Tu ordenador tiene .... y .... inalámbricos? ¡Qué suerte!
e. En el .... de mi universidad están las .... de todas las .... de letras.

- aula multimedia
- teclado
- beca
- facultades
- ratón
- secretaría
- campus
- contraseña
- fotocopia
- carreras

5 Relaciona.

a. hacer clic…   1. un examen oral
b. instalar…   2. concertado
c. hacer…   3. un antivirus
d. colegio…   4. sobre el área resaltada
e. eliminar…   5. una carpeta

6 En España, las calificaciones de la universidad van de 0 a 10 del siguiente modo.

De 0 a 4,9 (0 % a 49 %)	suspenso
De 5 a 6,9 (50 % a 69 %)	aprobado
De 7 a 8,9 (70 % a 89 %)	notable
De 9 a 10 (90 % a 100 %)	sobresaliente

En tu país, ¿con qué nota se repite un curso o asignatura?

¿Cómo se califica en tu país? ¿Es similar a España?

¿En tu país se califica igual en la universidad que en el instituto?

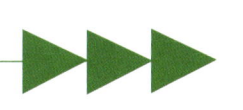

7 **Lee las definiciones y completa el crucigrama.**

Horizontales:
2. Responder mal o cometer un error en un ejercicio.
5. Exposición oral sobre un tema delante de un público.
6. Es otra manera de llamar a los exámenes.
8. Es lo mismo que *suspender*, pero coloquial.
9. Tele que usamos con el ordenador.

Verticales:
1. Cuando no vas a clase, haces… *novillos* (hacer pellas)
3. Departamento de un centro educativo, donde se hacen las matrículas.
4. Un colegio puede ser público, privado o…
7. Sirve para guardar papeles y puede ser virtual o de cartón.
10. Representación gráfica de un resumen.

error = Equivocarse

2 across: EQUIVOCARSE
5 across: CONFERENCIA
1 down: NOVILLOS

8 **¿Qué sabes del sistema educativo español? Lee y marca verdadero o falso. Después, observa el esquema y comprueba si has acertado.**

1. La Escuela Infantil comienza a los tres años.   V   F
2. En España es obligatorio cursar la ESO (Secundaria).   V   F
3. La Educación Primaria va desde los 6 a los 12 años aproximadamente.   V   F
4. El título de Bachiller es necesario para ir a la universidad.   V   F

9 **Haz un resumen del sistema educativo español comparándolo con el de tu país.**

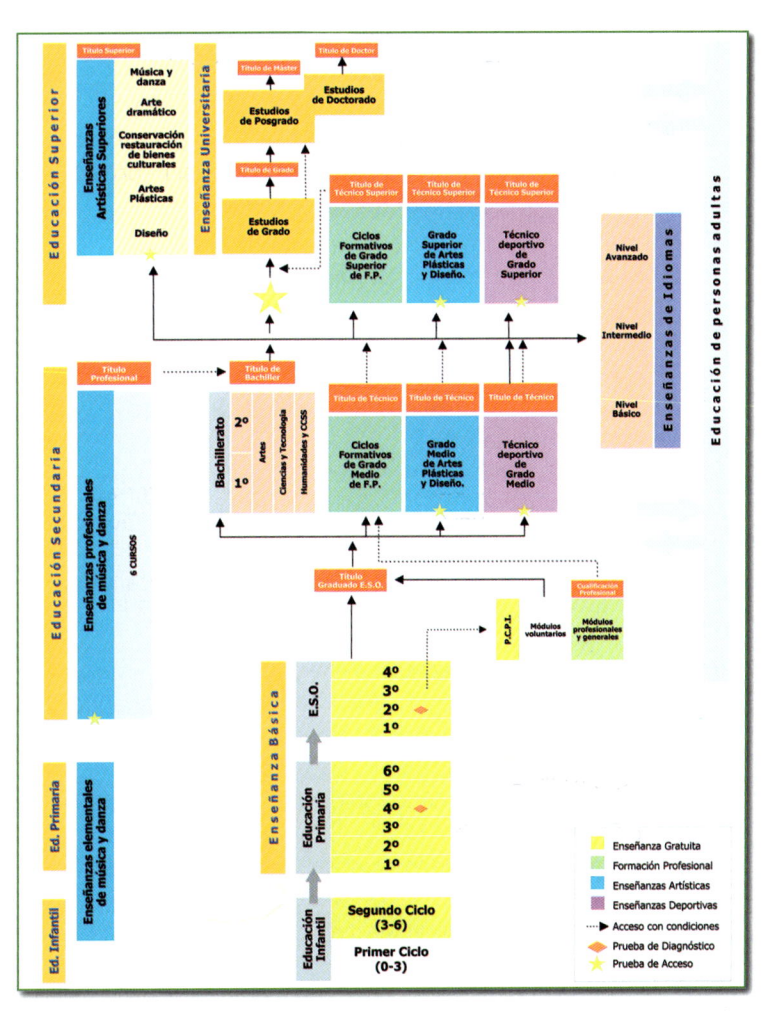

Léxico - Especial *DELE B1* Curso completo

examen 3 Gramática

1 Completa estas frases seleccionando la opción correcta. — SERIE 1

1. El profesor hará una pausa cuando los alumnos ___ el primer examen.
   a. terminan   b. terminaron   c. terminen
2. Acabó la carrera en junio y ___ hizo prácticas en una multinacional.
   a. tres meses después   b. en tres meses   c. dentro de tres meses
3. El director de RR. HH. ___ hizo la entrevista era un colega de Manuel.
   a. que   b. Ø   c. quien
4. El antivirus ___ analizó ___ el ordenador y no detectó ningún problema.
   a. Ø… completamente   b. completamente… Ø   c. completo… Ø
5. Clasificó ___ los documentos antes de pasar a otra fase del experimento ___.
   a. Ø… cuidadosamente   b. cuidadosamente… Ø   c. Ø… de cuidado
6. Ese es el Departamento de RR. HH. Allí es ___ firmé el contrato.
   a. donde   b. cuando   c. como
7. Todos solicitaron hacer un intercambio ___ Enrique, que decidió hacer unas prácticas.
   a. sino   b. menos   c. sin
8. ¿En ___ colegio estudiaste? ¿Era público, privado o concertado?
   a. qué   b. cuál   c. que
9. El examen no era difícil. Lo has suspendido porque has estudiado ___.
   a. nada   b. un poco   c. poco
10. El responsable de ventas ___ te he presentado se incorporó en diciembre.
    a. quien   b. que   c. qué
11. Javier encontró ___ un trabajo con horario flexible.
    a. facilidad   b. fácilmente   c. fácil
12. Disculpe, ¿___ está la secretaría de la facultad?
    a. adónde   b. dónde   c. donde

2 Completa estas frases seleccionando la opción correcta. — SERIE 2

1. Después de suspender tres veces, lo dejó y nunca ___ a estudiar.
   a. no volvió   b. volvió más   c. más volvió
2. –¿Van a hacer huelga los trabajadores del metro?/–Sí, ___.
   a. probable   b. probablemente   c. es probable que
3. El estudiante en prácticas ___ contrataron había trabajado dos años en una empresa de servicios.
   a. a quien   b. quien   c. a que
4. ¿___ te enteraste de que te habían dado la beca?
   a. Desde cuándo   b. Cuando   c. Cuándo
5. Rosa ___ últimamente varias entrevistas de trabajo. Espero que la llamen de alguna empresa.
   a. ha realizado   b. realizará   c. realizaba
6. Aquí es ___ archivé las matrículas de los alumnos de primero, pero no están. Alguien las ha cogido.
   a. donde   b. dónde   c. adónde
7. De esos dos experimentos, ¿para ___ te dieron la beca?
   a. que   b. qué   c. cuál
8. –¿Dónde está el profesor?/–Seguramente ___ con los alumnos sobre los contenidos del examen.
   a. estuvo charlando   b. esté charlando   c. estaba charlando
9. ¿En ___ estas asignaturas te has matriculado? ¿En la teórica o en la práctica?
   a. cuál de   b. cuáles   c. cuáles de
10. El programa informático solucionó ___ el problema de los pedidos.
    a. totalmente   b. la totalidad   c. total
11. He archivado los documentos ___ me dijo el auxiliar administrativo.
    a. del modo   b. como   c. de la manera
12. ___ matricularse en el máster, Elena hizo un curso intensivo de inglés.
    a. Anteriormente   b. Anterior   c. Antes de

SERIE 3

3 Completa estas frases seleccionando la opción correcta.

1. El escritor mexicano Octavio Paz obtuvo el Premio Cervantes y ___ el Premio Nobel de Literatura.
   a. sobre todo	b. además	c. más
2. Pablo empezó a trabajar en el bufete el tres de abril. ___ había firmado el contrato.
   a. Dos días antes	b. Dos días	c. Dentro de dos días
3. Profesor, ¿___ hacemos la actividad? ¿En parejas o en grupos?
   a. con qué	b. con quién	c. cómo
4. Para corregir la redacción, todos los alumnos usaron un diccionario ___ Carlos.
   a. más	b. menos	c. además
5. ¿A Cruz Roja o al Movimiento Contra la Intolerancia? ¿A ___ consultamos?
   a. cuál	b. qué	c. que
6. Cuando mis abuelos ___, se fueron a vivir a Málaga.
   a. se jubilan	b. se jubilaron	c. se jubilen
7. Manuel ___ atiende ___ a los usuarios: están muy contentos con él.
   a. estupendamente… Ø	b. los… estupendamente	c. Ø… estupendamente
8. El director de RR. HH. despidió a Pedro porque trabajaba ___ y siempre llegaba tarde.
   a. poco	b. un poco	c. poco a poco
9. ¡___ aula multimedia más completa tienen en el colegio donde estudia Pedro!
   a. El	b. Un	c. Qué
10. En la compañía prometen incorporación inmediata. ___ ofrecen formación a cargo de la empresa.
    a. Así que	b. Más	c. Además
11. –¿Crees que nos subirán el sueldo?/–___. La empresa ha tenido pérdidas estos meses.
    a. Difícilmente	b. Difícil	c. Muy difícil
12. ¿___ hiciste las prácticas te dieron algún tipo de certificado?
    a. Adónde	b. Dónde	c. Donde

SERIE 4

4 Completa estas frases seleccionando la opción correcta.

1. Pepe está muy cansado ___. Está terminando el doctorado y también trabaja en un bufete ocho horas.
   a. finalmente	b. últimamente	c. por último
2. ¿Con ___ trabajaste? ¿Con los usuarios o con los informáticos?
   a. quiénes	b. cuál	c. quién
3. Nunca te bajes un programa de Internet sin consultar a un experto, ___ si no conoces la página.
   a. solo	b. excepto	c. sobre todo
4. ¿___ científico español ganó el Premio Nobel de Medicina en 1959?/–Severo Ochoa.
   a. Quién	b. Cuál	c. Qué
5. ___ le devolvieron ___ el dinero de la matrícula porque ganó una beca antes de empezar el curso.
   a. Ø… totalmente	b. Totalmente… Ø	c. Ø… total
6. Si aprendes la gramática de memoria, ___ no la recordarás. Es mejor comprenderla: no la olvidarás.
   a. para una semana	b. dentro de una semana	c. una semana después
7. ¿___ pediste un horario más flexible te lo dieron?
   a. Cuándo	b. Cuando	c. Cuánto
8. Lucas se matriculó en la carrera de Ingeniería Química. ___ había estudiado la de Informática.
   a. Anteriormente	b. Anterior	c. Antes de
9. ¿Escuchaste al profesor? ¡___ bien explicó el tema de genética!
   a. Ø	b. Tan	c. Qué
10. La impresora se rompió a primeros de mes, aunque la habían reparado ___.
    a. la semana pasada	b. la semana anterior	c. dentro de una semana
11. Ocho estudiantes pidieron una beca, pero ___ se la dieron a dos que tenían notas muy altas.
    a. único	b. excepto	c. solo
12. ¡___ es posible que la guardería esté cerrada en un día laborable! ¿Qué hacemos con el niño?
    a. Cómo	b. Como	c. Cuándo

examen 3 Funciones

1 SERIE 1
Elige la opción correcta y completa el cuadro de funciones con las fórmulas correspondientes.

1. –No encuentro los apuntes./–Quizá los ___ en la biblioteca.
   a. dejes   b. dejas   c. has dejado
2. –Víctor está serio./–Puede que ___ nervioso por el examen.
   a. esté   b. estará   c. ha estado
3. No creo, aunque ___. La verdad es que no ha trabajado durante el curso.
   a. quizá   b. seguramente   c. es posible
4. ___ Juan ha salido voluntario, pero lo dudo. Es muy tímido.
   a. Seguramente   b. A lo mejor   c. Es posible
5. El investigador se equivocó, así que ___ el resultado sea erróneo.
   a. seguro   b. seguramente   c. es probable
6. ¿Van a cambiar el horario de la guardería en junio?–No sé. ___.
   a. Puede que   b. Puede ser que   c. Puede ser
7. ___ que Javier elija Periodismo: siempre le ha entusiasmado.
   a. Posiblemente   b. Es posible   c. A lo mejor
8. –No veo a Ana./–Creo que tiene un examen. ___ estudiando.
   a. Estará   b. Estaba   c. Ha estado
9. Antes de entrar en el laboratorio, es obligatorio ___ las manos.
   a. que lavarse   b. que te laves   c. te laves
10. ___ resumir la carta de presentación. Es demasiado larga.
    a. Tienes   b. Debes   c. Es necesario que
11. ___ necesario practicar más la presentación. Ya estás preparado.
    a. No está   b. Es no   c. No es
12. ___ obligatorio ___ la matrícula hasta finales de septiembre.
    a. No es… pagar   b. Es no… pagar   c. No es… no pagar

Tu listado
a. **Expresar posibilidad**
   Tal vez sea/es mejor…
   1. ....
   2. ....
   3. ....
   4. ....
   5. ....
   6. ....
   7. ....
   8. ....

b. **Expresar obligación y necesidad**
   No puedes consultar el libro en el examen.
   9. ....
   10. ....

c. **Expresar falta de obligación y necesidad**
   No tienes que estudiar hoy.
   11. ....
   12. ....

2 SERIE 2
Elige la opción correcta y completa el cuadro de funciones con las fórmulas correspondientes.

1. ¿___ algo del nuevo ayudante del Departamento de Ventas?
   a. Entiendes   b. Conoces   c. Sabes
2. ¿Has oído ___ Antonio busca trabajo?
   a. de   b. que   c. qué
3. Sabía ___ sustituto iba a dar mis clases del jueves.
   a. si   b. que   c. qué
4. La verdad es que no sé ___ de ordenadores.
   a. demasiado   b. algo   c. muchos
5. No he oído que ___ posibilidad de promoción en la empresa.
   a. hay   b. haya   c. habrá
6. ¿Tu hijo es bueno ___ idiomas?
   a. por   b. en   c. de
7. Ricardo sabe ___ contabilidad, podrá ayudarte.
   a. mucho en   b. algo de   c. poco con
8. Le gusta hablar en público y no lo ___ mal: será buena comercial.
   a. habla   b. tiene   c. hace
9. No te preocupes por la nota de gimnasia. ___ para las ciencias y lenguas.
   a. Eres un genio   b. Eres como un genio   c. Tienes genio
10. Abuelo, ¿___ de cuándo acabaste la carrera de Medicina?
    a. recuerdas   b. acuerdas   c. te acuerdas
11. Sí, claro, ___ mi último día en la universidad y la fiesta que hicimos.
    a. me acuerdo   b. acuerdo   c. recuerdo
12. ___ corregir los exámenes, así que tengo que corregirlos hoy.
    a. Me acuerdo de   b. Me he olvidado de   c. Me olvido de

Tu listado
d. **Preguntar por el conocimiento de algo**
   ¿Sabes si ha venido ya la secretaria?
   1. ....
   2. ....

e. **Expresar conocimiento/desconocimiento**
   (Ya) lo sé/sabía.
   No sé cómo instalar la aplicación.
   3. ....
   4. ....
   5. ....

f. **Hablar de la habilidad para hacer algo**
   ¿Eres bueno para tocar la guitarra?
   Sé un poco de electricidad.
   6. ....
   7. ....
   8. ....
   9. ....

g. **Preguntar si se recuerda o se ha olvidado**
   ¿Recuerdas al amigo de Carlos?
   10. ....

h. **Expresar que se recuerda/no se recuerda**
   No me he olvidado de ti.
   11. ....
   12. ....

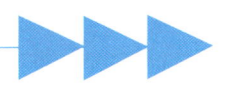

3 SERIE 3
Elige la opción correcta y completa el cuadro de funciones con las fórmulas correspondientes.

1. ___ que tomar apuntes en clase. Son muy útiles para estudiar.
   a. Deberías   b. Tendrías   c. Podrías
2. Sí, estás cansado de estudiar. ¿___ haces una pausa y luego sigues?
   a. Y si   b. Intenta   c. Podrías
3. Yo que tú, ___ la carta de presentación por correo electrónico.
   a. envíes   b. envía   c. enviaría
4. Es conveniente que ___ a los usuarios con sus dudas.
   a. atender   b. atiendas   c. atenderías
5. Ten ___ esa oferta de trabajo: la empresa no es seria.
   a. atención con   b. cuidado con   c. miedo con
6. No ___ el contrato todavía. Consulta antes a un abogado.
   a. firmes   b. firmas   c. firmarías
7. Hijo, me ___ muy mal que no quieras terminar el bachillerato.
   a. pareces   b. parezco   c. parece
8. Te ayudaré a preparar la entrevista. ___ lo ___.
   a. Te… prometo   b. Me… prometo   c. Me… prometes
9. ¿Quieres que ___ los datos en el ordenador? Tengo tiempo.
   a. introducir   b. introduciría   c. introduzca
10. Te has equivocado en una pregunta, pero vas a aprobar. ___.
    a. No te preocupo   b. No te preocupes   c. No me preocupes
11. No ___. Te subirán el sueldo cuando termines las prácticas.
    a. te enfadaste   b. te enfades   c. te enfadarás
12. Tranquilo. Si no tienes tiempo, puedes empezar el máster en octubre. ___.
    a. No pasa nada   b. No hay nada   c. No cuenta nada

Tu listado
i. **Aconsejar**
   Te aconsejo/recomiendo…
1. ....
2. ....
3. ....
4. ....

j. **Advertir**
   La silla está rota, puedes caerte.
5. ....
6. ....

k. **Reprochar**
   No está bien subrayar un libro que no es tuyo.
7. ....

l. **Prometer y comprometerse**
8. ....

m. **Ofrecerse para hacer algo**
   Si no sabes hacer la presentación, puedo ayudarte.
9. ....

n. **Tranquilizar, consolar y animar**
   No llores.
10. ....
11. ....
12. ....

4 Corrección de errores
Identifica y corrige los errores que contienen estas frases. Puede haber entre uno y tres en cada una.

a. Gracias al trabajo de unos muchos investigadores, la sida ya no es una enfermedad mortal.
b. Nunca elegiré a Luis más como compañero para hacer un trabajo. Es alguno vago.
c. Hijo, debes que hablar con tu hermana. Segura que no te los rompió los apuntes.
d. Yo que tú, consultarías a un informático. Puede que el ordenador tiene un virus.
e. Manuel no sabía demasiado mucho en gramática, así que aprobó el examen.
f. Oigo que tu hija busca trabajos. Sé a un amigo que puede ayudarla.
g. Podrías que estudiar Estadística. Estás muy bien de las Matemáticas.
h. Según ti, ¿cuál diccionario electrónico es más bueno?
i. Está obligatorio tu firma en todas las copias del contrato.
j. Conoces que el conserje del colegio le ha jubilado, ¿la verdad?

5 Uso de preposiciones
Tacha la opción incorrecta en estas frases.

a. La secretaría de la universidad abre dentro *de/en* dos días.
b. Yo *a/en* tu lugar, saldría voluntario a la pizarra para subir nota.
c. David está *de/en* auxiliar en la clínica durante el mes de agosto.
d. Mi marido trabaja para una empresa *de/por* servicios.
e. ¿Te acuerdas *en/de* cuándo es el examen?
f. Intenta *Ø/a* hacer el informe antes del día 14 de este mes.
g. No es buena idea estudiar *por/de* memoria.
h. Ten cuidado *en/con* los resúmenes. No tienen la información necesaria.
i. Luis es un desastre *para/por* los idiomas: suspenderá el examen oral de inglés.
j. ¿Te has olvidado *de/para* pagar la matrícula? ¡Eres un desastre!

modelo de examen 3

PRUEBA 1 — Comprensión de lectura

Tiempo disponible para las 5 tareas. 70 min

TAREA 1

(Ver características y consejos, p. 236)

A continuación va a leer seis textos sobre unas personas que necesitan trabajo y diez anuncios de ofertas de empleo. Relacione a las personas, 1-6, con los textos que informan sobre los empleos, a)-j). Hay tres textos que no debe relacionar.

PREGUNTAS

	PERSONA	TEXTO
0.	MARCOS	j)
1.	OLGA	
2.	ENRIQUE	
3.	MERCHE	
4.	ALFREDO	
5.	CRISTINA	
6.	ANTONIO	

0. MARCOS	En mi empresa anterior era jefe de contabilidad, pero creo que mi punto fuerte es mi buen nivel de inglés. Hice la carrera en Escocia.
1. OLGA	Tengo tres niños y solo podría trabajar por las mañanas. Estudié Secretariado y tengo varios cursos de inglés. Hace unos años fui telefonista en una pequeña empresa, pero lo dejé cuando nació mi primer hijo.
2. ENRIQUE	Yo estudié Ciencias Empresariales hace diez años. Tuve mucha suerte porque inmediatamente después de terminar encontré un trabajo bastante bueno. Pero ahora van a cerrar la empresa por problemas económicos.
3. MERCHE	Yo acabo de terminar Hostelería y Restauración. Tengo un nivel básico de inglés, pero estoy ahora haciendo un curso intensivo. Tengo un carácter muy abierto y don de gentes.
4. ALFREDO	Yo estoy estudiando Empresariales y me gustaría hacer algo para tener alguna experiencia laboral. Que no me quite demasiado tiempo, porque tengo que estudiar, claro.
5. CRISTINA	Acabo de volver de París donde trabajé muchos años en una empresa como asistente personal del director. Busco trabajo, pero dentro de la misma categoría. Mi nivel de inglés es fluido.
6. ANTONIO	Acabo de obtener mi título de ingeniero informático. Necesito un trabajo que se adapte a mí y no al contrario, porque quiero tener tiempo para hacer mi doctorado.

MUNDO LABORAL Y ESTUDIOS
Comprensión de lectura

OFERTA DE EMPLEO

a) **AGENTE COMERCIAL.** Debido a un fuerte proceso de expansión seleccionamos para Pontevedra agentes plan de carrera con el objetivo de abrir oficinas de la compañía una vez finalizado dicho plan. Los candidatos deben poseer un claro perfil comercial y alta ambición profesional. Ofrecemos formación a cargo de la empresa, estabilidad laboral y un interesante paquete retributivo compuesto de subvención fija y comisiones.

b) **PROGRAMADOR JÚNIOR.** Buscamos ingeniero/a técnico o superior en Informática o Telecomunicaciones para participar en importante proyecto en colaboración con empresa tecnológica líder en su sector. Necesitamos una persona dinámica y resolutiva. No necesaria experiencia. Jornada flexible.

c) **FORMADOR DE FORMADORES.** Empresa líder en el sector RR.HH. busca formadores con experiencia para impartir formaciones de inglés, francés o alemán a diferentes colectivos de participantes. Requisitos: experiencia de al menos un año como formador en alguno de los tres idiomas: inglés, francés o alemán.

d) **JEFE DE FINANZAS.** Se encargará de supervisar el dpto. de Finanzas así como realizar los informes y balances. Requisitos: licenciado en Dirección y Administración de Empresas o similar. Experiencia mínima: 5 años. Manejo de programas informáticos a nivel usuario. Jornada completa, contrato indefinido.

e) **SECRETARIA DE DIRECCIÓN.** Requerimos: formación mínima de Secretariado Internacional o técnico superior en Secretariado. Experiencia mínima de 3 años como secretaria de dirección. Imprescindible francés e inglés. Dominio de Microsoft Office. Condiciones económicas en función de la experiencia.

f) **AUXILIAR ADMINISTRATIVO.** Se precisa auxiliar administrativo para labores de recepción de llamadas de clientes, grabación de datos y demás tareas administrativas. Formación mínima: técnico en Gestión Administrativa o equivalente. Se requiere algo de experiencia en puesto similar, manejo de paquete Office e inglés básico. Media jornada.

g) **ESTUDIANTE EN PRÁCTICAS.** Se busca estudiante preferiblemente de 2.º o 3.ᵉʳ curso de Empresariales que desee realizar prácticas de contabilidad en nuestra empresa. Se le enseñará la metodología del trabajo desde cero. Con gran posibilidad de hacerle contrato de trabajo posteriormente.

h) **RECEPCIONISTA.** Buscamos un recepcionista, diplomada/o en Turismo o titulación similar, con conocimientos de inglés y habilidades sociales. No es necesaria experiencia. Buena presencia. Sus funciones consistirán en atender a las visitas y clientes de la oficina, ocuparse de la centralita y coordinar las reservas de las salas de reuniones y de los servicios requeridos para ellas.

i) **DOCUMENTALISTA.** Compañía líder en el sector de la tecnología necesita un documentalista. Requisitos: diplomado en Biblioteconomía y Documentación con conocimiento de sistemas de información de archivos. Experiencia demostrable de al menos 6 meses. Dominio a nivel usuario de procesadores de texto. Inglés escrito. Contrato: indefinido. Jornada completa.

j) **CONTABLE.** Importante empresa necesita incorporar para sus oficinas de Marbella un contable administrativo/a. Funciones: introducción de datos en contabilidad. Conciliaciones contables. Chequeo de facturas tanto de proveedores como de clientes. Control de cobros y pagos diarios de la empresa. Control de vencimientos y pago a proveedores. Imprescindible inglés alto.

MUNDO LABORAL Y ESTUDIOS
Comprensión de lectura

TAREA 2

(Ver características y consejos, p. 238)

A continuación hay un texto sobre las cualidades necesarias para conseguir un buen empleo en México. Después de leerlo, elija la respuesta correcta, a), b) o c), para las preguntas, 7-12.

CONSEGUIR UN BUEN EMPLEO

Un estudio reciente reveló que los reclutadores buscan algo más que un buen currículo en las entrevistas laborales.

Confianza, liderazgo y diversos intereses extraprofesionales son algunas de las características y cualidades que ayudan a un candidato a obtener un buen puesto de trabajo. Aunque las calificaciones académicas y el desempeño laboral siguen siendo primordiales, las tendencias evidencian que las cualidades personales de los aspirantes cada vez toman mayor fuerza en la selección de personal.

El estudio reveló también que solo una quinta parte de los empresarios considera que el grado académico hace destacar a un postulante sobre su competencia. Señala además que la influencia de las calificaciones ha disminuido durante la última década en el reclutamiento de personal.

La empresa de distribución Aldi interrogó a dos mil empresas y sus conclusiones indican que cerca del 56 % de los encuestados espera que sus colaboradores, y futuros empleados, cuenten con diversos intereses fuera del trabajo. Esto se traduce en la buena conciliación de la vida y horarios laborales con la vida personal. Además, la buena presencia es del gusto de cerca de un 33 % de los consultados.

Los reclutadores ven con buenos ojos que los candidatos tengan afición por los viajes y que conozcan varias partes del mundo. Por otra parte, más del 50 % buscan personas en que se vean reflejados y que les recuerden a sí mismos, lo que también influye en la intención de asumir el papel de mentor del nuevo empleado.

La confianza se posicionó como el principal atributo en que se fijan los posibles empleadores, desplazando la actitud positiva y la experiencia a la segunda y tercera posición, respectivamente. Energía, ética de trabajo y honestidad son otras de las cualidades que se buscan en las entrevistas de trabajo.

Más de una cuarta parte de los reclutadores señaló que juzga al posible personal por educación en el trato personal, seguridad y limpieza en su apariencia. Una proporción similar espera altos niveles de respeto durante los procesos de selección y entrevistas.

Detalles más curiosos también afloran en el estudio: la forma y la fuerza en que se ejecuta un apretón de manos es juzgado por cerca del 12 % de los entrevistadores y, a su vez, el 30 % de ellos exige buena ortografía y puntuación. Los hombres son más propensos a contratar a postulantes bien parecidos, mientras que las mujeres se fijan más en una buena expresión.

El instinto de los reclutadores no deja de ser importante. Más del 50 % basa su decisión y contrata en base a sus intuiciones sobre otros factores y dos tercios señalaron que jamás se han arrepentido de sus decisiones de contratación.

Adaptado de http://www.altonivel.com.mx

MUNDO LABORAL Y ESTUDIOS
Comprensión de lectura

PREGUNTAS

7. El texto dice que, actualmente, al contratar a un empleado:
   a) El expediente académico no tiene importancia.
   b) Se tiene muy en cuenta su personalidad.
   c) No interesa su profesión.

8. Según el texto, el interés de los empleadores por las calificaciones del candidato:
   a) Ha bajado en los últimos diez años.
   b) Nunca ha sido demasiado alto.
   c) Es mayor en la actualidad.

9. Según el estudio de la firma Aldi, las empresas:
   a) Esperan que el trabajador lleve trabajo a casa.
   b) No tienen en cuenta el aspecto físico de los candidatos.
   c) Aprecian que el candidato tenga aficiones extralaborales.

10. En el texto se dice que los reclutadores buscan gente:
   a) Dispuesta a trabajar en el extranjero.
   b) Que se parezca a ellos.
   c) Que sea autosuficiente.

11. Según el texto, gran parte de los reclutadores:
   a) No se fijan en aspectos externos de los candidatos.
   b) Actúan honestamente en la entrevista.
   c) Esperan un comportamiento educado por parte del candidato.

12. El texto afirma que los reclutadores masculinos:
   a) Ponen atención en puntos diferentes que los femeninos.
   b) Se expresan de forma diferente que los femeninos.
   c) Son más fuertes que los femeninos.

3 MUNDO LABORAL Y ESTUDIOS
Comprensión de lectura

TAREA 3

(Ver características y consejos, p. 239)

A continuación va a leer tres textos en los que tres personas hablan sobre los recuerdos de su primer día de trabajo. Después, relacione las preguntas, 13-18, con los textos, a), b) o c).

PREGUNTAS

	a) Clara	b) Eduardo	c) María
13. ¿Quién no había terminado todavía sus estudios?			
14. ¿Quién no trabaja ya?			
15. ¿Qué persona ha trabajado en más de dos sitios diferentes?			
16. ¿Quién dice que sigue trabajando en la misma empresa?			
17. ¿Quién trabajó en una empresa familiar?			
18. ¿A qué persona no le pagaban al principio?			

a) Clara

Empecé a trabajar muy jovencita, durante mi tercer año de la carrera. Soy la mayor de cinco hermanos. Mis padres no estaban bien económicamente y quería ayudarles, así que decidí ponerme a trabajar y, aunque ellos no querían, yo insistí. El único trabajo que encontré con un horario conveniente fue en un restaurante de comida rápida. Al principio trabajaba solo los fines de semana y, luego, también algunas tardes. No era un trabajo fantástico, pero me vino bien la experiencia: aprendí disciplina, a trabajar con el público y, lo más importante, a organizar mi tiempo, cosas que me han venido bien en todos mis trabajos posteriores. Estuve poco más de un año y lo dejé en cuanto encontré algo mejor.

b) Eduardo

Llevo trabajando en esta empresa desde que me licencié en Psicología. Entré en prácticas nada más acabar la carrera. Me acuerdo que vi un anuncio en el tablón de la facultad el mismo día que fui a ver las notas de mi último examen. Me presenté y me cogieron.
Al principio, tenía que hacer cosas muy sencillas, lo que me mandaban. Se ve que lo hice bien, porque al poco tiempo empezaron a darme más responsabilidad y me pusieron un sueldo. No era mucho, pero yo estaba encantado.
La verdad es que me lo pusieron muy fácil, porque los compañeros eran estupendos y me ayudaron muchísimo. Poco a poco fui escalando puestos y ahora soy director del Departamento de Recursos Humanos.

c) María

Empecé a trabajar de peluquera desde los diecinueve años hasta la jubilación. La peluquería era de mi tía y fue ella la que me lo enseñó todo. Bueno, yo había hecho algún curso de peluquería y estética, pero los trucos del oficio me los enseñó ella. La verdad es que nos lo pasábamos muy bien. Las clientas eran ya amigas. Algunas venían a cortarse el pelo y se quedaban con nosotras charlando toda la tarde. El ambiente era tan relajado que yo no lo sentía como un trabajo. Luego, cuando mi tía decidió dejar de trabajar, me quedé yo con el negocio y tuve que contratar a otra chica para ayudarme.

MUNDO LABORAL Y ESTUDIOS
Comprensión de lectura

TAREA 4

(Ver características y consejos, p. 240)

A continuación va a leer un texto del que se han extraído seis fragmentos. Después, lea los ocho fragmentos, a)-h), y decida en qué lugar del texto, 19-24, va cada uno. Hay dos fragmentos que no tiene que elegir.

ELEGIR CARRERA:
UNA PREOCUPACIÓN DE LOS JÓVENES

Esteban se metió a estudiar Ingeniería Industrial en una universidad privada de Cali porque a ella entraron varios de sus mejores amigos del colegio. María Fernanda, en cambio, se matriculó en la misma carrera con la convicción de que «como ingeniera industrial se consigue trabajo más fácil y en cualquier cosa». **19.** _____. Se matriculan porque a esa universidad entraron los amigos. O a causa de que los papás les dijeron qué estudiar y no les pagan estudios sino en determinada carrera. **20.** _____.

Incluso, ocurren situaciones de bloqueo en la relación de padres e hijos desde la adolescencia que no se han podido superar; el joven tiene una rabia enquistada contra los padres y, frente a todo lo que ellos le dicen que haga, él hace lo contrario **21.** _____. Tampoco falta el que se mete a estudiar finanzas o administración para seguir manejando los negocios de la familia.

Por eso, antes de escoger carrera, es necesario buscar una asesoría profesional de psicólogos y consejeros que puedan ayudarle a tomar la decisión más adecuada y conveniente. En este sentido, se deben tener en cuenta dos aspectos principales para orientar la vocación profesional de quienes van a escoger carrera: **22.** _____. En cuanto a los individuales, no basta con que el joven tenga interés en una carrera y que se identifique con ella, porque su decisión de estudio no solo tiene que ver con elegir una carrera, sino con lo que quiere hacer como proyecto de vida laboral. Se trata de que a partir de esos intereses y del conocimiento adecuado de sus habilidades, potencialidades y competencias el muchacho tome una decisión consecuente con eso. **23.** _____. Por ejemplo, quien quiere estudiar una ingeniería puede mirar su historial en Matemáticas en el colegio. **24.** _____. Ese es un criterio que ofrece datos para tener en cuenta.

Myriam Orozco, orientadora de la Universidad Autónoma, sostiene que, en efecto, «para tomar una decisión de carrera el joven debe conocerse muy bien, identificar sus habilidades, sus aptitudes, su personalidad, ver qué le entusiasma, qué es lo que más le motiva».

Adaptado de www.elpais.com

MUNDO LABORAL Y ESTUDIOS
Comprensión de lectura

FRAGMENTOS

a) uno son los aspectos individuales del estudiante y, otro, los elementos sociales y del entorno.

b) Quien opta por Medicina debe revisar cómo le fue en materias biológicas y Química.

c) y se matricula en otra carrera para llevarles la contraria.

d) Con ellos se explora la personalidad e historia del muchacho y el *genograma de profesiones*: el historial familiar de carreras y ocupaciones.

e) Ellos son parte del 70 % de los estudiantes que en el país entran a la universidad sin una adecuada orientación vocacional.

f) En esta parte suelen ayudar los colegios y sus psicólogos, que dan algunas claves de conocimiento a los estudiantes.

g) Otro factor social que debe mirarse cuando se está decidiendo por una carrera profesional es la parte financiera.

h) O quizá porque la universidad «es muy bonita», «tiene prestigio» y con un título otorgado por ella «uno consigue trabajo».

Especial DELE B1 Curso completo

MUNDO LABORAL Y ESTUDIOS
Comprensión de lectura

TAREA 5

(Ver características y consejos, p. 242)

A continuación va a leer un mensaje de correo electrónico. Elija la opción correcta, a), b) o c), para completar los huecos, 25-30.

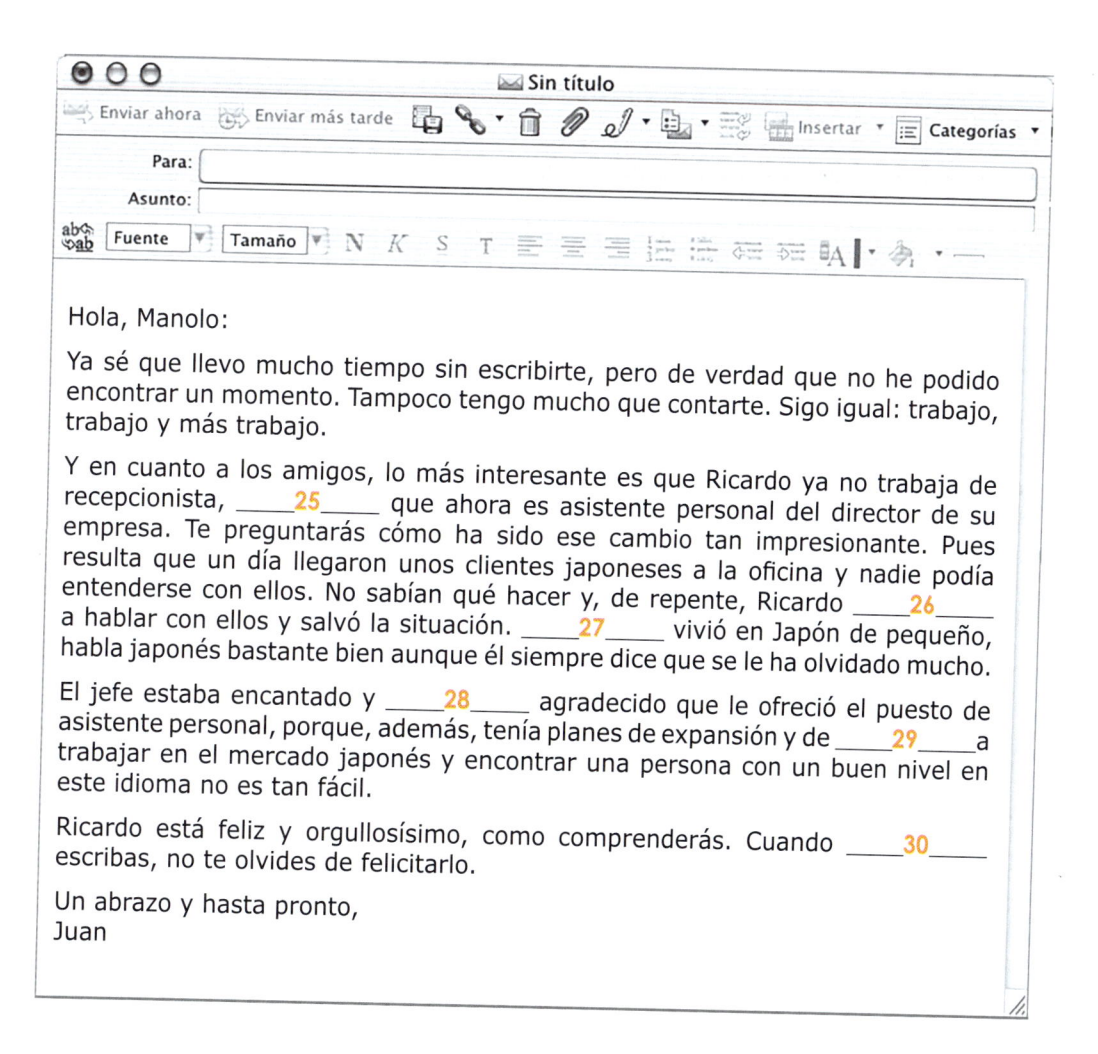

Hola, Manolo:

Ya sé que llevo mucho tiempo sin escribirte, pero de verdad que no he podido encontrar un momento. Tampoco tengo mucho que contarte. Sigo igual: trabajo, trabajo y más trabajo.

Y en cuanto a los amigos, lo más interesante es que Ricardo ya no trabaja de recepcionista, ___25___ que ahora es asistente personal del director de su empresa. Te preguntarás cómo ha sido ese cambio tan impresionante. Pues resulta que un día llegaron unos clientes japoneses a la oficina y nadie podía entenderse con ellos. No sabían qué hacer y, de repente, Ricardo ___26___ a hablar con ellos y salvó la situación. ___27___ vivió en Japón de pequeño, habla japonés bastante bien aunque él siempre dice que se le ha olvidado mucho.

El jefe estaba encantado y ___28___ agradecido que le ofreció el puesto de asistente personal, porque, además, tenía planes de expansión y de ___29___ a trabajar en el mercado japonés y encontrar una persona con un buen nivel en este idioma no es tan fácil.

Ricardo está feliz y orgullosísimo, como comprenderás. Cuando ___30___ escribas, no te olvides de felicitarlo.

Un abrazo y hasta pronto,
Juan

PREGUNTAS

25. **a)** pero **b)** pues **c)** sino
26. **a)** se puso **b)** se ponía **c)** se había puesto
27. **a)** Como **b)** Así que **c)** Cuando
28. **a)** tanto **b)** tan **c)** mucho
29. **a)** que empiece **b)** que empieza **c)** empezar
30. **a)** te **b)** le **c)** lo

Anote el tiempo que ha tardado:

Recuerde que solo dispone de 70 minutos

modelo de examen 3

PRUEBA 2 — Comprensión auditiva

Tiempo disponible para las 5 tareas. **40 min**

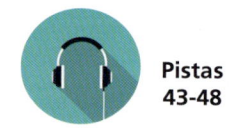

Pistas 43-48

TAREA 1

(Ver características y consejos, p. 243)

A continuación va a escuchar seis mensajes del buzón de voz de un teléfono. Oirá cada mensaje dos veces. Después, seleccione la opción correcta, a), b) o c), para cada pregunta, 1-6.
Dispone de 30 segundos para leer las preguntas.

PREGUNTAS

Mensaje 1
1. ¿Quién es Aurora?
   a) Una compañera de trabajo de Lorena.
   b) La secretaria de Lorena.
   c) La jefa de Lorena.

Mensaje 2
2. ¿Para qué llama Alonso?
   a) Para decirle a Ricardo que necesita trabajo.
   b) Para responder a una pregunta de Ricardo.
   c) Para ofrecer trabajo como chófer a Ricardo.

Mensaje 3
3. ¿Qué tiene que hacer Laura Gutiérrez?
   a) Esperar una llamada de la secretaria.
   b) Ir a ver al señor Márquez la semana próxima.
   c) Llamar para concertar una nueva cita.

Mensaje 4
4. ¿Qué necesita Jaime de Jorge?
   a) Información sobre un examen.
   b) Ayuda con un trabajo de Documentación.
   c) Que le dé un mensaje de su parte a un profesor.

Mensaje 5
5. ¿Qué quiere Susana de Margarita?
   a) Que la acompañe al médico.
   b) Que le haga la matrícula.
   c) Que le informe de unos horarios.

Mensaje 6
6. ¿Para qué llama Carlos a Mariano?
   a) Para decirle que el jefe está enfadado.
   b) Para cambiar la hora de una reunión.
   c) Para recordarle algo.

Especial DELE B1 Curso completo

MUNDO LABORAL Y ESTUDIOS
Comprensión auditiva

Pista 49

TAREA 2

(Ver características y consejos, p. 245)

A continuación va a escuchar un fragmento del programa Mi primer día *en el que Alfonso cuenta su primer día de trabajo. Lo oirá dos veces. Después, seleccione la opción correcta, a), b) o c), para cada pregunta, 7-12.*
Dispone de 30 segundos para leer las preguntas.

PREGUNTAS

7. En el audio, Alfonso dice que el primer día de trabajo:
   a) No llegó puntual a la oficina.
   b) No sabía qué ropa ponerse.
   c) Se vistió demasiado formal.

8. Según el audio, Alfonso cuenta que Evelina:
   a) Le ayudó porque era su amiga.
   b) No le gustó el primer día.
   c) No quería ayudarle.

9. En la grabación, Alfonso explica que:
   a) En la entrevista no había dicho la verdad.
   b) No pudo comprender el manual de procedimiento.
   c) Su nivel de inglés es perfecto.

10. En la audición, Alfonso cuenta que a las doce:
    a) Hubo una reunión de trabajo.
    b) Tuvieron una pausa para el café.
    c) Tuvo que hacer un informe.

11. Alfonso cuenta, en la audición, que el primer día:
    a) Causó una mala impresión.
    b) No se pudo concentrar.
    c) Su jefe fue muy exigente.

12. En la grabación, Alfonso dice que:
    a) Había buscado información en Internet sobre la empresa.
    b) Tiene un familiar que trabaja en la misma empresa que él.
    c) Es aconsejable informarse sobre la empresa donde vas a trabajar.

3

MUNDO LABORAL Y ESTUDIOS
Comprensión auditiva

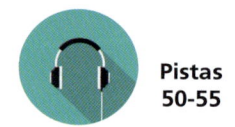

Pistas 50-55

TAREA 3

(Ver características y consejos, p. 246)

A continuación va a escuchar seis noticias de un programa radiofónico español. Lo oirá dos veces. Después, seleccione la respuesta correcta, a), b) o c), para las preguntas, 13-18.
Dispone de 30 segundos para leer las preguntas.

PREGUNTAS

Noticia 1

13. Tres escuelas de negocios españolas:

   a) Se encuentran entre las más baratas de Europa.
   b) Han sido elegidas entre las mejores de Europa.
   c) Han abierto este año en diversos lugares.

Noticia 2

14. La Universidad Complutense:

   a) Necesita profesores de Enfermería y Fisioterapia.
   b) Va a acondicionar las aulas para los estudiantes discapacitados.
   c) Ha solicitado ayuda voluntaria a alumnos de ciertas facultades.

Noticia 3

15. *The Economist:*

   a) Va a elegir al mejor profesor del año.
   b) Ha premiado a cuatro profesores.
   c) Ha recibido un premio este año.

Noticia 4

16. Los estudiantes de Europa:

   a) Deberían estudiar más carreras científicas, según los expertos.
   b) Siempre eligen sus carreras en función de su procedencia.
   c) Cada vez más optan por estudiar ciencias.

Noticia 5

17. Los ministros de Educación de Europa quieren:

   a) Mejorar la formación de los europeos.
   b) Hacer más formación destinada a obtener empleo.
   c) Crear un sistema de certificación único.

Noticia 6

18. Los becarios del programa Erasmus:

   a) Son en su mayoría españoles.
   b) Prefieren en su mayoría ir a España.
   c) No están interesados en aprender español.

Especial DELE B1 Curso completo

MUNDO LABORAL Y ESTUDIOS
Comprensión auditiva

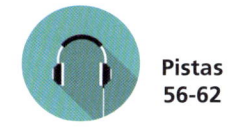

Pistas 56-62

TAREA 4

(Ver características y consejos, p. 247)

A continuación va a escuchar a seis personas contando cómo obtuvieron su primer trabajo. Oirá a cada persona dos veces. Después, seleccione el enunciado, a)-j), que corresponde al tema del que habla cada persona, 19-24. Hay diez enunciados (incluido el ejemplo), pero debe seleccionar solamente seis.
Dispone de 20 segundos para leer los enunciados.

ENUNCIADOS

a) No le duró mucho.
b) Empezó trabajando como vendedor.
c) Encontró su trabajo en Internet.
d) Empezó trabajando en el extranjero.
e) No le gustaba nada.
f) *Su trabajo no está relacionado con lo que estudió.*
g) Todavía no ha encontrado trabajo.
h) Tuvo que dejar sus estudios.
i) No aceptó su primera oferta de trabajo.
j) Trabaja desde su casa.

	PERSONA	ENUNCIADO
	Persona 0	f)
19.	Persona 1	
20.	Persona 2	
21.	Persona 3	
22.	Persona 4	
23.	Persona 5	
24.	Persona 6	

Pista 63

TAREA 5

(Ver características y consejos, p. 248)

A continuación va a escuchar una conversación entre dos compañeros de trabajo, Ernesto y Claudia. La oirá dos veces. Después, decida si los enunciados, 25-30, se refieren a Ernesto, a), Claudia, b), o a ninguno de los dos, c).
Dispone de 25 segundos para leer los enunciados.

		a) Ernesto	b) Claudia	c) Ninguno de los dos
0.	Ha tenido mucho trabajo últimamente.		✓	
25.	Tiene dos hijos.			
26.	Tiene un hijo que no estudia mucho.			
27.	Piensa que su hijo no es muy sociable.			
28.	Tiene que ir al médico.			
29.	Va a hacer una fiesta pronto.			
30.	Invita al café.			

Anote el tiempo que ha tardado:

Recuerde que solo dispone de **40 minutos**

Especial DELE B1 Curso completo

modelo de examen 3

PRUEBA 3 — Expresión e interacción escritas

Tiempo disponible para las 2 tareas: 60 min

TAREA 1

(Ver características y consejos, p. 250)

Usted ha recibido este mensaje de correo de una amiga.

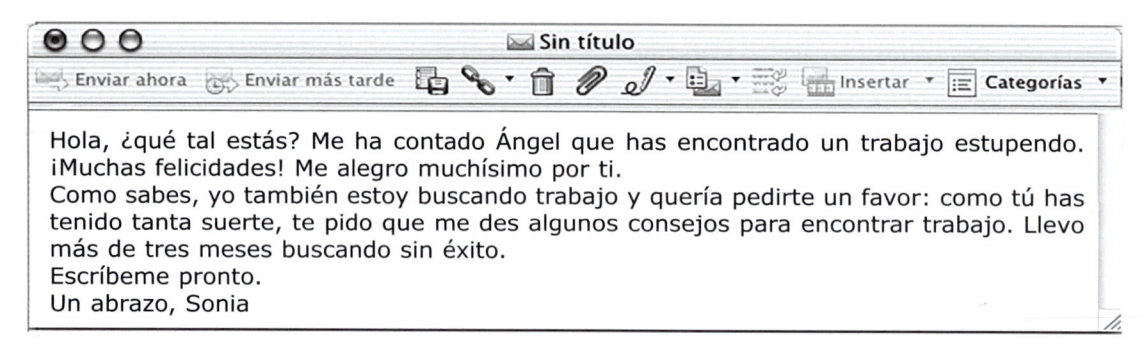

> **Sin título**
>
> Hola, ¿qué tal estás? Me ha contado Ángel que has encontrado un trabajo estupendo. ¡Muchas felicidades! Me alegro muchísimo por ti.
> Como sabes, yo también estoy buscando trabajo y quería pedirte un favor: como tú has tenido tanta suerte, te pido que me des algunos consejos para encontrar trabajo. Llevo más de tres meses buscando sin éxito.
> Escríbeme pronto.
> Un abrazo, Sonia

Escriba un correo electrónico a Sonia (entre 100-120 palabras) en el que deberá:
- Saludar.
- Explicar cómo encontró su trabajo actual.
- Explicar en qué consiste ese trabajo.
- Aconsejarle sobre la mejor manera de encontrar trabajo.
- Expresarle sus buenos deseos.
- Despedirse.

TAREA 2

(Ver características y consejos, p. 251)

Lea la siguiente convocatoria de un concurso.

> **LA ASOCIACIÓN DE ANTIGUOS ALUMNOS DEL COLEGIO SAN AGUSTÍN**
>
> Convoca, con motivo del 25 aniversario de su fundación, un concurso de relatos breves con el tema *Mi escuela* en el que deberán hablar de su experiencia escolar.
> En él podrán participar todos los antiguos estudiantes del colegio.

Escriba un comentario (entre 130-150 palabras) para el colegio contando:
- Cómo era su colegio.
- Quién era su profesor favorito y por qué.
- Quién era su profesor más odiado y por qué.
- Cómo eran sus compañeros.
- Qué anécdotas le pasaron en el colegio.
- Cómo valora aquellos años.

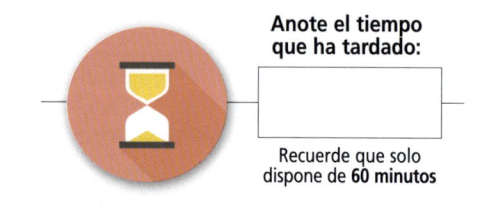

Anote el tiempo que ha tardado:

Recuerde que solo dispone de **60 minutos**

Especial DELE B1 Curso completo

MUNDO LABORAL Y ESTUDIOS

Sugerencias para la expresión e interacción orales y escritas

Apuntes de gramática

- Para aconsejar, usamos las siguientes estructuras:
  - Imperativo afirmativo y negativo.
  - *Tener que/Deber* + infinitivo.
  - *Lo mejor es que/Es importante/preferible que* + presente de subjuntivo.
  - *Te aconsejo/recomiendo que* + presente de subjuntivo.
  - *Yo/Yo que tú/Yo en tu lugar* + condicional simple.
- Formulamos buenos deseos con:
  - *Que tengas suerte/Que te vaya bien/Espero que* + subjuntivo.
  - *Ojalá* + subjuntivo.
- Para explicar la causa de algo, usamos:
  - *Como* + indicativo.
  - *... porque* + indicativo.
  - *... ya que* + indicativo.
  - *... debido a que* + indicativo/*debido a* + sustantivo.
  - *... a causa de que* + indicativo/*a causa de* + sustantivo.
  - *... gracias a que* + indicativo/*gracias a* + sustantivo.
  - *... por culpa de que* + indicativo/*por culpa de* + sustantivo.
  - *... por* + infinitivo/adjetivo/sustantivo.

Usos del pasado

- Para describir en pasado, usamos el pretérito imperfecto.
- Para las acciones habituales, usamos el pretérito imperfecto.
- Para las acciones únicas, usamos el pretérito perfecto simple.
- Para valorar en pasado, usamos el pretérito perfecto simple.
  - *Fueron unos años maravillosos/terribles.*
  - *Fueron los mejores/peores años de mi vida.*
  - *Lo pasé muy bien/mal.*
  - *Me encantó.*
- Para hablar de una acción anterior a otra en pasado, usamos el pretérito pluscuamperfecto.

Hablar sobre los profesores
- *Son jóvenes y dinámicos.*
- *Están muy cualificados/preparados/formados.*
- *Explican bien.*

Describir un puesto de trabajo
- *Es responsable de la formación interna.*
- *Coordina las relaciones con los proveedores.*
- *Organiza grupos de trabajo.*
- *Tiene relación con clientes y proveedores.*
- *Se encarga de la recepción de llamadas.*

Algunos conectores importantes para ordenar y relacionar las ideas
Hablar de las consecuencias:
- *Así que…*
- *Por tanto…*
- *Por consiguiente…*

Especial DELE B1 Curso completo

modelo de examen 3

PRUEBA 4 — Expresión e interacción orales

15 min — Tiempo disponible para preparar las tareas 1 y 2.

15 min — Tiempo disponible para las 4 tareas.

TAREA 1

(Ver características y consejos, p. 252)

EXPOSICIÓN DE UN TEMA

Tiene que hablar durante 2 o 3 minutos sobre este tema.

> Hable de **su trabajo** o, si no trabaja, **del trabajo que le gustaría tener.**
>
> Incluya la siguiente información:
> - Qué tipo de trabajo realiza o le gustaría realizar.
> - Qué estudios o formación se necesitan para trabajar en eso.
> - Qué cualidades hay que tener para ser un buen profesional en ese campo.
> - Qué es lo que más le gusta de ese trabajo y lo que menos.
> - Si está satisfecho con su trabajo y, si no lo está, en qué le gustaría trabajar entonces.
>
> No olvide:
> - Diferenciar las partes de su exposición: introducción, desarrollo y conclusión.
> - Ordenar y relacionar bien las ideas.
> - Justificar sus opiniones y sentimientos.

TAREA 2

(Ver características y consejos, p. 253)

CONVERSACIÓN CON EL ENTREVISTADOR

Después de terminar la exposición de la Tarea 1, deberá mantener una conversación con el entrevistador sobre el mismo tema.

Ejemplos de preguntas
- ¿Qué es lo que más le importa en un trabajo: el prestigio, el sueldo, el horario…?
- ¿Fue difícil para usted encontrar trabajo?
- ¿Qué tipos de trabajo son los más valorados en su país?
- ¿Hay problemas para encontrar trabajo en su país actualmente?

Especial DELE B1 Curso completo

MUNDO LABORAL Y ESTUDIOS
Expresión e interacción orales

TAREA 3

(Ver características y consejos, p. 253)

DESCRIPCIÓN DE UNA FOTO

Observe detenidamente esta foto.

Describa detalladamente (1 o 2 minutos) lo que ve y lo que imagina que está pasando. Puede comentar, entre otros, estos aspectos:
- Quiénes son y qué relación tienen.
- Qué están haciendo.
- Dónde están.
- Qué hay.
- De qué están hablando.

A continuación, el entrevistador le hará unas preguntas (2 o 3 minutos).

Ejemplos de preguntas
- ¿Le han hecho una entrevista de trabajo alguna vez?
- ¿Qué le preguntaron?
- ¿Cómo se sintió?
- ¿Qué cree que hizo bien y qué hizo mal en aquella entrevista?
- ¿Tuvo éxito? ¿Consiguió el trabajo?

TAREA 4

(Ver características y consejos, p. 254)

SITUACIÓN SIMULADA

Usted va a conversar con el entrevistador en una situación simulada (2 o 3 minutos).

Usted envió su currículum para una oferta de trabajo. El director de RR. HH. de la empresa le ha contestado diciendo que se ponga en contacto con su secretario para concertar una entrevista. Imagine que el entrevistador es el secretario de la empresa, hable con él de los siguientes temas:
- Expíquele que ha recibido un mensaje del director de Recursos Humanos.
- Dígale que llama para concertar una cita.
- Dígale que no le viene bien la fecha que le propone y explique por qué.
- Pídale que le dé una cita en otro momento.

Ejemplos de preguntas
- Buenos días. ¿En qué puedo ayudarle?
- ¿Cuándo recibió ese correo?
- El director tiene libre el martes a las 11, ¿le viene bien?

examen 4

COMPRAS Y BANCOS

Curso completo

▶ **Léxico**
- Compras y establecimientos
- Bancos, economía y empresa

▶ **Gramática**

▶ **Funciones**

Modelo de examen 4

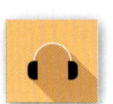

Especial DELE B1 Curso completo

vocabulario

FICHA DE AYUDA
Para la expresión e interacción escritas y orales

TIENDAS

Caja (la) ....
Comprador/-a (el, la) ....
Dependiente/a (el, la) ....
Escaparate (el) ....
Grandes almacenes (los) ....
Maniquí (el) ....
Mostrador (el) ....
Oferta (la) ....
Probadores (los) ....
Rebajas (las) ....
Tienda de ropa, de complementos (la) ....
Tique de compra (el) ....
Vendedor/-a (el, la) ....
Zapatería (la) ....

ESTILO

A la moda ≠ Pasado de moda ....
Clásico ≠ Moderno, actual ....
Deportivo ....
Elegante ....
Formal ≠ Informal ....
Manga corta ≠ larga (la) ....
Tejidos, materiales
Algodón (el) ....
Cuero (el) ....
Lana (la) ....
Lino (el) ....
Piel (la) ....
Seda (la) ....
Sintético ....
Motivos
De cuadros ....
De lunares ....
De rayas ....
Liso ....

PRENDAS DE VESTIR

Abrigo (el) ....
Blusa (la) ....
Camiseta (la) ....
Chaqueta (la) ....
Traje (el) ....
Vaqueros (los) ....
Ropa interior y de dormir
Bragas (las) ....
Calcetines (los) ....
Calzoncillos (los) ....
Camiseta (la) ....
Medias (las) ....
Pijama (el) ....
Sujetador (el) ....

CALZADO

Botas (las) ....
Sandalias (las) ....
Zapatillas (las) ....
- de casa ....
- de deportes ....
Zapatos (los) ....
- de tacón o altos ....

COMPLEMENTOS Y ADORNOS

Anillo (el) ....
Cinturón (el) ....
Collar (el) ....
Gafas de sol (las) ....
Joyas (las) ....
Pendientes (los) ....
Pulsera (la) ....

VERBOS

Cobrar ....
Devolver ....
Elegir ....
Ir de compras ....
Probarse ....
Pagar (con tarjeta) ....
Quedar bien/mal ....

BANCO

Billete (el) ....
Cajero automático (el) ....
Cambio (el) ....
Cheque (el) ....
Crédito (el) ....
Cuenta (la) ....
Depósito (el) ....
Moneda (la) ....
Préstamo (el) ....
Recibo (el) ....
Tarjeta (la) ....
- de crédito ....
- de débito ....
Transferencia (la) ....

VERBOS

Abrir (una cuenta) ....
Ahorrar ....
Meter = Ingresar ....
Pedir un préstamo/crédito ....
Sacar = Retirar ....

Especial DELE B1 Curso completo

examen 4 Léxico
Compras y establecimientos

1 Escribe el nombre de cada prenda de vestir y marca cuáles son ropa interior.

1. ....
2. ....
3. ....
4. ....
5. ....
6. ....
7. ....
8. ....
9. ....
10. ....
11. ....
12. ....
13. ....
14. ....
15. ....

2 Relaciona cada palabra con la imagen adecuada.

rayas • cuadros • lunares

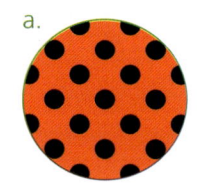

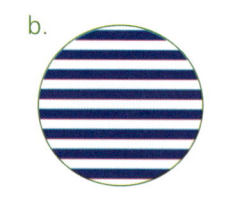

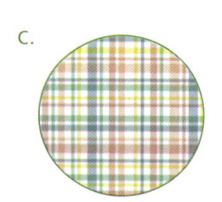

a. .... b. .... c. ....

3 Escribe, debajo de cada material, una prenda de ropa adecuada.

lana   seda   piel   algodón

a. .... b. .... c. .... d. ....

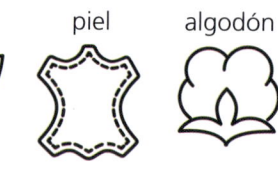

4 Encuentra el intruso en cada serie.

a. Cartel, folleto, catálogo, exhibición
b. De deporte, de novia, de fiesta, de noche
c. Pagar, aparcar, cobrar, deber
d. Planos, de tacón, de verano, corto
e. Monedas, al contado, a plazos, con cheque

5 Completa con el verbo más adecuado.

a. .... el precio de un vestido.
b. .... al contado.
c. .... intereses.
d. .... una devolución.
e. .... dinero.

- Deber
- Pagar
- Subir
- Hacer
- Cobrar

6 Describe detalladamente qué ropa llevan estas personas.

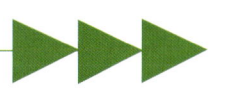

7 Completa el diálogo con estas palabras. Observa el número de letras de cada palabra.

devoluciones • promoción • tarjeta • rebajas • cambio • metálico (2) • precios • queda • oferta • falda

- Hola, buenos días. Venía a hacer un 1. _ _ _ _ _ _.
- Buenos días. Las 2. _ _ _ _ _ _ _ _ _ _ _ _ son en el mostrador del fondo.
  [...]
- Buenos días. Quería devolver esta 3. _ _ _ _ _. Es que no me 4. _ _ _ _ _ bien.
- A ver… ¿pagó con 5. _ _ _ _ _ _ _ o en 6. _ _ _ _ _ _ _ _?
- En 7. _ _ _ _ _ _ _ _.
- Lo siento, no se puede devolver porque estaba en 8. _ _ _ _ _ _ y la ropa de época de 9. _ _ _ _ _ _ _ o con 10. _ _ _ _ _ _ especiales no se cambia. Además, esa 11. _ _ _ _ _ _ _ _ _ ya ha terminado.
- ¡Pero a mí nadie me dijo nada! Pienso poner una queja.
- Si quiere, puede ir al servicio de atención al cliente.

8 Comenta en clase las siguientes cuestiones.

- ¿Qué piensas sobre la ropa de segunda mano?
- ¿Qué prendas de ropa o colores nunca te pondrías?
- ¿Cómo definirías tu estilo: clásico, elegante, deportivo, formal?
- ¿Gastas mucho en ropa? ¿Llevas ropa de marca? Justifica tu respuesta.
- ¿Te gusta ir de compras? ¿Vas con alguien o prefieres ir solo?

9 Relaciona cada nombre con la imagen correspondiente.

bandeja • bolsa • botella • lata • tarro

1. ....
2. ....
3. ....
4. ....
5. ....

10 ¿Cómo se piden estos productos? Indícalo y completa las frases con las palabras del recuadro, como en el ejemplo.

- kilo
- lata
- botella
- barra ✓
- gramos
- docena
- litro

1. Una *barra* de *pan*.
2. Un .... de ....
3. Una .... de ....
4. Un .... de ....
5. Una .... de ....
6. Un .... de ....
7. 150 .... de ....
8. Una .... de ....

examen 4 Léxico
Compras y establecimientos

11 Ordena las frases.

a. gramos / deme / Por / 200 / jamón. / favor, / de ....
b. está / Esta / Compra / caducada. / otra / leche ....
c. lácteos. / Vamos / comprar / la / a / de / Tengo / sección / que / leche. ....
d. 40 € / barras / de / Regalan / pan / cada / dos / gastados. / por ....
e. bolsas / de / de / Las / súper / son / papel. / este ....

12 Escribe el nombre de cada alimento y relaciónalo con la tienda donde se puede comprar.

a. charcutería
b. frutería
c. carnicería
d. panadería
e. pescadería
f. mercado
g. supermercado

1. .... ☐   2. .... ☐   3. .... ☐   4. .... ☐

5. .... ☐   6. .... ☐   7. .... ☐   8. .... ☐

Ahora, añade dos productos más para cada establecimiento.

13 Elige la opción correcta.

1. Lugar donde encontramos productos para la limpieza de la casa.
   a. farmacia   b. droguería
2. Gran espacio con tiendas, cines, restaurantes…
   a. centro comercial b. supermercado
3. Mercado, generalmente al aire libre.
   a. mercadito   b. mercadillo
4. Sitio desde el que se puede llamar por teléfono.
   a. estación   b. locutorio
5. Forma de pagar poco a poco un producto o servicio.
   a. a plazos   b. al contado
6. Vender y llevar productos del propio país a otros lugares.
   a. importación   b. exportación
7. Aquí se venden productos relacionados con la salud.
   a. droguería   b. farmacia

14 En cada frase hay una palabra *equivocada*. Sustitúyela por la palabra correcta.

a. Los sellos los compro en *el cibercafé*. (...............................)
b. La farmacia es un lugar donde podemos encontrar *ropa*. (...............................)
c. Un hilo es una cosa con la que podemos *escribir*. (...............................)
d. Los líquidos se pesan en *kilos*. (...............................)
e. En un *chiste* leemos las noticias diarias. Se compra en el quiosco. (...............................)
f. La cerveza se vende en botellas y *bolsas*. (...............................)
g. Este teléfono cuesta 272,50 € (doscientos setenta y dos euros y cincuenta *centavos*). (...............................)

94   Léxico - Especial DELE B1 Curso completo

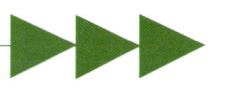

15 **¿Qué haces en estas situaciones? Explícalo.**

> Has comprado un ordenador, pero cuando intentas ponerlo en funcionamiento, ves que no es el modelo que pediste.

> Has hecho la compra por Internet. Una de las cosas que has comprado ha sido tomates. Cuando abres la bolsa, ves que no están buenos.

> Te han cobrado 3 € de más en el súper, pero no te das cuenta hasta el día siguiente.

16 **Da tu opinión sobre estas cuestiones relacionadas con las compras por Internet.**

- ¿Haces la compra por Internet? ¿Por qué?
- ¿La calidad de los productos es la misma cuando compras por Internet que cuando lo haces en la tienda?
- ¿Y compras otras cosas a través de Internet? ¿Cuáles?
- ¿Hay alguna cosa que no puedes comprar por Internet y te gustaría poder hacerlo?
- ¿Crees que es seguro comprar por Internet?
- Y las devoluciones, ¿son igual de fáciles?

17 **Lee y ordena los párrafos del artículo sobre el consumo de los españoles y busca sinónimos de las palabras en negrita que aparecen en el texto.**

LA CESTA DE LA COMPRA DE LOS ESPAÑOLES:
¿una de las más baratas de Europa?

☐ La **cesta de la compra** en España es una de las más **baratas** de la UE y la más barata de la Europa occidental (excepto la de Portugal). Llenar la nevera en nuestro país

☐ Para terminar, hay que indicar que el lugar preferido para hacer la compra es el **supermercado**, por delante de **hipermercados** y **comercio tradicional**. Sin embargo, Internet registra la **subida** más fuerte por delante de los supermercados.

☐ **cuesta menos dinero** que la de algunos de nuestros **vecinos** como Grecia, país con salarios de media más bajos que los españoles. Según los datos de Eurostat, esa competitividad se debe a que en España hay hasta tres veces más establecimientos donde comprar **alimentos**

☐ Otros alimentos cuyo consumo ha bajado también son el pan, los tomates y los **cítricos**, mientras que en **pleno** auge se encuentran el arroz, las pastas y los platos preparados (6,1 %).

☐ Por otro lado, según datos del Ministerio de Agricultura y Pesca, Alimentación y Medio Ambiente los **productos** que más se han dejado de comprar son aceites (la compra de aceite de oliva cae un 11,1 %) y hortalizas,

☐ y bebidas que en la media de la Unión Europea. Es más, por cada 1000 **habitantes** en España hay una media de 3,4 **establecimientos** en los que llenar la **nevera** frente a los 2,6 que hay, de media, en el resto de Europa.

☐ mientras que **aumenta** la adquisición de productos como huevos o agua embotellada. Respecto a la carne, el consumo de la fresca **desciende** y aumenta el consumo de congelada. Respecto al pescado, su consumo cae en general.

18 **Ahora, responde a las preguntas.**

- En el artículo dan una razón por la que esto ocurre, pero ¿qué otras causas crees que existen para que la compra sea más barata en España?
- ¿Qué opinas sobre los precios de la comida en España?
- ¿Qué productos de alimentación te llevarías a tu país? ¿Por qué?
- ¿Crees que, realmente, en España es la alimentación más barata que en otros países?
- ¿Son los productos de la cesta de la compra española de peor calidad que en otros países?
- ¿Cómo son los mercados/tiendas de alimentación en tu país?

examen 4 Léxico

Bancos, economía y empresa

1 Completa la información con el nombre o el verbo que falta.

NOMBRE	VERBO
producción	
	importar
envío	
	comprar
	organizar
inversor	
	contratar

NOMBRE	VERBO
	fabricar
transporte	
construcción	
	vender
comercio	
	emplear
seguro	

2 ¿Cuál de estas actividades no se realizan o no son habituales en un banco? Explica qué significan.

a. abrir una cuenta
b. sacar/meter dinero
c. usar el cajero automático
d. solicitar una hipoteca
e. usar la tarjeta de débito
f. pedir un préstamo
g. cambiar euros por dólares
h. utilizar una tarjeta prepago
i. pagar los impuestos
j. pedir una tarjeta de crédito
k. descargar libros
l. llevar suelto

3 Lee las frases y selecciona la opción correcta.

a. Meter o poner dinero en tu cuenta del banco es hacer un *efectivo/ingreso*.
b. Pagar un producto o servicio con monedas y billetes es pagar en *extracto/efectivo*.
c. Cuando envías dinero desde tu cuenta a otra, estás haciendo una *cancelación/transferencia*.
d. Si te roban la tarjeta o la pierdes, llamas al banco para pedir su *transferencia/cancelación*.
e. La información sobre los movimientos de tu cuenta que recibes del banco se llama *efectivo/extracto*.

4 Relaciona y ordena los diálogos de estas dos conversaciones telefónicas.

A

EMPLEADO DE LA EMPRESA
1. ¿Quiere dejarle un mensaje?
2. Un momento. ¿De parte de quién?
3. Buenos días. Promotora Sdaqua, ¿qué desea?
4. A partir de las 12.
5. Lo siento, Sr. Antúnez, está reunido.
6. Perfecto. Hasta luego.

PERSONA QUE LLAMA A LA EMPRESA
a. ¿Podría hablar con D. Ignacio López, por favor?
b. ¿Y cuándo podría hablar con él?
c. Me llamo Adolfo Antúnez. Llamo de Seguros Lavida.
d. Sí, gracias. Dígale que los contratos están listos.
e. ¡Ah! De acuerdo. Le llamaré a las 12:30.
f. Adiós. Muchas gracias.

B

EMPLEADO DEL BANCO
1. Perdone por la espera. El Sr. Sánchez está hablando por la otra línea. ¿Quiere dejarme su número de teléfono?
2. ¡Buenos días! Banco Ahorro, dígame.
3. En unos diez minutos.
4. Un momento.
5. Muy bien. Tomo nota.

PERSONA QUE LLAMA AL BANCO
a. Bien. Gracias.
b. Gracias. ¿Sabe cuándo me llamará? Es que tengo un poco de prisa.
c. Buenos días. Llamaba para hablar con el director de la sucursal. He visto que me ha llamado varias veces.
d. Sí, es el 635674966.
e. Estupendo. Muchas gracias. Espero la llamada.

Especial DELE B1 Curso completo

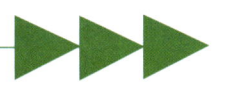

5 ¿Conoces estas expresiones? Explica qué significan.

a. descolgar/colgar el teléfono
b. comunicar
c. estar fuera de cobertura
d. volver a llamar

6 Escribe frases con estas palabras. Haz los cambios necesarios.

a. agricultura/economía
b. laboratorio/investigar
c. materia prima/pesca
d. energía/ahorrar
e. ganadería/cerdos

7 Busca los contrarios de estos términos en el diccionario.

a. pobreza ....
b. gastar ....
c. aumentar ....
d. pagar ....
e. vender ....
f. ahorro ....

8 Relaciona y completa las frases.

a. Los trabajadores de la empresa…
b. He visto en el periódico…
c. Los hábitos de consumo en España…
d. El poder adquisitivo…
e. La actividad de la compañía…

1. un puesto de trabajo que me interesa.
2. varía según las comunidades autónomas.
3. han convocado una huelga.
4. se encuentra al cien por cien.
5. han cambiado en los últimos años.

9 ¿Por qué crees que han triunfado? Lee los textos y argumenta.

Coca-Cola
Al comienzo la Coca-Cola era solo un producto que se vendía en farmacias, se vendía muy poco; de hecho, durante su primer año en el mercado la empresa Coca-Cola vendió solo cuatrocientas botellas.

KFC
Todos seguramente conocen la cadena KFC, un estilo McDonald's, pero de pollo. Pues Harland David Sanders, el famoso *coronel* de la marca KFC, no conseguía vender pollo de esta forma. Muchísimos restaurantes lo rechazaron.

El teléfono
En el momento en que Graham Bell inventó el teléfono, aproximadamente en 1876, consiguió mostrar su invento a Rutherford Hayes, el presidente de los Estados Unidos. Según cuentan, este dijo: «Qué invento más sorprendente, pero… ¿a quién se le va a ocurrir tener uno?».

La bombilla
A Thomas A. Edison, mientras estudiaba, un profesor le comentó que era muy estúpido para aprender alguna cosa. Sin embargo, Edison se hizo famoso, entre otras cosas, por un invento revolucionario: la bombilla (¡aunque antes de encontrar la que realmente funcionaba tuviese que hacer 1000 bombillas diferentes!).

> Pues creo que la Coca-Cola triunfó porque…

10 Lee sobre las diferencias culturales entre un empresario japonés y uno español. ¿Por qué se han producido los malentendidos? ¿Cómo se comportaría alguien de tu país?

- Kazuo llega a la reunión diez minutos antes. Pedro llega 10 minutos tarde porque había tráfico.
- Kazuo y Pedro se saludan. Pedro da la mano a Kazuo.
- Kazuo y Pedro se intercambian las tarjetas de presentación. Kazuo lo hace con ambas manos y el texto hacia Pedro, para que pueda leerlo. Pedro se la guarda en el bolsillo. Kazuo la mantiene sobre la mesa.
- Kazuo ha llevado un regalo a Pedro, que este abre inmediatamente.

Léxico - Especial DELE B1 Curso completo

examen 4 Gramática

1 Completa estas frases seleccionando la opción correcta. — SERIE 1

1. En invierno, Fernando siempre ___ con pijama.
   a. dorme   b. duerme   c. durme
2. Las zapatillas de deporte no me ___. Necesito un número más.
   a. queda bien   b. quedan bien   c. quedan buenas
3. Este vestido de noche está de oferta. Si no le convence, ___ quince días para cambiarlo.
   a. tiene   b. tenía   c. tienes
4. Los clientes subieron a pie porque las escaleras mecánicas ___ estropeadas.
   a. estuvieron   b. estaban   c. habían estado
5. Si estoy cansada, no ___. Prefiero descansar un poco o tomar un café.
   a. conduzo   b. conduzco   c. conduco
6. En 2016 la exportación de aceite de oliva español ___ un 88 % respecto al año anterior.
   a. aumentó   b. ha aumentado   c. había aumentado
7. El supermercado ___ un aparcamiento de cuatro plantas.
   a. construó   b. construió   c. construyó
8. Buenos días. ___ a hablar con el director sobre mi hipoteca. Tengo cita a las diez.
   a. Vendría   b. Vendré   c. Venía
9. ___ por Internet estos zapatos. ¿Te gustan? Voy a probármelos.
   a. Compré   b. Compraba   c. Compro
10. Mis abuelos ___ dinero de su cuenta cada quince días. En esos años no había tarjetas de crédito.
    a. han sacado   b. sacarían   c. sacaban
11. Los precios de los muebles ___ un 10 % el mes pasado.
    a. disminueron   b. disminuieron   c. disminuyeron
12. Cuando ___ que los precios ___, compré el vestido de noche inmediatamente.
    a. supe… habían bajado   b. sabía… bajaban   c. había sabido… bajaron

2 Completa estas frases seleccionando la opción correcta. — SERIE 2

1. Ayer compré unos zapatos chulísimos. ___ que pagar con tarjeta porque no ___ suelto.
   a. Tuve… llevaba   b. Tuve… he llevado   c. Tenía… he llevado
2. De joven, Lucas ___ cuatro años de voluntario en países del tercer mundo.
   a. trabajaba   b. trabajó   c. ha trabajado
3. Cuando éramos niños, mi abuela nos ___ una cuenta a mi hermano y a mí.
   a. había abierto   b. abría   c. abrió
4. –¡Qué bonita la minifalda de rayas! ¿La compro?/–Sí, ___ bonita, pero a mí no me gusta.
   a. ha sido   b. será   c. sería
5. Mi hijo me ___ los pantalones porque le ___ largos. Se me da bien coser y se los arreglaré.
   a. trajeron… queda   b. trayó… quedan   c. trajo… quedan
6. Los catálogos de la ropa de otoño-invierno ___ el próximo mes.
   a. salieron   b. salirán   c. saldrán
7. ___ el microondas en efectivo porque ___ mucho los intereses desde el año pasado.
   a. He pagado… subirán   b. Pagué… han subido   c. He pagado… subieron
8. Cuando llegué a la panadería, ya no ___ barras integrales.
   a. había   b. hay   c. hubo
9. Dentro de tres meses ___ los intereses, así que ___ comprarlo ahora.
   a. subirían… deberás   b. subieron… debes   c. subirán… deberías
10. No sé en qué tienda ___ de oferta la ropa de invierno: vamos a las dos y comparamos precios, ¿vale?
    a. estuvo   b. ha estado   c. estará
11. Pepe está parado desde que la compañía ___ sus fábricas en España a principios de 2010.
    a. cerró   b. ha cerrado   c. está cerrando
12. Si antes de fin de mes ___ una cuenta en ese banco, te regalan un robot de cocina.
    a. abres   b. abrirás   c. abre

3 Completa estas frases seleccionando la opción correcta.

SERIE 3

1. El sábado ___ cien euros de la cuenta para la semana que viene y ya he gastado sesenta.
   a. sacó b. sacé c. saqué
2. El empleado ___ un descuento al cliente porque ___ vender rápidamente el producto.
   a. hacía… quiso b. ha hecho… quería c. hizo… ha querido
3. Yo ___ el trozo de tarta: ___ malo y tiene un color raro.
   a. tiré… está b. tiro… estaba c. tiraría… está
4. Después de la campaña publicitaria, el centro comercial ___ sus puertas al público.
   a. ha reabierto b. ha reabrido c. ha rebierto
5. Tengo una duda sobre el pago de impuestos. ¿___ hablar con el economista de la compañía?
   a. Pueda b. Podría c. Pude
6. En su charla, Luis ___ un fragmento de su tesis sobre la pobreza y la riqueza en el tercer mundo.
   a. leyó b. leió c. lejó
7. –La blusa de seda ha bajado de precio./–No sé, ___ de oferta.
   a. estará b. está c. estaba
8. Jorge, yo ___ que siempre compras cosas que no necesitas. Por eso no tienes dinero.
   a. digo b. diré c. diría
9. He devuelto los zapatos planos: me ___ muy estrechos.
   a. quedaron b. quedarían c. quedaban
10. Cuando ___ por las escaleras mecánicas, ___ inmediatamente a la sección de congelados.
    a. subía… fue b. subió… fue c. subía… había ido
11. Últimamente ___ los intereses de las hipotecas. ¡Es terrible!
    a. han subido b. suben c. subían
12. Cuando ___ de la tienda, ___ un vestido de oferta.
    a. he salido… vi b. salía… veía c. salía… vi

4 Completa estas frases seleccionando la opción correcta.

SERIE 4

1. He tirado a la basura las lonchas de jamón. ___ caducadas.
   a. Han estado b. Estaban c. Estuvieron
2. ___ ir y probarte los zapatos de tacón. ¿Te acompaño?
   a. Debiste b. Deberías c. Has debido
3. ___ mucho humo en la tienda, así que ___ las salidas de emergencia.
   a. Había… abrieron b. Hubo… abrieron c. Había… abrían
4. –¿Y mi blusa de cuadros?/–No estoy segura. ___ en el armario.
   a. Está b. Están c. Estará
5. ___ en metálico porque ___ la tarjeta en casa.
   a. Pagué… olvidaba b. Pagué… había olvidado c. Había pagado… olvidé
6. La fabricación de videojuegos ___ en los últimos meses.
   a. disminuirá b. disminuiría c. ha disminuido
7. El empleado aseguró que las actuales promociones ___ los mayores descuentos de la ciudad.
   a. tenían b. tuvieron c. habían tenido
8. El móvil no funcionaba bien, así que lo llevamos a la tienda porque ___ en garantía.
   a. estaba b. estuvo c. había estado
9. [Dos amigas entran en una tienda que no conocen] Oye, Pili, ¿___ aquí ropa interior?
   a. tendrán b. tenían c. tienen
10. Vi que el precio de los zapatos no ___ el del folleto, así que pregunté al dependiente.
    a. era b. fue c. había sido
11. Cuando vi el catálogo, ya ___ las rebajas y no había ofertas. ¡Qué pena!
    a. terminaban b. han terminado c. habían terminado
12. Tomó un trozo de pan, se ___ una loncha de jamón y otra de queso y después ___ con la bici.
    a. ponía… ha salido b. puso… salió c. ponía… salió

examen 4 Funciones

1 SERIE 1

Elige la opción correcta y completa el cuadro de funciones con las fórmulas correspondientes a cada una.

1. Es un catálogo ___ sale cada dos meses.
   a. que b. Ø c. lo
2. –¿Quién es el director?/–El hombre ___ lleva el traje de lino.
   a. quien b. cual c. que
3. –¿Cuáles te has comprado?/–Los zapatos de tacón ___ vimos ayer.
   a. que b. los que c. Ø
4. ¿Qué es ___ que más te gusta del nuevo cartel que hemos puesto?
   a. lo b. la c. el
5. –Me gusta el vestido y también la falda./–¿___ te vas a quedar?
   a. Con qué b. Por cuál c. Con cuál
6. ¿Qué es ___ más te gusta de los nuevos folletos?
   a. lo que b. los que c. el que
7. ¿___ estos carros de la compra es el tuyo?
   a. Con qué b. Cuál de c. Qué de
8. –¿Hasta cuándo ___ en la sección de bebidas?/–Hasta mañana.
   a. trabajaste b. trabajas c. has trabajado
9. –¿Desde cuándo ___ ropa por Internet?/–Desde el año pasado.
   a. compraste b. comprabas c. compras
10. ¿___ tiempo llevas trabajando en la construcción?
    a. Cuándo b. Hace c. Cuánto
11. ¿A ___ país exportó la compañía los videojuegos?
    a. cuál b. el c. qué
12. ¿___ dónde puedo comprar un traje de fiesta para la boda?
    a. Dices b. Sabes c. Conoces

Tu listado

a. **Identificar**
   Es una chocolatería que tiene mucho éxito.
   1. ....
   2. ....
   3. ....

b. **Pedir información**
   ¿Qué tal está el marisco ahí?
   4. ....
   5. ....
   6. ....
   7. ....

c. **Tiempo**
   ¿Cuándo lo compraste?
   8. ....
   9. ....
   10. ....

d. **Lugar**
   ¿Dónde está la zapatería?
   11. ....
   12. ....

2 SERIE 2

Elige la opción correcta y completa el cuadro de funciones con las fórmulas correspondientes a cada una.

1. –¿Cómo salimos más rápido?/–___ la salida de emergencia.
   a. A b. Por c. Para
2. –¡Cuántos yogures llevas!/–Vengo ___ los lácteos: hay ofertas.
   a. de b. a c. con
3. –Pedimos el catálogo urgente y llegó dos semanas ___. ¡Es intolerable!
   a. durante b. al final c. después
4. –¿Cuándo empezará la huelga?/–Cuando ___ los sindicatos.
   a. deciden b. decidirán c. decidan
5. Alberto terminará la carrera antes de ___ a Estados Unidos.
   a. vaya b. ir c. irá
6. –¿Cuándo abriste tu primera cuenta?/–Cuando ___ a trabajar.
   a. empecé b. empiece c. empezar
7. –¿Cuándo viste al vecino?/–___ bajar al aparcamiento.
   a. Cuando b. Al c. En
8. Mi madre compraba en esa tienda hasta que ___ los precios.
   a. subieron b. subir c. suben
9. El vendedor disminuirá el precio ___ diez días, en las rebajas.
   a. hasta b. después c. dentro de
10. No voy ___ a meter dinero en esa cuenta ___. Dan poco interés.
    a. más… nunca b. nunca… más c. Ø… nunca más
11. –¿Debo pagar en metálico?/–Como ___.
    a. quiera b. quiere c. querrá
12. He organizado la exhibición de nuestros productos como me ___.
    a. digas b. dijiste c. dices

Tu listado

e. **Dar información del lugar**
   Te espero donde siempre.
   1. ....
   2. ....

f. **Dar información del tiempo**
   Iré al supermercado temprano.
   3. ....
   4. ....
   5. ....
   6. ....
   7. ....
   8. ....
   9. ....
   10. ....

g. **Dar información del modo**
   Lo devolvió rápidamente.
   11. ....
   12. ....

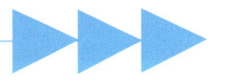

3 SERIE 3
Elige la opción correcta y completa el cuadro de funciones con las fórmulas correspondientes a cada una.

1. –¿Tienen ropa de baño de mi talla?/–Sí, creo que tengo ___ para usted.
   a. algo   b. alguno   c. alguien
2. Deberías ir a esa peluquería para que te ___ bien el pelo.
   a. corten   b. cortarán   c. cortar
3. ___ la ropa interior no era de algodón, la devolví.
   a. Cuando   b. Como   c. Porque
4. Ayer los autobuses llegaron con retraso ___ la huelga.
   a. de   b. por   c. desde
5. –El jersey es liso./–No, no es liso, ___ de rayas.
   a. si no   b. pero   c. sino
6. –No te debo dinero./–___ me debes dinero.
   a. Si que   b. Sí que   c. Sí lo
7. –Creo que el jamón está malo./–___. Caducó hace dos meses.
   a. Es malo   b. Es caducado   c. Es evidente
8. ¿Podrías decirme ___ en la agencia puedo pagar con cheque?
   a. que   b. si   c. dónde
9. ___ saber ___ puedo sacar dinero de esta cuenta.
   a. Quería… si   b. Tengo… que   c. Debo… que
10. ¿___ seguro ___ que debo pagar los impuestos antes de junio?
    a. Eres… en   b. Estás… Ø   c. Estás… de
11. ¿Seguro ___ es aquí donde abriste la cuenta?
    a. que   b. Ø   c. de
12. –Llevo zapatos de tacón para la fiesta, ¿no?/–___.
    a. Seguro   b. Obvio   c. Claro

Tu listado

h. **Dar información de cantidad, finalidad y causa**
   Andalucía es famosa por su aceite de oliva.
   1. ....
   2. ....
   3. ....
   4. ....

i. **Dar información corrigiendo otra información previa**
   5. ....
   6. ....
   7. ....

j. **Pedir confirmación**
   8. ....
   9. ....
   10. ....
   11. ....
   12. ....

4 Corrección de errores
Identifica y corrige los errores que contienen estas frases. Puede haber entre uno y tres en cada una.

a. Buenos días. Disculpe, ¿podrías me decir dónde es la sección de informática?
b. ¿Qué es la que mejor te gustó de la exhibición de productos de Navarra?
c. ¿A cuáles países pobres mandaban la ayuda el mes pasado?
d. ¿Qué de estos televisores es más años de garantía?
e. Porque no tenía descuento, decidía no comprar el vestido de noche.
f. ¿Qué ha estado aquí? ¿Desde cuánto están todas las bolsas por el suelo?
g. No, esas no están las zapatillas de deporte que compré, pero estas rojas.
h. Tú decides, pero yo diré que si pagues en metálico, controles más tus gastos.
i. El vendedor quien le hizo el descuento se iba hace tres horas.
j. –¿Seguro de que allí vendan ropa de deporte?/–Claro. Está evidente.

5 Uso de preposiciones
Tacha la opción incorrecta en estas frases.

a. Yo compro *por/a* Internet, para mí es más cómodo.
b. ¿*A/De* quién son esas zapatillas de deporte? Son muy parecidas a las mías.
c. Disculpe, ¿dónde está la ropa *por/de* verano?
d. ¿*Para/A* qué agencia de viajes fuisteis?
e. ¿*En/A* qué planta puedo encontrar la sección de ropa interior?
f. ¿Cuál *en/de* los vestidos de novia te gusta más?
g. Es una ONG que ayuda a los países *con/en* vías de desarrollo.
h. ¿*De/A* quién pediste información sobre la hipoteca?
i. ¿*Para/Por* dónde vamos al aparcamiento? ¿Derecha o izquierda?
j. ¿Estás segura *de/Ø* que dejamos el coche en la segunda planta del aparcamiento?

modelo de examen 4

PRUEBA 1 — Comprensión de lectura

Tiempo disponible para las 5 tareas. 70 min

TAREA 1

(Ver características y consejos, p. 236)

A continuación va a leer seis textos en los que unas personas necesitan comprar algo y diez anuncios de tiendas. Relacione a las personas, 1-6, con los textos que informan sobre las tiendas, a)-j). Hay tres textos que no debe relacionar.

PREGUNTAS

	PERSONA	TEXTO
0.	ELENA	e)
1.	LUCAS	
2.	LUCÍA	
3.	VICENTE	
4.	MARTA	
5.	GERARDO	
6.	CHARO	

0. ELENA	Hoy mi hija cumple 10 años y ha invitado a todos los amigos de su clase. Tengo que comprar una tarta bien grande.
1. LUCAS	Tengo que cambiar de nevera ya. La que tengo está viejísima y me temo que se va a estropear cualquier día de estos.
2. LUCÍA	He quedado con unas amigas para hacer senderismo el próximo fin de semana. Necesito comprar unas deportivas cómodas. Las que tengo ya están demasiado viejas.
3. VICENTE	Dentro de nada mi novia cumple 25 años y quiero hacerle un regalo especial. Pienso que una pulsera bonita no es una mala opción...
4. MARTA	Mi hermana y su marido se han comprado una casa y me han invitado a comer. Creo que voy a llevar una botella de cava.
5. GERARDO	Es el aniversario de mi abuela y no se me ocurre qué comprarle, así que creo que voy a llevarle unos bombones. A ella le encantan.
6. CHARO	Mi mejor amiga acaba de tener un niño. Esta tarde voy a visitarla a la clínica. Pienso llevarle un bonito ramo.

Especial DELE B1 Curso completo

DE TIENDAS POR NUESTRA CIUDAD

a) **MAGIA DE COLORES.** Magia de Colores acaba de abrir en la calle Cordel de los Navarros. La tienda ofrece una gran variedad de flores y de arreglos florales para todas las ocasiones. Además, sus amables dependientes te informarán del lenguaje de las flores y de cuál es más apropiada para cada ocasión. ¡Dígaselo con flores!

b) **CALZADOS MARTÍNEZ.** La zapatería más famosa de nuestra ciudad celebra su 50 aniversario con unos descuentos espectaculares. Zapatos de hombre, mujer y niño para toda ocasión y con una calidad excelente demostrada a través de los años. Descuentos de hasta el 60 % incluso en zapatos de fiesta.

c) **EL PRÍNCIPE FELIZ.** Especiliazada en juguetes, juegos tradicionales y educativos, videojuegos, complementos, disfraces y todo lo que pueda desear un niño. Además, solo por visitarnos, los niños menores de doce años reciben un regalo sorpresa. Y por compras superiores a 30 euros se participa en el sorteo mensual de una bicicleta.

d) **EL MUNDO DEL CACAO.** Nadie puede negar la maestría de los suizos en el mundo del chocolate. Las especialidades de esta chocolatería son insuperables y son un regalo apropiado para cualquier ocasión. Sus preciosas cajas de cartón y lata, imitando modelos antiguos, se pueden además reutilizar para mil propósitos.

e) **LA SABROSA.** Desde 1888. Nuestros abuelos ya disfrutaron de las especialidades de esta pastelería situada en pleno centro y que abre todos los días de la semana. Sus deliciosos pasteles de crema tienen una merecida fama. También aceptan encargos para ocasiones especiales. Ahora, además, han ampliado el local y ofrecen servicios de cafetería para disfrutar allí mismo de sus especialidades.

f) **OLIVIA OLIVARES.** Ha lanzado su colección otoño-invierno, en la que los colores de la naturaleza se combinan entre sí de un modo elegante y llamativo al mismo tiempo. El traje chaqueta es el protagonista absoluto de esta temporada. Entre los complementos destacan los cinturones de grandes hebillas doradas.

g) **JOYERÍA PLATERÍA LOLA LUNA.** La diseñadora Lola Luna ha lanzado una nueva colección de exclusivas joyas: *Sueños de luna*, que combina plata y piedra de luna en diseños realmente originales y atractivos. Los precios oscilan entre los anillos de 65 € a los conjuntos de collar y pendientes por 1 200 €.

h) **VINOTECA BACO.** Especialistas en bebidas y licores, pone a nuestra disposición una amplia oferta de productos nacionales e internacionales para todos los bolsillos. Sus vendedores, especializados en el mundo de los vinos y licores, le aconsejarán sobre lo más apropiado para cada plato y circunstancia.

i) **TERCER MILENIO.** En sus bien organizadas secciones encontrará todo lo que busque: clásicos, niños, actualidad, libros en otros idiomas. Muy interesante también es la oferta en versión digital. Y con la tarjeta de comprador frecuente, puede obtener interesantes descuentos.

j) **LA CASA DEL FUTURO.** La más famosa cadena de tiendas de electrodomésticos ha inaugurado una tienda en nuestra ciudad. La oferta de todo tipo de aparatos para el hogar es realmente impresionante, así como las condiciones de pago que ofrecen. Además, con el programa «casas siglo XXI» hacen descuentos especiales en la compra de electrodomésticos de la gama ahorro energético.

TAREA 2

(Ver características y consejos, p. 238)

A continuación hay un texto sobre las ventajas e inconvenientes de la banca on-line. Después de leerlo, elija la respuesta correcta, a), b) o c), para las preguntas, 7-12.

VENTAJAS Y DESVENTAJAS DE LA BANCA *ON-LINE*

Casi once millones de españoles realizan ya operaciones bancarias por Internet, 4 % más que hace un año.

En los últimos cinco años, la banca *on-line* ha registrado un crecimiento aproximado del 80 % en nuestro país aunque su implantación en España sigue por detrás del resto de la Unión Europea, ya que aún muchos españoles no se sienten cómodos haciendo sus transacciones bancarias por Internet. Hay quienes se niegan a efectuar sus operaciones bancarias ya no solo a través de Internet, sino con bancos que no cuentan con oficinas físicas. La inseguridad que genera la red y perder «el contacto humano» hacen que muchos clientes de la banca tradicional se cuestionen dar el salto a la banca *on-line*.

Sin embargo, las ventajas de operar en la red superan con creces a sus inconvenientes. Al ahorro de tiempo –como es el de desplazarnos al banco– se une la posibilidad de disponer de un servicio veinticuatro horas al día, siete días de la semana. A ello se une el ahorro de costes que supone la banca *on-line* para la entidad financiera como supone el gasto en oficinas físicas y en empleados, ahorro que este tipo de banca transforma en mejores precios en los productos que ofrece al cliente. Sin olvidarse de que los bancos *on-line* no suelen cobrar comisiones ni de mantenimiento ni de administración para sus productos como cuentas corrientes y las transacciones por Internet son gratuitas hasta un máximo de 50 000 euros. Por lo general, además, los diferenciales de las hipotecas de los bancos que operan *on-line* suelen ser también más bajos que los que ofrecen los tradicionales aunque, en los últimos meses, esta tendencia está cambiando y cada vez se acercan más.

Otra ventaja de la banca electrónica es su mayor información y transparencia. Contratar los productos bancarios por Internet hace que el cliente conozca perfectamente las condiciones de los mismos, ya que los bancos tienen obligación de publicarlos en la web.

La seguridad de operar con cuentas bancarias *on-line* continúa siendo otro de los puntos que más afecta a los usuarios. Esta ha mejorado muchísimo con los años y en la actualidad cada entidad financiera adopta alguna medida *anti-phising* para evitar que se *hackeen* las cuentas bancarias. Entre ellas, los teclados virtuales, las tarjetas de coordenadas que se le entregan en mano al titular de la cuenta, el DNI electrónico o las claves únicas enviadas por SMS.

Otro simple hábito que puede mejorar la seguridad del servicio de banca electrónica es teclear la dirección web del banco. De este modo se evita que alguien pueda suplantar la página original y robar las claves de los usuarios utilizando una dirección similar. Evidentemente se aconseja no realizar ninguna operación de banca electrónica en equipos públicos.

Adaptado de www.elconfidencial.com

COMPRAS Y BANCOS
Comprensión de lectura

PREGUNTAS

7. Según el texto, el uso de la banca *on-line*:
   a) No acaba de ser aceptado por muchos españoles.
   b) Es superior en España que en otros países europeos.
   c) Ha disminuido en España en el último año.

8. Según el texto, algunos continúan usando la banca tradicional:
   a) Aunque la consideran más insegura.
   b) Porque prefieren tratar con personas.
   c) Pero a través de Internet.

9. En el texto se afirma que las ventajas de la banca *on-line*:
   a) Son menores que los inconvenientes.
   b) Se limitan a mejores horarios.
   c) Son tanto para clientes como para bancos.

10. En el texto se afirma que en las cuentas *on-line*:
    a) Hay algunas operaciones que no conllevan coste alguno.
    b) Las operaciones tienen la misma comisión que las tradicionales.
    c) Solo se puede tener hasta un máximo de 50 000 euros.

11. El texto afirma que la seguridad de la banca *on-line*:
    a) Es un asunto que ya no preocupa a los usuarios.
    b) Sigue siendo muy insuficiente.
    c) La resuelve cada banco con diferentes sistemas.

12. El texto aconseja como medida de seguridad:
    a) No utilizar ordenadores que no sean privados.
    b) No tener direcciones parecidas.
    c) Buscar en Internet la dirección del banco.

Especial DELE B1 Curso completo

TAREA 3

(Ver características y consejos, p. 239)

A continuación va a leer tres textos en los que tres personas hablan sobre su economía. Después, relacione las preguntas, 13-18, con los textos, a), b) o c).

PREGUNTAS

		a) Aurora	b) Pedro	c) Cristina
13.	¿Quién está estudiando todavía?			
14.	¿A quién le cuesta llegar a fin de mes?			
15.	¿A qué persona le gustaría vivir sola?			
16.	¿A quién han tenido que dejarle dinero?			
17.	¿Quién planea un viaje al extranjero?			
18.	¿Qué persona no gasta mucho?			

a) Aurora

Vivo con mis padres y, aunque trabajo, mi sueldo no me da como para alquilar un apartamento y mucho menos comprarlo. Y tampoco tengo posibilidades de pedir un crédito. La verdad es que a veces echo de menos más libertad, pero entre compartir una casa con desconocidos, que era la otra opción, y mi familia, pues prefiero seguir viviendo en casa de mis padres. Esto, además, me da la oportunidad para economizar un poco. Soy muy cuidadosa con mi dinero, solo compro lo que necesito, casi nunca como fuera, una caña de vez en cuando con los amigos…

b) Pedro

Yo, desde el punto de vista económico, todavía dependo completamente de mis padres porque aún me quedan un par de años para acabar la carrera. Afortunadamente, mis padres están bien económicamente y son muy generosos, la verdad. De cualquier modo, me gustaría encontrar algún trabajo compatible con mis horarios para tener un poco de independencia económica y sentir que ayudo con mis gastos. ¡Es que los libros son tan caros! Bueno, y es que salgo mucho, todos los fines de semana… Además, mis amigos y yo estamos pensando en ir de vacaciones a Portugal el próximo verano. Hemos mirado los precios del avión y de hoteles y va a ser bastante dinero.

c) Cristina

Pues yo, la verdad, es que tengo que aprender a controlar mis gastos. No tengo un mal sueldo y vivo sola, pero el otro día intenté pagar con la tarjeta y no había saldo en mi cuenta. ¡Y era solo 25 del mes! Tuve que pedir prestado a mi hermana y lo malo es que no es la primera vez que pasa. Creo que mi problema es que me encanta comprar. En mi trabajo, además, tengo que ir bien vestida y raro es el mes que no gasto unos cientos de euros en ropa y zapatos. También salgo mucho con mis amigos y vamos a sitios caros. Mi hermana es todo lo contrario que yo. Creo que tengo que aprender de ella.

Especial DELE B1 Curso completo

COMPRAS Y BANCOS
Comprensión de lectura

TAREA 4

(Ver características y consejos, p. 240)

A continuación va a leer un texto del que se han extraído seis fragmentos. Después, lea los ocho fragmentos, a)-h), y decida en qué lugar del texto, 19-24, va cada uno. Hay dos fragmentos que no tiene que elegir.

ENFEMENINO.TV | BELLEZA | MODA | NOVIAS | LUJO | MATERNIDAD | EN FORMA | PAREJA | MUJER DE HOY | PSICO & TESTS | ELLOS

¿CÓMO LLEGAR A FINAL DE MES?

Cada vez es más difícil poder llegar a final de mes. Son muchos los motivos y muchas cosas que se ponen en nuestra contra para poder terminar tranquilos el mes. Por eso, queremos daros algunos consejos y trucos para ahorrar.

Antes que nada, es imprescindible realizar una hoja de gastos con las entradas y salidas. Muchos entendidos en la materia lo aconsejan. **19.** _____.

Gran parte de nuestros ingresos se destina a la alimentación, por eso, antes de ir a la compra, deberemos crear una lista de lo que necesitamos, así compraremos solo y exclusivamente lo necesario.

20. _____. Ahí podemos ver en qué tienda encontraremos cada producto más barato. Otra forma de ahorrar es comprar siempre marcas blancas y productos que estén en oferta.

21. _____. Es mucho mejor pagar en efectivo, y si no nos llega, dejar lo que menos necesitemos en ese momento.

Hay ocasiones en las que nuestro estado físico o de ánimo nos juega malas pasadas y hace que gastemos más. **22.** _____. En esas ocasiones, debería estar prohibido ir a los centros comerciales, las tiendas o los supermercados.

A la hora de ir a comprar ropa hay que tener en cuenta ciertas cosas: comprobar en nuestro armario qué prendas tenemos y cuáles necesitamos. Es muy frecuente ir de tiendas y aparecer en casa con prendas muy similares a las que ya teníamos. ¿Y por qué no hacer un presupuesto?
23. _____. Otra buena idea, cuando queremos renovar nuestro vestuario, es no hacerlo en plena temporada, sino esperar a las rebajas y así aprovechar las ofertas.

Respecto al hogar, lo más importante que tenemos que tener en cuenta es ventilar la casa no más de diez minutos. **24.** _____. También hay que apagar todos los electrodomésticos que podamos y cambiar todas las bombillas de casa por las de bajo consumo. Al final de año notaremos un considerable ahorro en la factura de electricidad.

Espero que estos consejos os sirvan de ayuda y que podáis llegar a final de mes sin morir en el intento.

Adaptado de www.ahorradoras.com

Especial DELE B1 Curso completo

4 COMPRAS Y BANCOS
Comprensión de lectura

FRAGMENTOS

a) Una vez hecha la lista podemos comparar precios en webs especializadas, como Tiendeo.

b) Estos son solo algunos de los consejos que pueden ayudaros a llegar a fin de mes.

c) Como por ejemplo, si vamos a la compra con el estómago vacío, o un día en el que estamos tristes, o cuando acabamos de cobrar y estamos demasiado alegres.

d) Esta es una buena técnica: podemos calcular cuánto nos podemos gastar en ropa al mes y no sobrepasar el límite.

e) Así podremos llevar un total control del dinero que entra en casa y de los gastos que tenemos al mes.

f) De esta manera el aire se renueva suficientemente y ahorramos en gas y luz.

g) Otro punto que hay que tener en cuenta, cuando se trata de hacer la compra, es que muchas veces compramos con la tarjeta y no nos damos cuenta del dineral que gastamos.

h) Por eso hay que tener en cuenta la calefacción. No es necesario tenerla a temperaturas extremadamente bajas ni extremadamente altas.

COMPRAS Y BANCOS
Comprensión de lectura

TAREA 5

(Ver características y consejos, p. 242)

A continuación va a leer un mensaje de correo electrónico. Elija la opción correcta, a), b) o c), para completar los huecos, 25-30.

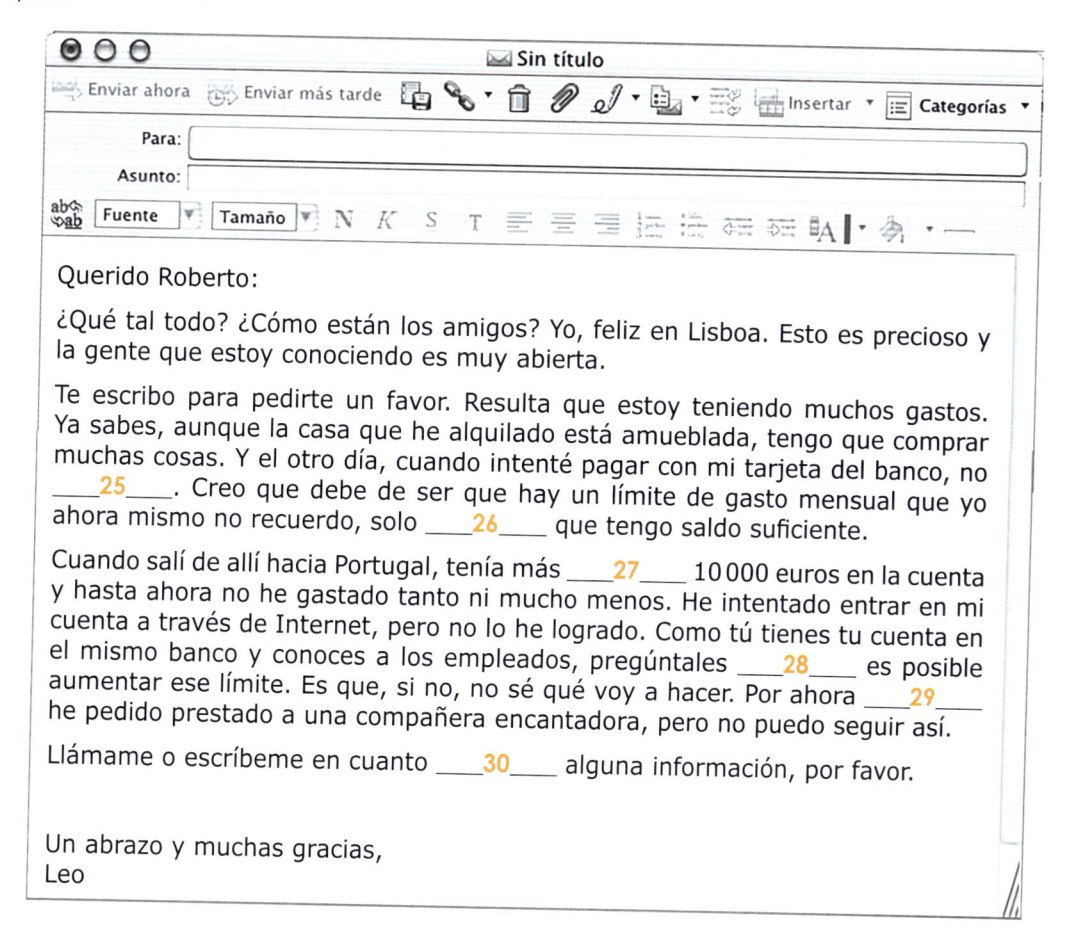

Querido Roberto:

¿Qué tal todo? ¿Cómo están los amigos? Yo, feliz en Lisboa. Esto es precioso y la gente que estoy conociendo es muy abierta.

Te escribo para pedirte un favor. Resulta que estoy teniendo muchos gastos. Ya sabes, aunque la casa que he alquilado está amueblada, tengo que comprar muchas cosas. Y el otro día, cuando intenté pagar con mi tarjeta del banco, no ____25____. Creo que debe de ser que hay un límite de gasto mensual que yo ahora mismo no recuerdo, solo ____26____ que tengo saldo suficiente.

Cuando salí de allí hacia Portugal, tenía más ____27____ 10 000 euros en la cuenta y hasta ahora no he gastado tanto ni mucho menos. He intentado entrar en mi cuenta a través de Internet, pero no lo he logrado. Como tú tienes tu cuenta en el mismo banco y conoces a los empleados, pregúntales ____28____ es posible aumentar ese límite. Es que, si no, no sé qué voy a hacer. Por ahora ____29____ he pedido prestado a una compañera encantadora, pero no puedo seguir así.

Llámame o escríbeme en cuanto ____30____ alguna información, por favor.

Un abrazo y muchas gracias,
Leo

PREGUNTAS

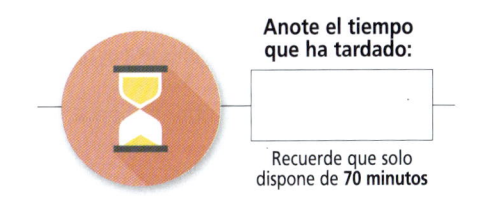

25. **a)** pude   **b)** había podido   **c)** he podido
26. **a)** conozco   **b)** sé   **c)** aprendo
27. **a)** que   **b)** como   **c)** de
28. **a)** que   **b)** si   **c)** lo que
29. **a)** se   **b)** la   **c)** le
30. **a)** tengas   **b)** tienes   **c)** tendrás

modelo de examen 4

PRUEBA 2 — Comprensión auditiva

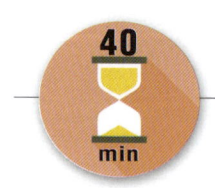

Tiempo disponible para las 5 tareas: 40 min

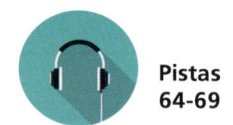

Pistas 64-69

TAREA 1

(Ver características y consejos, p. 243)

A continuación va a escuchar seis mensajes de megafonía de un centro comercial. Oirá cada mensaje dos veces. Después, seleccione la opción correcta, a), b) o c), para cada pregunta, 1-6. Dispone de 30 segundos para leer las preguntas.

PREGUNTAS

Mensaje 1
1. ¿Qué ofrece la Semana del Hogar de Market Place?
   a) Descuentos del 25 % en los electrodomésticos.
   b) Ofertas de productos diferentes diariamente.
   c) Un microondas gratis al comprar una vitrocerámica.

Mensaje 2
2. ¿Qué se comunica a los clientes en este aviso?
   a) Un cambio en los horarios a partir de hoy.
   b) Que el centro cierra dentro de quince minutos.
   c) Que mañana el centro tendrá su horario normal.

Mensaje 3
3. ¿Qué debe hacer quien encuentre al niño?
   a) Llevarlo a la planta de abajo.
   b) Informar a cualquier empleado.
   c) Preguntar por Diego.

Mensaje 4
4. ¿Dónde se puede conseguir la tarjeta Hipermás?
   a) A través de la página web de la tienda.
   b) En el Departamento de Atención al Cliente.
   c) En la caja central del hipermercado.

Mensaje 5
5. ¿Cuál es el objetivo del bazar?
   a) Conseguir dinero para hacer hospitales para niños.
   b) Hacer una recepción a la ministra de Asuntos Sociales.
   c) Exponer artesanía de diferentes países de Centroamérica.

Mensaje 6
6. ¿Qué celebra Blanco y Negro?
   a) Que abre por primera vez al público.
   b) Que ya tiene cien clientes.
   c) Que ha vuelto a abrir su tienda.

COMPRAS Y BANCOS
Comprensión auditiva

Pista 70

TAREA 2

(Ver características y consejos, p. 245)

A continuación va a escuchar un fragmento del programa Adicciones y compulsiones *donde David explica cómo descubrió que su mujer era una compradora compulsiva. Lo oirá dos veces. Después seleccione la opción correcta, a), b) o c), para cada pregunta, 7-12.*
Dispone de 30 segundos para leer las preguntas.

PREGUNTAS

7. David dice que su mujer:
    a) Siempre encontraba una excusa para comprar.
    b) Solo compraba cosas para su propio uso personal.
    c) No le gustaba explicar por qué compraba.

8. En la grabación, David cuenta que:
    a) El problema de su mujer era que no trabaja.
    b) Tenían problemas de dinero.
    c) La situación podía empeorar.

9. Según el audio, quien primero se dio cuenta del problema fue:
    a) Su propia mujer.
    b) Él mismo.
    c) El médico de familia.

10. El audio afirma que el problema de la adicción a las compras:
    a) Afecta en igual medida a hombres y mujeres.
    b) La padecen más las mujeres de cualquier clase social.
    c) Apenas se da en los hombres.

11. En la grabación, David cuenta que decidió:
    a) Consultar con un profesional.
    b) Hablar con un pariente.
    c) Comentarlo con su mujer.

12. David cuenta que su mujer:
    a) Aceptó rápidamente que tenía que ir al psicólogo.
    b) Se negaba a reconocer su problema.
    c) Pidió ayuda a su madre.

Especial DELE B1 Curso completo

COMPRAS Y BANCOS
Comprensión auditiva

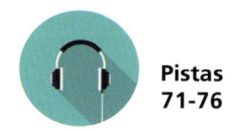

Pistas 71-76

TAREA 3

(Ver características y consejos, p. 246)

A continuación va a escuchar seis noticias de un programa radiofónico mexicano. Lo oirá dos veces. Después, seleccione la respuesta correcta, a), b) o c), para las preguntas, 13-18.
Dispone de 30 segundos para leer las preguntas.

PREGUNTAS

Noticia 1
13. El encuentro de Fomento a las Industrias Culturales y Creativas:
   a) No es la primera vez que se celebra.
   b) Se celebrará cada año a partir de ahora.
   c) Se celebra en diferentes partes del mundo.

Noticia 2
14. Según el Instituto Nacional de Estadística:
   a) Hay menos empleo en la industria que el año pasado.
   b) El sector industrial se mantiene sin cambios.
   c) Aumenta el número de empleos en industrias del Gobierno.

Noticia 3
15. El salario mínimo en México:
   a) Será igual en todo el país.
   b) Ha subido menos que el año pasado.
   c) Es de más de sesenta pesos al mes.

Noticia 4
16. La feria de negocios ExpoPerú México:
   a) Expone productos de diferentes industrias.
   b) Se celebra en Perú.
   c) Costará más de diez millones de dólares.

Noticia 5
17. La cadena de tiendas de autoservicio Walmart:
   a) Solo existe en México.
   b) Va peor en México que en otros lugares de Centroamérica.
   c) Ha abierto dieciséis tiendas en México en lo que va de año.

Noticia 6
18. El precio del huevo en México:
   a) Ha subido mucho últimamente.
   b) Es igual en todo el país.
   c) Ha descendido un 8 %.

COMPRAS Y BANCOS
Comprensión auditiva

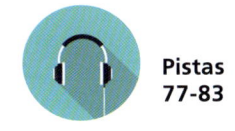

Pistas 77-83

TAREA 4

(Ver características y consejos, p. 247)

A continuación va a escuchar a seis personas contando cómo resuelven sus compras semanales. Oirá a cada persona dos veces. Después, seleccione el enunciado, a)-j), que corresponde al tema del que habla cada persona, 19-24. Hay diez enunciados (incluido el ejemplo), pero debe seleccionar solamente seis.
Dispone de 20 segundos para leer los enunciados.

ENUNCIADOS

a) Va a pie a la compra.
b) Hace una parte de la compra.
c) *No le gusta hacer la compra.*
d) Le traen la compra a casa.
e) En su familia son vegetarianos.
f) Hace una sola compra mensual.
g) Gasta mucho en comida.
h) Hace la compra en pequeños comercios.
i) Encarga sus compras por teléfono.
j) Otra persona hace la compra por ella.

	PERSONA	ENUNCIADO
	Persona 0	c)
19.	Persona 1	
20.	Persona 2	
21.	Persona 3	
22.	Persona 4	
23.	Persona 5	
24.	Persona 6	

Pista 84

TAREA 5

(Ver características y consejos, p. 248)

A continuación va a escuchar una conversación entre dos amigos de trabajo, Carmen y Miguel. Después, decida si los enunciados, 25-30, se refieren a Carmen, a), Miguel, b), o a ninguno de los dos, c).
Dispone de 25 segundos para leer los enunciados.

		a) Carmen	b) Miguel	c) Ninguno de los dos
0.	Va en transporte público a su trabajo.		✓	
25.	Ha cambiado de trabajo.			
26.	Tiene hijos adolescentes.			
27.	Uno de sus hijos está enfermo hoy.			
28.	Tiene familia viviendo en Francia.			
29.	Prefiere pagar en efectivo.			
30.	Acaba de comprarse un electrodoméstico.			

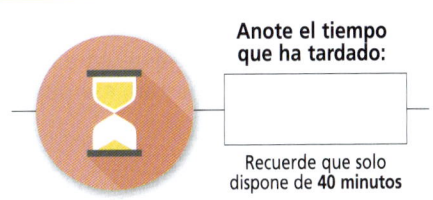

Anote el tiempo que ha tardado:

Recuerde que solo dispone de **40 minutos**

modelo de examen 4

PRUEBA 3 — Expresión e interacción escritas

Tiempo disponible para las 2 tareas: 60 min

TAREA 1

(Ver características y consejos, p. 250)

Usted ha recibido este mensaje electrónico de una amiga.

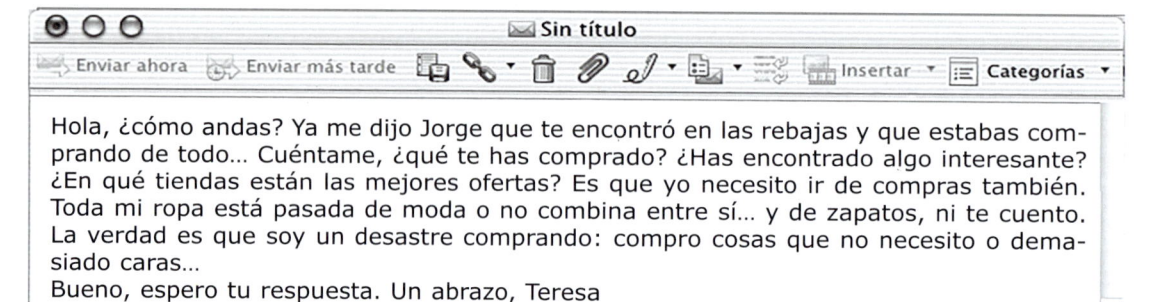

> Hola, ¿cómo andas? Ya me dijo Jorge que te encontró en las rebajas y que estabas comprando de todo... Cuéntame, ¿qué te has comprado? ¿Has encontrado algo interesante? ¿En qué tiendas están las mejores ofertas? Es que yo necesito ir de compras también. Toda mi ropa está pasada de moda o no combina entre sí... y de zapatos, ni te cuento. La verdad es que soy un desastre comprando: compro cosas que no necesito o demasiado caras...
> Bueno, espero tu respuesta. Un abrazo, Teresa

Escriba un correo electrónico a Teresa (entre 100-120 palabras) en el que deberá:
- Saludar.
- Explicar a qué tiendas fue y compararlas entre sí.
- Describir las cosas que se compró.
- Aconsejar a Teresa sobre cómo conseguir las mejores ofertas.
- Ofrecerse a acompañarla.
- Despedirse.

TAREA 2

(Ver características y consejos, p. 251)

Lea la siguiente entrada en su facebook.

> **facebook**
> ha compartido un enlace. Hace aproximadamente una hora
> El otro día empecé a ordenar mis cajones y apareció una pluma que me regaló mi abuelo cuando empecé el bachillerato. A él se la había dado su padre cuando fue a la universidad. ¡Qué recuerdos!

Escriba un comentario (entre 130-150 palabras) en este facebook contando:
- Qué objeto es especial para usted.
- Quién se lo dio o si lo compró usted mismo.
- En qué circunstancias obtuvo este objeto.
- Por qué es importante para usted.
- Qué planes tiene para ese objeto.

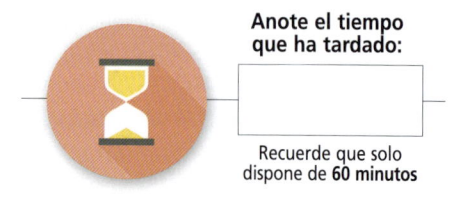

Anote el tiempo que ha tardado:

Recuerde que solo dispone de **60 minutos**

Especial DELE B1 Curso completo

COMPRAS Y BANCOS

Sugerencias para la expresión e interacción orales y escritas

Apuntes de gramática

- Los pronombres personales de OD (*me, te, lo, la, nos, os, los, las*):
  - Siempre van delante del verbo conjugado: *Lo recibí como regalo de cumpleaños.*
  - Cuando van con perífrasis de infinitivo y gerundio, pueden ir delante o detrás: *Voy a guardarlo para siempre.*

- El pronombre de OI (*me, te, le, nos, os, les*):
  - Suele ir delante del OD (cuando se refiere normalmente a la persona): *Me lo regaló en mi décimo cumpleaños.*
  - *Le* y *les* se convierten en *se* cuando van delante de los pronombres de objeto directo *lo, la, los* o *las*: *Se lo regalaré a mi hijo.*

- La comparación:
  - Para comparar las cualidades de dos cosas, usamos: *más/menos* + adjetivo + *que*; *tan* + adjetivo + *como*.
  - Para comparar dos acciones, usamos: verbo + *más/menos que*; verbo + *tanto como*.
  - Cuando comparamos cantidades, usamos: verbo + *más/menos de*.
  - Si comparamos cosas o personas, usamos: *más/menos* + sustantivo + *que*; *tanto/a/os/as* + sustantivo + *como*.

Describir cómo sienta una prenda
- *Este abrigo me/te/le/nos/os/les sienta bien/mal.*
- *Esta falda me/te/le/nos/os/les queda ancha/estrecha/grande/pequeña.*

Aconsejar
- *Te aconsejo que lo compres ya.*
- *Lo mejor es que mires en otro lugar.*
- *Es conveniente que compares precios.*

Hablar de planes e intenciones
- *Pienso ponerlo en la habitación.*
- *Estoy pensando en venderlo en e-Bay.*
- *Mi intención es usarlo cada día.*
- *Tengo la intención de cuidarlo siempre.*

Algunos conectores importantes para ordenar y relacionar las ideas
Oponer ideas:
- *Sin embargo…*
- *En cambio…*
- *Pero…*

Organizar las ideas:
- *En primer lugar, en segundo lugar…*
- *Por un lado… por otro…*
- *Por una parte… por otra…*

Concluir:
- *En conclusión…*
- *En resumen…*

Ofrecer ayudar
- *¿Quieres que te acompañe?*
- *¿Quieres que vaya contigo?*
- *¿Necesitas ayuda/que te ayude?*

Especial DELE B1 Curso completo

modelo de examen 4

PRUEBA 4 — Expresión e interacción orales

15 min — Tiempo disponible para preparar las tareas 1 y 2.

15 min — Tiempo disponible para las 4 tareas.

TAREA 1

(Ver características y consejos, p. 252)

EXPOSICIÓN DE UN TEMA

Tiene que hablar durante 2 o 3 minutos sobre este tema.

Hable de **su estilo de vestir y la ropa con que se siente cómodo.**

Incluya la siguiente información:

Qué tipo de ropa suele usar:
- Si suele vestir de modo diferente los días de diario y los festivos.
- Si le gusta comprar marcas y, si es así, cuáles compra.
- Si compra en rebajas o en temporada.
- Si cree que gasta demasiado en ropa.

No olvide:
- Diferenciar las partes de su exposición: introducción, desarrollo y conclusión.
- Ordenar y relacionar bien las ideas.
- Justificar sus opiniones y sentimientos.

TAREA 2

(Ver características y consejos, p. 253)

CONVERSACIÓN CON EL ENTREVISTADOR

Después de terminar la exposición de la Tarea 1, deberá mantener una conversación con el entrevistador sobre el mismo tema.

Ejemplos de preguntas
- ¿Le importa mucho seguir la moda o cree que tiene un estilo personal?
- ¿Cree que la gente le da demasiada importancia a cómo van vestidos los demás?
- ¿Cómo es el estilo de vestir en su país: informal, clásico, moderno…?
- ¿Es muy cara la ropa en su país?

COMPRAS Y BANCOS
Expresión e interacción orales

TAREA 3

(Ver características y consejos, p. 253)

DESCRIPCIÓN DE UNA FOTO

Observe detenidamente esta foto.

Describa detalladamente (1 o 2 minutos) lo que ve y lo que imagina que está pasando. Puede comentar, entre otros, estos aspectos:
- Quiénes son y qué relación tienen.
- Qué están haciendo.
- Dónde están.
- Qué hay.
- De qué están hablando.

A continuación, el entrevistador le hará unas preguntas (2 o 3 minutos).

Ejemplos de preguntas
- ¿Le gusta ir de compras? ¿Prefiere ir solo o con gente?
- ¿Compra normalmente en rebajas o en temporada?
- ¿Le gusta comprar marcas? ¿Tiene alguna tienda o marca favorita?
- ¿Qué es lo último que se ha comprado?

TAREA 4

(Ver características y consejos, p. 254)

SITUACIÓN SIMULADA

Usted va a conversar con el entrevistador en una situación simulada (2 o 3 minutos).

Usted ha visto en un escaparate una prenda que le gusta mucho y entra en la tienda para comprarla. Imagine que el entrevistador es el dependiente de la tienda, hable con él de los siguientes temas:
- Explíquele qué prenda quiere.
- Diga de qué color, talla... la quiere.
- Pregúntele si se la puede probar y dónde están los probadores.
- Pídale una talla más grande/pequeña, otro color...
- Pregunte el precio y si puede pagar con tarjeta.

Ejemplos de preguntas
- Buenos días. ¿Qué desea?
- ¿De qué talla?
- De esa talla hay negro y azul, ¿qué color prefiere?

examen 5

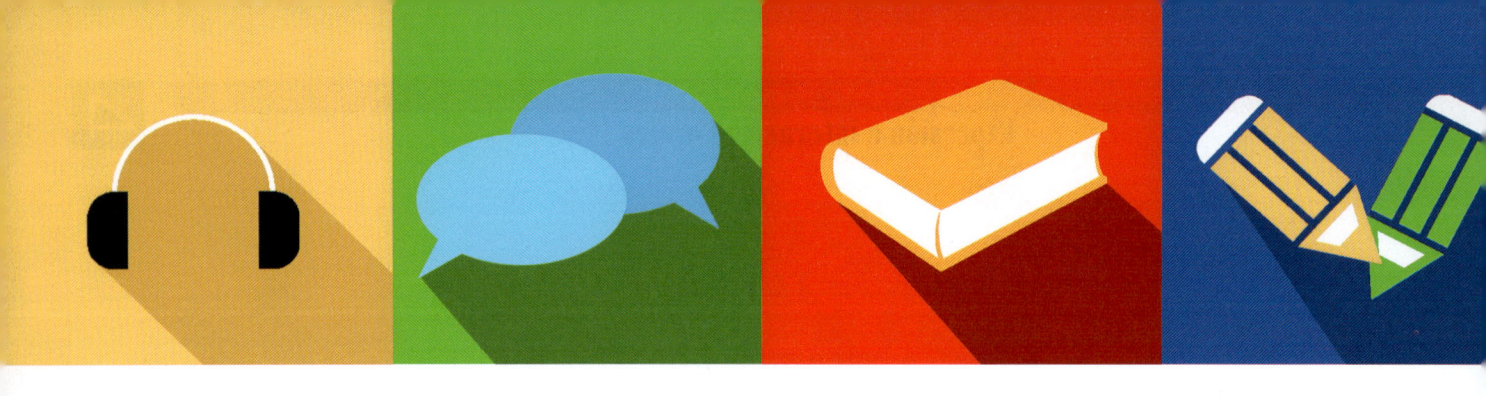

CUERPO Y SALUD

Curso completo

- **Léxico** — Cuerpo, salud y medicinas / Dieta y alimentación
- **Gramática**
- **Funciones**

Modelo de examen 5

vocabulario

FICHA DE AYUDA
Para la expresión e interacción escritas y orales

PROFESIONALES

Cirujano/a (el, la) ....
Enfermero/a (el, la) ....
Ginecólogo/a (el, la) ....
Médico/a de familia (el, la) ....
Pediatra (el, la) ....
Traumatólogo/a (el, la) ....

LUGARES

Centro de salud (el) ....
Clínica (la) ....
Consulta (la) ....
Farmacia de guardia (la) ....
Hospital (el) ....
Sala de operaciones (la) ....
Urgencias (las) ....

PARTES DEL CUERPO

Brazo (el) ....
Codo (el) ....
Corazón (el) ....
Espalda (la) ....
Estómago (el) ....
Garganta (la) ....
Hueso (el) ....
Muela (la) ....
Muñeca (la) ....
Músculo (el) ....
Oído (el) ....
Pecho (el) ....
Pulmón (el) ....
Rodilla (la) ....
Tobillo (el) ....

MEDICINAS

Antibiótico (el) ....
Aspirina (la) ....
Cápsula (la) ....
Comprimido (el) ....
Crema (la) ....
Gotas (las) ....
Inyección (la) ....
Jarabe (el) ....
Pastilla (la) ....
Píldora (la) ....
Pomada (la) ....
Vacuna (la) ....

PROBLEMAS DE SALUD

Acné (el) ....
Alergia (la) ....
Anorexia (la) ....
Bulimia (la) ....
Catarro (el) ....
Fiebre (la) ....
Gripe (la) ....
Obesidad (la) ....
Tos (la) ....

MEDICINA ALTERNATIVA

Acupuntura (la) ....
Aromaterapia (la) ....
Balneario (el) ....
Hierbas medicinales (las) ....
Homeopatía (la) ....
Masaje (el) ....
Terapia (la) ....

VARIOS

Alcohol (el) ....
Algodón (el) ....
Análisis (el) ....
- de orina ....
- de sangre ....
Tirita (la) ....
Termómetro (el) ....

VERBOS

Adelgazar ....
Automedicarse ....
Curar ....
Diagnosticar ....
Estar ....
- agotado ....
- estresado ....
- mareado ....
- resfriado ....
Fallecer ....
Mejorar ....
Operar ....
Ponerse enfermo ....
Prohibir ....
Recomendar ....
Romperse (un hueso) ....
Sentirse bien/mal ....
Tener buena/mala salud ....

Especial DELE B1 Curso completo

examen 5 Léxico
Cuerpo, salud y medicinas

1. Completa las siguientes frases con estas palabras.

dientes • tobillo • cintura • cuello • codo • muñeca • huesos • músculos

a. Ayer fui al dentista. Me dolían mucho los ....
b. Entre el pie y la pierna tenemos el .... y entre la mano y el brazo, la ....
c. El otro día monté en bicicleta después de mucho tiempo. Ahora me duelen los .... y los ....
d. Entre una parte y otra del brazo tenemos el ....

2. Como ves, hay dos palabras que sobran. Escribe una definición para cada una.

a. .... : ....
b. .... : ....

3. Ordena las letras y forma palabras relacionadas con las partes del cuerpo. Después, colócalas en el lugar adecuado.

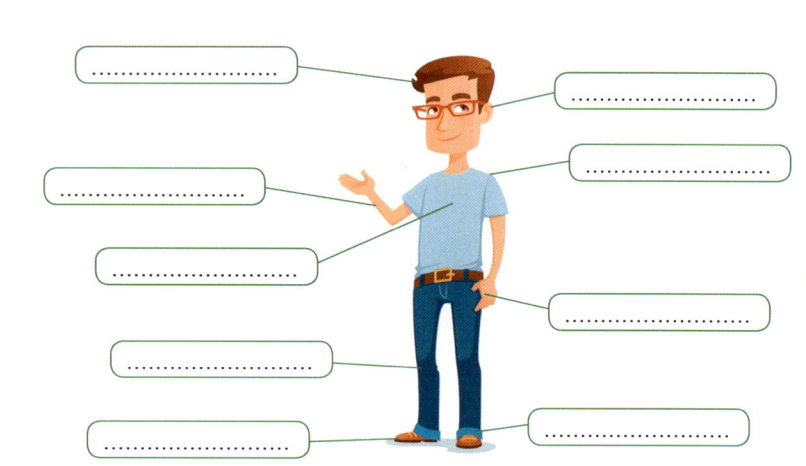

a. joare ....
b. sepi ....
c. bitollo ....
d. bhormo ....
e. zaceba ....
f. zabro ....
g. dillaro ....
h. dodes ....
i. chepo ....

4. El cuerpo por dentro. Relaciona cada órgano con su función y la imagen adecuada.

a. corazón
b. estómago
c. hígado
d. riñones
e. músculos
f. huesos
g. pulmones

1. Aquí va la comida y sirve para digerir los alimentos.
2. Tenemos dos y producen la orina.
3. Tenemos dos y son los responsables de llevar el oxígeno a la sangre.
4. Se componen de fibras que ayudan al cuerpo a moverse.
5. Son muy duros y resistentes y forman el esqueleto.
6. Es de color rojo oscuro y ayuda a hacer la digestión.
7. Es el músculo que envía sangre a todo el cuerpo.

5. Relaciona cada especialista con su definición. Busca en Internet o en un diccionario qué hace el especialista que falta.

a. otorrino
b. cardiólogo
c. pediatra
d. urólogo
e. geriatra
f. dermatólogo

1. Se ocupa de la salud y enfermedades de los niños.
2. Trata las enfermedades de la vejez y de su tratamiento.
3. Se ocupa de las enfermedades de la piel.
4. Trata las enfermedades del oído, nariz y laringe.
5. Trata el corazón, sus funciones y sus enfermedades.
6. ....

Especial DELE B1 Curso completo

6. Completa con el nombre del especialista según las ayudas y el número de letras.

a. El __ __ n __ __ s __ __ se ocupa de la salud de los dientes.
b. Vamos al p __ __ c __ __ __ __ __ cuando estamos nerviosos o deprimidos.
c. Si necesito cambiarme de gafas, voy al __ c __ __ __ __ __ a.
d. El g __ __ __ __ __ l __ __ __ se ocupa del aparato reproductor de la mujer.
e. El __ __ __ __ j __ n __ es quien opera en el quirófano.

7. Observa las imágenes y relaciona cada una con su nombre.

clínica dental • consulta médica • servicio de urgencias • quirófano • centro de salud

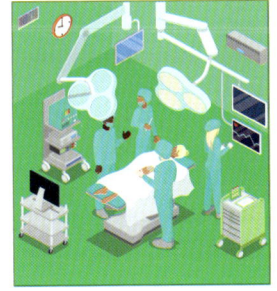

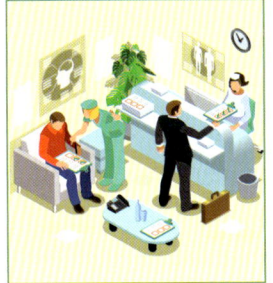

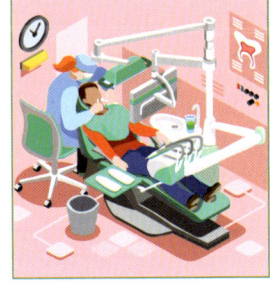

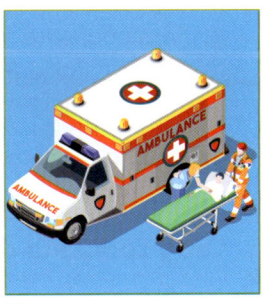

1. .... 2. .... 3. .... 4. .... 5. ....

8. Relaciona las columnas y forma expresiones.

a. dar (de)
b. ingresar
c. pedir
d. hacerse
e. ponerse
f. hacer
g. tener
h. estar

1. alta/baja
2. hora/cita
3. en urgencias/en el hospital
4. enfermo/malo/bien
5. agotado/mareado
6. buena/mala salud
7. régimen/dieta
8. una revisión/un análisis

9. Relaciona las palabras similares.

a. pastilla
b. clínica
c. constipado
d. estrés
e. corte
f. receta

1. hospital
2. herida
3. prescripción
4. fatiga
5. resfriado
6. píldora

10. Escribe debajo de cada imagen la palabra adecuada. ¿Para qué sirven o para qué crees que puedes utilizarlas?

pastillas • algodón • aspirina • jarabe • gotas • termómetro • vacuna • venda • tiritas • agua oxigenada

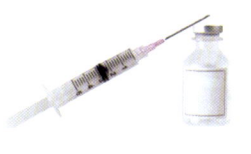

1. .... 2. .... 3. .... 4. .... 5. ....

6. .... 7. .... 8. .... 9. .... 10. ....

examen 5 Léxico

Cuerpo, salud y medicinas

11 Escribe frases con los siguientes términos.

a. tirita/caerse ....
b. tomar el sol/darse crema ....
c. fiebre/termómetro ....
d. diabético/comida sin azúcar ....
e. obesidad/hacer dieta ....
f. alergia/vacunarse ....

12 Selecciona la opción adecuada.

a. Cuando te duele la garganta, vas al *centro de salud/oculista*.
b. Si te ingresan, lo harán en un *quirófano/hospital*.
c. En otoño, para no tener gripe, te ponen una *vacuna/tirita*.
d. Si te rompes la pierna, te hacen una *radiografía/transfusión de sangre*.
e. Cuando te operan, te ponen *anestesia/urgencias*.
f. Los análisis pueden ser de sangre o de *piel/orina*.
g. Para ir al médico, necesitamos *antibióticos/seguro médico*.

13 Lee y completa con las vocales que faltan.

MI EXPERIENCIA

El otro día me d__l__a mucho el __st__m__g__ y no sabía qué hacer. V__m__t__ varias veces y tenía algo de f____br__. Mi amiga me dijo: «Debes ir al m__d__c__ inmediatamente, a lo mejor tienes gr__p__ o un c__t__rr__».

Pero mi vecina, que es muy aficionada a la h__m__ __p__t__ __, me preparó unas h__ __rb__s m__d__c__n__l__s especiales para el catarro y me dio un m__s__j__. Al día siguiente estaba p__rf__ct__m__nt__.

¡Muchas veces la m__d__c__n__ __lt__rn__t__v__ funciona muy bien!

14 ¿Qué les pasa? Observa las fotos y completa con *tener, estar* o *doler*.

a. .... la espalda.
b. .... tos. 
c. .... alergia. 
d. .... constipado. 
e. .... acné. 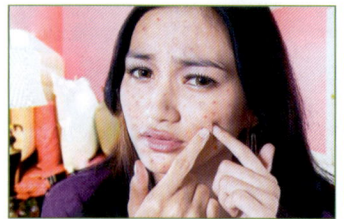
f. .... fiebre. 
g. .... el estómago. 
h. .... embarazada.

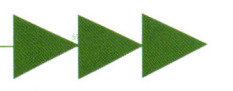

15. Llama al centro de salud y pide cita con tu médico. Escribe un diálogo según estas indicaciones.

centro de salud
1. Saludar indicando el nombre del centro de salud.
2. Pedir los datos personales del paciente (nombre, apellidos y fecha de nacimiento).
3. Decir qué día y horas tiene libre el médico para el que se pide cita.
4. Confirmar el día y la hora de la cita.
5. Despedirse.

tú
1. Saludar.
2. Dar tu nombre y apellido/s.
3. Decir tu fecha de nacimiento.
4. Indicar para qué médico pides cita.
5. Decir cuándo prefieres la cita.
6. Despedirte.

16. Comenta en clase las siguientes cuestiones.

- ¿Vas mucho al médico?, ¿en qué ocasiones?
- ¿Qué haces para tener una buena salud?
- ¿Eres alérgico a algo? ¿Qué haces para sentirte mejor?
- ¿Crees que ahora hay más enfermedades que antes? Justifica tu respuesta.
- ¿Cuándo fue la última vez que fuiste al médico? ¿Para qué? ¿Qué te dijo?
- ¿Qué te parece el sistema de salud de tu país? ¿Qué cambiarías?
- ¿Qué piensas de la medicina alternativa? ¿La usas? En caso afirmativo, ¿en qué ocasiones?
- ¿Tienes una buena o mala salud?

17. Una de las canciones más famosas de Juan Luis Guerra es *La bilirrubina*: ¿sabes qué es? ¿Cómo se dice en tu lengua? Aquí tienes la letra de la canción. Cambia las palabras subrayadas por las de la lista.

cirugía • una fiebre • vitamina • corazón • aspirina • diagnosticaron
enfermería • radiografía • alma • suero • inyéctame

*Oye, me dio un dolor el otro día
por causa de tu amor, cristiana,
que fui a parar al hospital
sin yo tener seguro de cama.*

*Y me inyectaron mermelada de colores,
y me sacaron la placa
y me dijeron que tenía mal de amores
al ver mi cabeza como latía.*

*Y me tocaron hasta el brazo
con rayos X y quirófano
y es que la ciencia no funciona,
solo tus besos, vida mía.*

*Ay, negra, mira, búscate un catéter,
recétame tu amor como insulina
y dame pastillas de cariño,
que me ha subido la bilirrubina...*

*Me sube la bilirrubina,
¡ay!, me sube la bilirrubina,
cuando te miro y no me miras,
¡ay!, cuando te miro y no me miras,*

*y no lo quita la siesta.
¡No! Ni un suero con penicilina,
es un amor que contamina,
¡ay!, me sube la bilirrubina.*

¿Qué enfermedad crees que tiene el cantante? ¿Qué le recetarías?

18. Aquí tienes algunos remedios de la abuela, ¿qué opinas de ellos? ¿Conoces alguno más?

- Si te duele la cabeza, pon hielo encima.
- Si tienes tos, toma una cucharada de miel antes de acostarte.
- Si te duele la garganta, haz gárgaras con agua salada.
- Si te duelen los oídos, échate unas gotas de limón.

examen 5 Léxico — Dieta y alimentación

1 La dieta mediterránea es una de las mejores para estar sano. Observa la pirámide y escribe tres alimentos de cada grupo.

En ocasiones
a. ....
b. ....
c. ....

Consumo moderado
a. ....
b. ....
c. ....

Todos los días
a. ....
b. ....
c. ....

a. ....
b. ....
c. ....

2 Los alimentos se agrupan por características o familias comunes. Clasifica los alimentos del ejercicio anterior en los siguientes grupos.

LÁCTEOS	FRUTAS Y VERDURAS	CARNES Y EMBUTIDOS	PESCADOS Y MARISCOS	CEREALES Y LEGUMBRES

3 Escribe los nombres de estos alimentos. ¿En qué grupo los clasificarías?

1. ....
2. ....
3. ....
4. ....
5. ....
6. ....
7. ....
8. ....
9. ....
10. ....
11. ....
12. ....

Léxico - Especial *DELE B1* Curso completo

Especial DELE B1 Curso completo

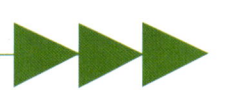

4 Escribe qué alimentos tomas en estas comidas.

a. desayuno
b. comida/almuerzo
c. merienda
d. cena

> De los alimentos que tomas, ¿cuáles coinciden en frecuencia de consumo con la pirámide de la dieta mediterránea y cuáles deberías eliminar?

5 Localiza, en la sopa de letras, palabras relacionadas con la salud y completa. Después, relaciónalas con la alimentación, como en el ejemplo.

```
E S T R É S E Y Y A R U
Z Z Q T A D N Ñ Y Q A C
B L O E O O F T C O R A
O A U H B R E I O X W B
N F Ñ I E M R L R E B E
U M A I S I M B A B U L
K C S D I R E K Z F L L
J R O I D O D E O O I O
S O Q G A W A X N P M Ñ
N W A E D H D T P I I W
O Y E S A J E V T E A R
Q O E T W E S E F L Y U
A N S I E D A D O I K Q
G A O Ó O P J U Z O T C
E I A N O R E X I A Y E
```

a. u ñ a s
b. e _ _ e _ _ _ e _ a _ e _
c. _ o _ a _ ó _
d. _ i _ e _ _ ió _
e. _ ie _
f. o _ e _ i _ a _

g. a _ o _ e _ ia
h. a _ _ ie _ a _
i. e _ _ _ é _
j. _ o _ _ i _
k. _ a _ e _ _ o
l. _ u _ i _ ia

> Si comes adecuadamente, tus uñas crecerán mejor y más fuertes.

6 Lee la diferencia principal entre vegano y vegetariano, escribe el nombre de estos alimentos y marca cuáles de ellos toma un vegano (V) y cuáles un vegetariano (VG).

La principal diferencia entre vegano y vegetariano es que los veganos no consumen productos de origen animal y los vegetarianos no comen carne animal.

1. ....
2. ....
3. ....
4. ....
5. ....
6. ....
7. ....
8. ....
9. ....

7 Ahora, completa estas frases.

a. Un vegano no come ....
b. Una persona que come huevos y pollo es ....
c. *Vegano* y *vegetariano* son términos distintos porque ....
d. Yo soy/no soy vegetariano porque ....
e. Creo que la dieta vegana es ....
f. Los beneficios de ser vegano creo que son ....

Léxico - Especial *DELE B1* Curso completo

examen 5 Léxico — Dieta y alimentación

8. Comenta en clase las siguientes cuestiones.

- ¿Crees que ser vegetariano es una moda o una forma de vivir?
- ¿Cuáles crees que son las desventajas de ser vegetariano?
- ¿Conoces a alguien vegetariano? ¿Tú lo eres? ¿Por qué decidió/decidiste serlo?
- ¿Recomendarías la dieta vegetariana y/o vegana? ¿Por qué sí/no?

9. Lee estos consejos sobre el consumo de algunos alimentos y completa con estos términos.

agua • frutos secos • verduras • vitamina C • calcio • cereales • fibra • integrales • aceite • legumbres

a. Consume .... (nueces, avellanas, cacahuetes, etc.) a diario. Puedes consumirlos solos, en ensaladas, con postres, etc.

b. Toma diferentes .... en cada plato. Cuantos más colores distintos, mejor.

c. Toma alimentos ricos en .... (naranjas, fresas, kiwis...) y comidas ricas en hierro (..........................., frutos secos...).

d. Controla el consumo de vitamina B12 tomando .... en el desayuno, zumo, leche, etc.

e. Toma alimentos .... Son ricos en minerales y vitaminas del grupo B.

f. Basa tu alimentación en cereales y legumbres y no en verduras, pues estas tienen mucha agua y .... que dan sensación de saciedad rápidamente impidiendo ingerir otros alimentos.

g. Utiliza .... de oliva.

h. Bebe un litro y medio de .... al día.

i. Haz ejercicio cada día, pues facilita la fijación de .... en los huesos y mejora el estado general de nuestra salud.

10. ¿Te alimentas correctamente? Realiza este test y comprueba.

1. ¿Cuántas raciones de fruta tomas cada día? (ración = una pieza, un bol de fresas, dos rodajas de melón)
   a. Ninguna
   b. Una o dos
   c. Tres o más

2. ¿Tomas verduras o ensaladas dos veces al día? (como primer plato o con otros platos)
   a. Nunca
   b. A veces
   c. Siempre

3. ¿Cuántas veces a la semana tomas legumbres? (ración = entre 60 y 80 g)
   a. Ninguna
   b. Una
   c. De dos a cuatro (o más)

4. ¿Cuántas veces por semana tomas pescado? (ración = entre 125 y 150 g)
   a. Ninguna
   b. Entre una y dos
   c. Tres o cuatro (o más)

5. ¿Con qué frecuencia consumes dulces, pasteles, etc.?
   a. Más de cuatro veces por semana
   b. Dos o tres veces por semana
   c. A veces

6. ¿Con qué frecuencia consumes comida rápida? (pizza, hamburguesas...)
   a. Más de cuatro veces por semana
   b. Entre dos y tres veces por semana
   c. Ocasionalmente

7. ¿Qué cantidad de agua bebes cada día?
   a. Menos de 0,5 litros
   b. Entre 0,5 y 1,5 litros
   c. Más de 1,5 litros

Suma los puntos: respuestas a = 0 puntos; b = 1 punto; c = 2 puntos. Si tienes 11 puntos o más: ¡Enhorabuena! Tu alimentación es adecuada. Si tienes entre 6 y 10 puntos: Tienes que mejorar algunos aspectos. Si tienes menos de 5 puntos: Tu alimentación es desequilibrada y puede tener consecuencias negativas para tu salud.

Adaptado de http://www.salood.com

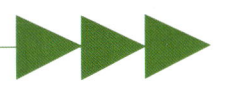

11. Comenta estas cuestiones sobre el test que has realizado.

- ¿Estás de acuerdo con los resultados?
- ¿Te parece que el test es completo? ¿Qué otra pregunta incluirías?
- ¿Qué puedes hacer para mejorar tu alimentación?
- ¿Qué cambios beneficiosos se pueden obtener con una alimentación sana?
- ¿Qué consejos le darías a alguien que no come adecuadamente?
- ¿Eres o conoces a alguien vegetariano? ¿Crees que es una dieta completa? ¿Por qué?
- Además de la dieta, ¿qué otros elementos incluirías para llevar una vida sana?
- Uno de los problemas actuales es la obesidad. ¿Cómo crees que se podría evitar?

12. Antes de leer sobre la dieta mediterránea, responde verdadero (V) o falso (F) según tu opinión. Después, comprueba tus respuestas.

1. La dieta mediterránea tiene las mismas calorías que la comida rápida. V F
2. Los alimentos de la comida rápida se toman más rápido que los de la dieta mediterránea. V F
3. En los platos de *fast food* se toman menos vegetales. V F
4. Cuando sigues siempre la dieta mediterránea, vives más años. V F
5. El nivel de vida de las personas que siguen la dieta mediterránea es más saludable. V F

DIETA MEDITERRÁNEA FRENTE AL *FAST FOOD*

Después de comparar y contrastar la dieta mediterránea con la comida rápida, se ha visto que existen bastantes diferencias, por ejemplo:

- La *fast food* tiene muchas más calorías que la dieta mediterránea.
- En la dieta mediterránea se come más tranquilamente que en la comida rápida.
- Consumir comida rápida durante bastante tiempo provoca antes el envejecimiento y una peor calidad de vida. Sin embargo, tomar habitualmente una dieta mediterránea, alarga la vida y mejora el nivel de vida.

En conclusión, la dieta mediterránea es mejor y más sana, ya que es más saludable; aporta más años de vida a las personas que la consumen porque se toma menos cantidad de carne y, por el contrario, se toman más frutas y verduras. En este tipo de alimentación, los productos son más naturales.

Adaptado de https://alimentacionsasa4cgrupo3.wordpress.com

13. Adivinanzas. Lee las definiciones, ¿sabes qué es?

- Blanca por dentro, verde por fuera. Si quieres que te lo diga, espera.
- Oro parece y plata no es, ¡y no lo adivinas de aquí a un mes!
- ¿Quieres té? ¡Pues toma té! ¿Sabes ya qué fruto es?
- Con tomate y con lechuga, en el plato suelo estar; puedo ser algo picante y a muchos hago llorar.

examen 5 Gramática

1. Completa estas frases seleccionando la opción correcta. — SERIE 1

1. La farmacia de guardia está ___ del hospital, a la izquierda.
   a. salido   b. salir   c. saliendo
2. Quizá ___ de tapas en el cumpleaños de Ricardo. ¿Qué te parece?
   a. vayamos   b. fuimos   c. ir
3. No ___ el agua para la pasta todavía. Los niños no vienen hasta las dos.
   a. hiervas   b. hervirás   c. hervas
4. Cuando ___ al hipermercado, ___ vasos y platos de plástico.
   a. irás… compres   b. vayas… compra   c. vas… compra
5. En el mercado de mi barrio venden el embutido ___. Tú les dices cómo lo quieres.
   a. al cortar   b. cortado   c. cortando
6. Señor, ___ este café de Colombia. Es muy bueno y está ahora en promoción.
   a. pruébelo   b. pruébese   c. pruebe
7. ___ al dentista me pone muy nerviosa.
   a. Ir   b. Yendo   c. Voy
8. Es necesario que ___ unos días de baja para una buena recuperación.
   a. estás   b. estar   c. estés
9. Ayer Pepe se puso enfermo. ___ venga hoy, porque tenemos un examen.
   a. Espero   b. No sé si   c. Ojalá
10. ___ el pescado a la plancha. Tiene menos calorías.
    a. Hácete   b. Hazte   c. Hacerte
11. No sé si ___ al viaje las pastillas para el dolor de cabeza.
    a. me lleve   b. llevarme   c. llevándome
12. Puedes hacer comidas más ligeras ___ leche o yogur en lugar de nata.
    a. usados   b. usando   c. usar

2. Completa estas frases seleccionando la opción correcta. — SERIE 2

1. Llámame después de que te ___ hora para el ginecólogo. Te acompañaré.
   a. dan   b. den   c. dieron
2. Camarero, ___ un poco más de pan, por favor.
   a. traería   b. tráigame   c. traedme
3. Ya sé que debo recoger la mesa y quiero ___, pero no tengo tiempo. ¿Puedes tú?
   a. la recoger   b. que la recoja   c. recogerla
4. ¡Cuidado con los patines! No quiero que te ___ y te ___ un golpe.
   a. caes… des   b. caigas… des   c. caigas… das
5. ___ más responsable con lo que comes. Necesitas una alimentación equilibrada.
   a. Sé   b. Seas   c. Eres
6. Cuando llegaron, la niña estaba en el baño. Tenía los labios ___.
   a. para pintar   b. pintándose   c. pintados
7. Es muy importante que ___ una revisión cada año.
   a. te hagas   b. te harás   c. te hiciste
8. [En una receta de cocina] ___ la berenjena y el calabacín y ___ con poco aceite.
   a. Pelar… freírlos   b. Pelas… fríalos   c. Pelarás… freirás los
9. Han ingresado a Pedro en urgencias. Ojalá no ___ nada grave.
   a. será   b. sea   c. ser
10. Sí, ___ solo los ojos y los labios, no necesitas más.
    a. píntese   b. píntate   c. pintarte
11. A Pepe le gusta desayunar cereales ___ un zumo natural.
    a. con tomar   b. tomado   c. tomando
12. ___ unas gotas en los ojos: los tienes muy rojos.
    a. Te echa   b. Echaste   c. Échate

3 Completa estas frases seleccionando la opción correcta.

SERIE 3

1. ___ una infusión de tila te ayudará a relajarte.
   a. Toma   b. Tomar   c. Tomas
2. Pedí a Felisa la receta del gazpacho y ayer estuvo ___.
   a. explicándomela   b. me la explicando   c. me explicando la
3. La enfermera dice que ___ el antibiótico después de las comidas. ¡No te olvides!
   a. tomas   b. tomaste   c. tomes
4. –¿Dónde estás?–En la cocina, ___ unos filetes de pollo con frutos secos.
   a. preparar   b. preparando   c. preparados
5. Antes de que ___ la ensalada, voy a hacer el pescado a la plancha.
   a. aliñar   b. aliñes   c. vas a aliñar
6. Elena, por favor, ___ a ponerme una venda. Me he hecho una herida en la mano.
   a. ayúdame   b. ayudadme   c. me ayudas
7. Debes tomar más fibra. Seguramente te ___ a ir al baño con más frecuencia.
   a. ayudó   b. ayudas   c. ayude
8. Es obligatorio ___ un gorro de baño en esa piscina.
   a. que ponerse   b. que te pongas   c. ponte
9. –¿Qué haces?–___ una crema para el sol.
   a. Dame   b. Dándome   c. Me das
10. ¿Vais a viajar a ese país? ___ las vacunas necesarias antes de salir o tendréis problemas.
    a. Ponedlos   b. Ponedme   c. Poneos
11. No sé qué ___ hoy para comer. ¿Qué prefieres, lentejas o garbanzos?
    a. hacer   b. hago   c. haga
12. El camarero nos trajo la botella de agua ___, así que pedimos otra.
    a. a abrir   b. abriendo   c. abierta

4 Completa estas frases seleccionando la opción correcta.

SERIE 4

1. Ha venido el camarero y quiere ___ el segundo plato. ¿Habéis terminado ya?
   a. traído   b. traer   c. que traiga
2. Tal vez ___ estropeado el secador de pelo. Es mejor no usarlo.
   a. estuvo   b. estaría   c. esté
3. No te ___ a tu habitación. Hoy tienes que fregar tú los platos.
   a. vas   b. ves   c. vayas
4. ___ productos naturales te ayudará a estar sano.
   a. Coma   b. Comer   c. Come
5. No quiero nada picante: puede que me ___ mal.
   a. siente   b. sentar   c. sentará
6. Elisa está haciendo un régimen para ___.
   a. adelgace   b. adelgazar   c. adelgazando
7. Puedes decorar la tarta ___ unas cerezas y unas rodajas de kiwi por encima.
   a. poner   b. poniendo   c. puestas
8. Pablo nos miró ___ cuando terminamos todo lo que había preparado.
   a. satisfecho   b. satisfaciendo   c. satisfechos
9. ___, el bizcocho es casero. Lleva huevo, aceite de oliva, leche y fruta.
   a. Comerás   b. Comes   c. Come, come
10. Sara sigue en el hospital. Espera ___ las pruebas para saber qué pastillas puede tomar.
    a. que se haga   b. hacerse   c. haciéndose
11. Quiero que mi marido ___ a un restaurante especial en nuestro aniversario.
    a. me invitará   b. me invita   c. me invite
12. Daniel necesita muchos ingredientes para la receta. ___ ahora.
    a. Comprémoselos   b. Se los compremos   c. Comprárselos

examen 5 Funciones

1 SERIE 1
Elige la opción correcta y completa el cuadro de funciones con las fórmulas correspondientes a cada una.

1. ¡Hola, Lola! ¿Qué tal estás? ¿___ bien?
   a. Algo b. Todo c. Alguien
2. Estás muy seria. ¿Te ___ algo? Dime la verdad.
   a. tienes b. pasas c. pasa
3. El paciente está hoy ___ muy ___ humor. Se recuperará pronto.
   a. en… bien b. de… buen c. para… bueno
4. Luis está encantado ___ en ese gimnasio de lujo.
   a. que trabajar b. en trabajando c. de trabajar
5. Me alegro ___ que los análisis de sangre y orina ___ bien.
   a. de… estén b. con… están c. de… sean
6. Es fantástico que los niños ___ a poner y quitar la mesa cada día.
   a. se acostumbren b. se acostumbraron c. se acostumbran
7. Manuel ___ muy deprimido, debería ir al psicólogo.
   a. se encuentra b. se está c. se es
8. Me da pena no ___ ir contigo. Es que el niño tiene fiebre.
   a. pueda b. poder c. puedo
9. Pedro se pone triste ___ está enfermo.
   a. al b. que c. si
10. Me da pena que Jorge ___ tan mala salud. Siempre está enfermo.
    a. tiene b. tenga c. tener
11. El otro día me lo ___ muy bien preparando comida india.
    a. pasé b. divertí c. reí
12. Es divertidísimo que nos ___ vuestra aventura con el cava.
    a. contéis b. contasteis c. contaréis

Tu listado

a. Preguntar por el estado de ánimo
¿No estás enfadada conmigo?
1. ....
2. ....

b. Expresar alegría y satisfacción
¡Perfecto! ¡Fantástico! ¡Estupendo!
3. ....
4. ....
5. ....
6. ....

c. Expresar tristeza y aflicción
Los niños estaban asustados.
7. ....
8. ....
9. ....
10. ....

d. Expresar placer y diversión
Me reí mucho cuando vi a Luisa con el gorro de ducha puesto.
11. ....
12. ....

2 SERIE 2
Elige la opción correcta y completa el cuadro de funciones con las fórmulas correspondientes a cada una.

1. Me aburre ___ régimen, es que me gusta mucho comer.
   a. que hago b. que haga c. hacer
2. En la clínica los pacientes solo hablan de enfermedades. ¡___!
   a. Qué rollo b. Qué película c. Qué experimento
3. Estoy harto ___ que Pepe ___ durmiendo todo el fin de semana.
   a. en… está b. con… estar c. de… esté
4. No soporto que ___ esperar en un restaurante.
   a. hacerme b. me hagan c. me hacen
5. Me molesta ___ usen mis cuchillas de afeitar sin mi permiso.
   a. cuando b. que c. como
6. Carlitos ___ enfada cuando hay verdura para comer. No le gusta.
   a. le b. se c. te
7. Esta niña ___ mucho miedo ___ los médicos.
   a. hace… por b. tiene… a c. está… con
8. Me preocupa ___ Soledad ___ en urgencias.
   a. por… estar b. que… esté c. cuando… esté
9. A Luis ___ dan miedo ___ los dentistas.
   a. le… Ø b. se… a c. les… Ø
10. El armario se ha roto y se han caído todas las copas. ¡___!
    a. Qué fatal b. Qué asustado c. Qué horror
11. Mi hermana ___ histérica al saber que su novio estaba grave.
    a. le puso b. le dio c. se puso
12. ___ estresado. Necesita antibióticos y no encuentra una farmacia.
    a. Tiene b. Está c. Es

Tu listado

e. Expresar aburrimiento
Me aburro.
1. ....
2. ....

f. Expresar hartazgo
Estoy harto.
3. ....

g. Expresar enfado e indignación
Está muy enfadado con su prima.
4. ....
5. ....
6. ....

h. Expresar miedo, ansiedad y preocupación
Tengo miedo de que pase algo malo.
7. ....
8. ....
9. ....
10. ....

i. Expresar nerviosismo
No sabe nada aún. Está histérico.
11. ....
12. ....

3 SERIE 3

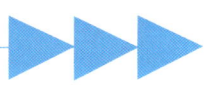

Elige la opción correcta y completa el cuadro de funciones con las fórmulas correspondientes a cada una.

1. –Siento no ir a correr hoy./–Tranquilo. Lo ___ perfectamente.
   a. oigo   b. escucho   c. entiendo
2. Los resultados de los análisis salieron bien. ¡___! No debo preocuparme.
   a. Ya estoy   b. Ya está   c. Ya están
3. –Está haciendo dieta. ¡Ojalá ___!/–Espero ___ sí.
   a. adelgace… que   b. adelgace… eso   c. adelgaza… mucho
4. –Estoy harta. Nunca friega los platos./–Paciencia, hija. ¡___!
   a. Tienes vida   b. Conoces la vida   c. Así es la vida
5. Ayer me caí en el metro y todo el mundo vino a ayudarme. ¡___ vergüenza!
   a. Cómo   b. Qué   c. Es
6. Nos extraña ___ te ___ una barra de labios. Nunca te los pintas.
   a. que… compres   b. porque… compro   c. si… comprarías
7. Me ___ esos bocadillos de chorizo. ¿No estabas a dieta?
   a. sorprenden   b. sorprende   c. sorprendes
8. Es raro que ya no ___ magdalenas. Ayer compré una bolsa.
   a. hayan   b. haya   c. hay
9. –Hoy prepararé yo el solomillo./–¿Vas a cocinar? ¿___ serio?
   a. En   b. De   c. Eres
10. ___ un poco el estómago. He comido demasiado dulce.
    a. Me duelo   b. Duele   c. Me duele
11. ___ cansada ___ planchar. ¿Puedes continuar tú?
    a. Siento… que   b. Estoy… de   c. Soy… por
12. Pepe ha tomado mucho café. No ___ muy bien.
    a. le encuentra   b. se siente   c. lo siente

Tu listado

j. Expresar empatía
¡Qué bien/pena/miedo/horror!
1. ....

k. Expresar alivio
Me siento mucho mejor.
2. ....

l. Expresar esperanza y resignación
¡Ojalá!
3. ....
4. ....

m. Expresar vergüenza
Me da vergüenza que me vean con este pelo.
5. ....

n. Expresar sorpresa y extrañeza
¡No me lo puedo creer! ¿De verdad?
6. ....
7. ....
8. ....
9. ....

ñ. Expresar sensaciones físicas
¡Qué sed/hambre/frío/calor/sueño!
10. ....
11. ....
12. ....

4 Corrección de errores

Identifica y corrige los errores que contienen estas frases. Puede haber entre uno y tres en cada una.

a. Últimamente te encuentras deprimido y me duelo verte así. ¿Qué te pasas?
b. Es mucha lástima que los niños están resfriados. Preguntaré cita para el médico.
c. Se puso furioso que el camarero le trajo el carne casi crudo.
d. Pepe lo rio montón cuando habló de la primera vez que frio huevo.
e. El restaurante está a salir del mercado. Allí preparan el cordero lo asando en el horno.
f. Me aburren que siempre están hablando de enfermedades y ingresos en urgencias.
g. A Luis se da vergüenza cantar delante sus amigos. Solo canta cuando esté contento.
h. ¡Tan bien encuentro! He dormido muy bueno.
i. Le preocupa que su hijo romperá su pierna cuando irá en la moto.
j. ¿No te gusta el gazpacho? ¿En verdad? ¿No me lo tengo que creer?

5 Uso de preposiciones

Tacha la opción incorrecta en estas frases.

a. Mi hermana toma productos desnatados. Le da miedo *para/Ø* engordar.
b. Pepe se pone *de/con* buen humor cuando le invitan a comer.
c. Luisa está furiosa *a/con* su marido porque se le ha quemado la comida.
d. La abuela está harta *de/a* tomar pastillas, pero las necesita si quiere estar bien.
e. Me alegro *de/en* que te guste la sopa de pescado. Es una receta de mi abuela.
f. Estamos impresionados *con/a* la receta de Sara. ¡Deliciosa!
g. Muchas personas tienen miedo *a/para* los dentistas, pero yo no.
h. Dieron *Ø/de* alta al enfermo cuando todavía no estaba recuperado.
i. El niño está muy contento *en/de* comer croquetas cada día. Le encantan.
j. Isabel está aburrida *para/de* contar las calorías de cada comida. Tiene una dieta muy estricta.

modelo de examen 5

PRUEBA 1 — Comprensión de lectura

Tiempo disponible para las 5 tareas. 70 min

TAREA 1

(Ver características y consejos, p. 236)

A continuación va a leer seis textos en los que unas personas hablan sobre pequeños problemas de salud y diez textos que informan sobre las propiedades de algunas plantas medicinales. Relacione a las personas, 1-6, con los textos que informan sobre las plantas, a)-j). Hay tres textos que no debe relacionar.

PREGUNTAS

	PERSONA	TEXTO
0.	LUCÍA	g)
1.	ALBERTO	
2.	DIANA	
3.	LUIS	
4.	LIDIA	
5.	CARLOS	
6.	ROSA	

0. LUCÍA	Mi problema viene desde la adolescencia. Siempre he tenido migrañas y me vienen cada vez con más frecuencia. Y estoy cansada de tomar tantas medicinas.
1. ALBERTO	Hoy, preparando la comida, he agarrado la cacerola con la mano, sin darme cuenta de que estaba demasiado caliente. ¡Me duele muchísimo! Y como es domingo, las farmacias cercanas están cerradas.
2. DIANA	Creo que he estado demasiado tiempo delante del ordenador. Tengo los ojos muy irritados. Están completamente rojos y me escuecen. Tendré que pedir cita al oculista.
3. LUIS	Me parece que me he pasado comiendo. ¡No debí repetir el cordero! Ahora tengo una pesadez de estómago increíble. Creo que voy a vomitar.
4. LIDIA	Mañana tengo el examen final y estoy histérica. Me temo que no voy a pegar ojo en toda la noche. Toda la información se mezcla en mi cabeza.
5. CARLOS	Sevilla es preciosa, pero hemos estado andando todo el día. Hemos visto tres museos, el parque de María Luisa, el Alcázar... Y estos zapatos no son muy cómodos. ¡No puedo más!
6. ROSA	Ayer hacía más frío de lo que pensaba y salí con poca ropa de abrigo. Creo que me he acatarrado. No puedo respirar bien y no paro de estornudar.

Especial DELE B1 Curso completo

HIERBAS Y PLANTAS MEDICINALES

a) **EL ALOE VERA.** Conocido en muchos lugares del planeta por sus propiedades medicinales y estéticas: cicatrizantes, regeneradoras de la piel, humectantes, antiinflamatorias, y muchísimas más, esta planta es, además, un gran recurso natural que alivia en casos de quemaduras y problemas de piel.

b) **LA MENTA.** Esta planta de sabor agradable es muy valorada por su calidad curativa en diversas enfermedades y problemas. Hay muchas clases de mentas y todas son bastante apreciadas. Su uso está extendido en infinidad de preparados.

c) **LA TILA.** Esta infusión procede de las flores y frutos del árbol del tilo. Tiene diferentes usos y propiedades, sin embargo, debido a sus capacidades sedantes, es frecuente emplearla como tranquilizante para calmar el estado nervioso. Además, ayuda a dormir con facilidad.

d) **EL ROMERO.** Ha sido muy apreciado desde la antigüedad por su persistente buen olor, parecido al del limón y al del pino. Su empleo es muy común para la fabricación de cosméticos. Con él se fabrica el alcohol de romero, muy apreciado para calmar el cansancio en las piernas con un buen masaje.

e) **EL TÉ.** Es una hierba estimulante que posee efectos similares a los del café, pero que causa menos efectos negativos en el organismo. Tiene propiedades diuréticas y mejora la capacidad de atención. El té verde es especialmente apreciado por sus cualidades antioxidantes.

f) **LA MANZANILLA.** Es una de las infusiones más empleadas en el mundo, ya sea como bebida, para tratar diferentes trastornos, o aplicándola directamente con un algodón sobre la parte afectada. Es frecuente emplearla para irritaciones o inflamaciones oculares. También se usa para tratar el acné.

g) **EL ANÍS.** En caso de padecer dolor de vientre o cólicos, se puede utilizar el aceite de anís como calmante, friccionando el vientre de niños o adultos por unos minutos. También en casos de dolor de cabeza puede dar un masaje en la frente con los dedos mojados en aceite de anís.

h) **EL POLEO.** Esta hierba de sabor agradable es una de las más utilizadas como infusión, ya que tiene propiedades antiespasmódicas y antisépticas. Después de una comida abundante tomar una infusión de poleo ayudará en las digestiones pesadas, puesto que alivia la náusea.

i) **EL CLAVO DE OLOR.** El aceite del clavo de olor, o el propio clavo extraído de la flor de la planta, posee propiedades muy beneficiosas para tratar dolores de muelas y calmar los dolores bucales, porque adormece la zona dolorida.

j) **EL JENGIBRE.** Esta planta combate las congestiones nasales y refuerza las vías respiratorias. Una de las mejores formas de tomarlo es crudo, aunque también se puede preparar una infusión de jengibre, limón y té verde. Este remedio es útil contra el asma, resfriados, tos, catarros. Se debe beber dos veces al día.

CUERPO Y SALUD
Comprensión de lectura

TAREA 2

(Ver características y consejos, p. 238)

A continuación hay un texto sobre la mujer española y la salud. Después de leerlo, elija la respuesta correcta, a), b) o c), para las preguntas, 7-12.

La esperanza de vida de hombres y mujeres

El debate sobre si de lo que se trata es de vivir cuantos más años mejor, o si lo realmente importante es la calidad de vida, bien podría trasladarse ahora a las diferencias entre la esperanza de vida de hombres y mujeres.

Y es que, según el estudio de investigación *Mujer y Salud*, elaborado por el Instituto de la Mujer, la mujer vive más que el hombre, pero su mayor longevidad se acompaña de discapacidad y mala salud. Más vida, pero de peor calidad, en la que además, según este estudio, debe hacer frente a problemas que aumentan, como la sobrecarga física y psicológica por su rol de cuidadora de otros miembros de la familia, el impacto sobre la salud de la llamada *doble jornada* (trabajo dentro y fuera de casa), la depresión y los accidentes en el hogar.

El informe, con el que se pretende analizar la situación actual de las mujeres, a partir de un concepto amplio de salud que incluye el bienestar emocional, social y físico durante todo su ciclo vital, revela que las españolas viven más (tienen una esperanza de vida de 83,5 años), pero son los hombres los que tienen al nacer una esperanza de vida con buena salud superior a ellas (56,3 frente a 53,9 años).

En las mujeres, las enfermedades del sistema circulatorio suponen la primera causa de muerte (2,52 por cada mil mujeres), los tumores, la segunda (1,59 mujeres por mil) y las enfermedades del aparato respiratorio, la tercera (0,69 por mil); mientras que el cáncer es la primera causa en años potenciales de vida perdidos.

El informe del Instituto de la Mujer refleja que el género tiene «una influencia determinante» en la percepción del estado de salud, que es peor en la mujer que en el hombre. Esta percepción negativa que tienen las mujeres crece con la edad, y a medida que desciende el estatus socioeconómico y el nivel de estudios terminados.

El porcentaje de mujeres con algún problema crónico alcanza el 77,2 % frente al 64,6 % de hombres, y un 28,3 % de muchachas a partir de 16 años han visto limitadas sus actividades. Según el estudio, es 1,8 veces más probable que la mujer presente algún problema crónico y 1,5 veces más probable que vea limitada su actividad.

En cuanto a los hábitos de vida, el 23,9 % de las mujeres fuma habitualmente, menos que la cantidad de hombres que tienen esta adicción, aunque estos logran dejar de fumar más que ellas. Ellos tienen conductas menos saludables en el consumo de tabaco o alcohol, aunque esto está cambiando en la población más joven, si bien son ellas las que realizan menos actividad física y las que duermen menos horas.

Adaptado de www.elciudadano.cl

CUERPO Y SALUD
Comprensión de lectura

PREGUNTAS

7. Según el texto, la mujer española:
   a) Muere más tarde que el hombre, pero con peor salud.
   b) Suele fallecer junto a los suyos en el hogar.
   c) Necesita cuidados familiares cuando es anciana.

8. El informe *Mujer y Salud* afirma que:
   a) En España nacen más hombres que mujeres.
   b) No solo se considera el aspecto físico al hablar de salud.
   c) Los hombres nacen con mejor salud que las mujeres.

9. Según el texto:
   a) Muchas mujeres sufren cáncer durante muchos años.
   b) El cáncer acorta la esperanza de vida de muchas mujeres.
   c) La mayoría de las mujeres fallece a causa del cáncer.

10. El informe del Instituto de la Salud afirma que las mujeres españolas:
    a) Son más pobres y tienen peor educación que los hombres.
    b) Tienen peor nivel económico cuando son mayores.
    c) Sienten que tienen peor salud que los hombres.

11. Según el informe, los problemas crónicos:
    a) Se dan especialmente en las mujeres jóvenes.
    b) Afectan a la actividad de más mujeres que hombres.
    c) No afectan a los hombres jóvenes.

12. En el informe *Mujer y Salud* se afirma que:
    a) Hay más mujeres fumadoras que hombres.
    b) Las jóvenes llevan una vida más sana que los jóvenes.
    c) Un hombre abandona el tabaco más fácilmente que una mujer.

Especial DELE B1 Curso completo

CUERPO Y SALUD
Comprensión de lectura

TAREA 3

(Ver características y consejos, p. 239)

A continuación va a leer tres textos en los que tres personas hablan sobre sus hábitos de vida. Después, relacione las preguntas, 13-18, con los textos, a), b) o c).

PREGUNTAS

	a) Elvira	b) Alfonso	c) Pilar
13. ¿Qué persona no comía carne antes?			
14. ¿Quién dice que antes no hacía ningún ejercicio físico?			
15. ¿Quién necesita un compañero para practicar deporte?			
16. ¿Quién dice que la medicación que tomaba le causó efectos secundarios?			
17. ¿A quién le preocupaba demasiado la vida sana antes?			
18. ¿Qué persona tiene una jornada laboral muy larga?			

a) Elvira

En mi trabajo estoy horas y horas sentada delante del ordenador. Empecé a tener dolor de cuello, de espalda, los brazos se me dormían... Fui al médico y me mandó unas pastillas y me dijo que tenía que hacer ejercicio. Las pastillas me las tomé, pero lo de hacer ejercicio era más difícil. Nunca me ha gustado el deporte y, por tanto, nunca había practicado ninguno. Además, el fin de semana tengo que dedicarme a la casa, así que no encontraba el tiempo... Y los dolores seguían y, lo que es peor, los antiinflamatorios empezaron a hacerme daño en el estómago. Ahora me he apuntado a unas clases de pilates que me recomendó una amiga.

b) Alfonso

Antes jugaba al tenis al menos dos veces a la semana. Tengo un amigo con el que jugaba siempre. Teníamos ya nuestra rutina establecida: todos los martes y los jueves, después de trabajar, jugábamos un partido de una hora u hora y media. Luego nos duchábamos, venían nuestras mujeres a buscarnos y nos íbamos los cuatro a cenar a un pequeño restaurante. Pero un día él se hizo daño en una rodilla y tuvo que dejarlo. Ahora estoy buscando a alguien que quiera jugar conmigo, porque desde que lo dejé no me siento tan bien. Lo intenté con un entrenador profesional, pero es más aburrido. Prefiero a alguien que tenga mi mismo nivel.

c) Pilar

Cuando era joven, estaba muy preocupada por llevar una vida saludable. Mi padre falleció por problemas en el corazón y mi abuelo también. Gran parte de culpa la tuvo que comían de un modo bastante insano: mucha grasa, mucha sal, mucha cantidad... Así que yo me hice vegetariana, cada día practicaba yoga, los fines de semana iba al campo a caminar. Pero cuando me casé, mi marido no era vegetariano. ¡Al contrario! Lo que más le gustaba era un buen filete. Luego vinieron los niños... ¡y era tan difícil tener un menú para cada miembro de la familia! Mi marido decía que lo importante era comer equilibradamente y me convenció. Ahora sigo teniendo buenos hábitos, pero no de un modo tan obsesivo.

CUERPO Y SALUD
Comprensión de lectura

TAREA 4

(Ver características y consejos, p. 240)

A continuación va a leer un texto del que se han extraído seis fragmentos. Después, lea los ocho fragmentos, a)-h), y decida en qué lugar del texto, 19-24, va cada uno. Hay dos fragmentos que no tiene que elegir.

La adicción al tabaco: un problema de salud adolescente en México

La Organización Mundial de la Salud (OMS) celebra el Día Mundial sin Tabaco y el panorama de esta adicción en México revela cifras preocupantes sobre las tendencias de consumo: 14 millones de fumadores, de los cuales el 10 % tiene menos de 18 años.

Las razones por las que los adolescentes inician el consumo del tabaco son principalmente dos: curiosidad e influencia de familiares y amigos.

La primera vez que Fernando probó un cigarro tenía 13 años. **19.** _____. Lo hizo porque era algo que todos sus amigos hacían y sentía curiosidad, pero a diferencia de sus compañeros, él no compraba cajetillas y en raras ocasiones consumía los cigarros a los que le invitaban sus amigos. A los 17 años, compró su primera cajetilla. **20.** _____. Unos meses después ya fumaba más de ocho cigarros diarios.

Como el 27,3 % de los mexicanos menores de edad, Fernando estaba expuesto al humo liberado por cigarros en otros espacios. **21.** _____.

Una de las mejores formas de prevenir la adicción a la nicotina entre adolescentes es precisamente mediante el ejemplo familiar, pues en los hogares de fumadores las probabilidades de que los menores inicien su consumo aumentan.

A pesar de que este tipo de adicción registra altos niveles en jóvenes, menos del 1 % de los casos son canalizados para su tratamiento. **22.** _____. En México el tabaco es considerado por la población en general menos dañino que otras drogas como la marihuana, la cocaína y el alcohol. **23.** _____. De los adultos que admiten haber consumido algún tipo de droga ilegal, como la heroína o cocaína, el 17 % dijo haber iniciado su consumo de tabaco en la adolescencia.

Hay niños y adultos jóvenes que con la primera bocanada de cigarro ya se hacen adictos, porque las moléculas de nicotina van directamente a los receptores de las neuronas. **24.** _____.

En el 2008 se publicó la Ley General para el Control del Tabaco que prohíbe el consumo de cigarros en espacios cerrados. Sin embargo, organizaciones como Red México sin Tabaco consideran que el cumplimiento de estas disposiciones ha sido deficiente. No son necesarias más leyes al respecto, sino hacer que se cumplan.

Adaptado de www.mexico.cnn.com

5 CUERPO Y SALUD
Comprensión de lectura

FRAGMENTOS

a) Este factor significó un notable aumento en su consumo de tabaco.

b) Sin embargo, su consumo a temprana edad no solo produce enfermedades, sino que aumenta las probabilidades de probar otro tipo de drogas en el futuro.

c) Pero también encontramos en distintos estados del país que no se tiene todavía la suficiente vigilancia para que estas leyes se cumplan.

d) De este modo, se establece el ciclo de la tolerancia, adicción y abstinencia a la nicotina.

e) No le gustó su sabor y en ese momento no podía imaginar que tres años después consumiría una cajetilla diaria.

f) Esto se debe a la tolerancia que las sociedades tienen a esta adicción.

g) Han pasado más de cuatro años desde que Fernando probó el tabaco por primera vez y muchas cosas han cambiado en su vida.

h) Uno de ellos era su casa, donde su madre, padre y hermano consumen tabaco con regularidad.

Especial DELE B1 Curso completo

CUERPO Y SALUD
Comprensión de lectura

TAREA 5

(Ver características y consejos, p. 242)

A continuación va a leer un mensaje de correo electrónico. Elija la opción correcta, a), b) o c), para completar los huecos, 25-30.

Sin título

Para:
Asunto:

Hola, Pilar:

¿Qué tal todo? Me alegró mucho recibir tu correo después de tanto tiempo sin saber de ti.

Yo ahora estoy bastante bien, ____25____, el mes pasado tuve un problema en el estómago que me tuvo muy preocupada. No podía comer nada, todo me ____26____ mal. Consulté a dos o tres especialistas, me hicieron toda clase de pruebas y análisis, pero no daban con el problema. De verdad que estaba muy deprimida. Al final, decidí ir ____27____ un naturópata. Yo nunca ____28____ a un especialista en medicina natural porque era muy escéptica en ese tema, pensaba que era una tontería. Pero la verdad es que me dio un tratamiento que solucionó mi problema inmediatamente.

Sigo ____29____ algunas molestias, sobre todo por la noche, pero nada en comparación con lo de antes.

Quiero que se lo ____30____ a Tomás. Él siempre ha querido convencerme de lo buenos que son los remedios naturales y le gustará saber que por fin le he hecho caso.

Besos a todos y escríbeme pronto,
Laura

PREGUNTAS

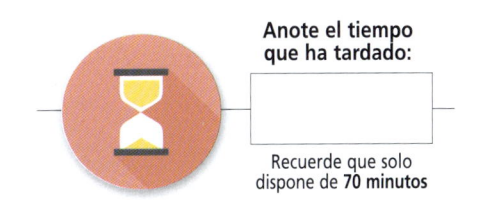

25. a) pues   b) sin embargo   c) así que
26. a) sentía   b) encontraba   c) sentaba
27. a) en   b) a   c) hasta
28. a) había ido   b) he ido   c) iré
29. a) a tener   b) teniendo   c) tengo
30. a) cuentas   b) cuento   c) cuentes

Anote el tiempo que ha tardado:

Recuerde que solo dispone de **70 minutos**

modelo de examen 5

PRUEBA 2 — Comprensión auditiva

Tiempo disponible para las 5 tareas. 40 min

Pistas 85-90

TAREA 1

(Ver características y consejos, p. 243)

A continuación va a escuchar seis mensajes del buzón de voz de un teléfono. Oirá cada mensaje dos veces. Después, seleccione la opción correcta, a), b) o c), para cada pregunta, 1-6.
Dispone de 30 segundos para leer las preguntas.

PREGUNTAS

Mensaje 1
1. ¿Qué le pide Virginia a Marcos?
   a) Que no olvide comprar el periódico.
   b) Que le traiga fruta.
   c) Que le compre unas medicinas.

Mensaje 2
2. ¿Por qué es mejor el nuevo gimnasio?
   a) Porque no es tan pequeño como el suyo.
   b) Porque está más cerca que al que van ahora.
   c) Porque es más barato que en el que entrenan ahora.

Mensaje 3
3. ¿Adónde va a ir Toñi?
   a) Al médico.
   b) Al cine.
   c) Al trabajo.

Mensaje 4
4. ¿Para qué llama Juan a David?
   a) Para preguntarle cómo le va la rodilla.
   b) Porque no recuerda el nombre de un medicamento.
   c) Para invitarle a jugar al tenis.

Mensaje 5
5. ¿Qué quiere la asistente del doctor Inchausti?
   a) Cambiar la hora de la cita.
   b) Confirmar la cita.
   c) Anular la cita.

Mensaje 6
6. ¿Qué día llama Rodrigo?
   a) Un jueves.
   b) Un viernes.
   c) Un sábado.

Especial DELE B1 Curso completo

CUERPO Y SALUD
Comprensión auditiva

Pista 91

TAREA 2

(Ver características y consejos, p. 245)

A continuación va a escuchar un fragmento del programa Un cambio de vida *en el que Amelia cuenta cómo cambió sus hábitos de vida después de tener un serio problema de salud. Lo oirá dos veces. Después seleccione la opción correcta, a), b) o c), para cada pregunta, 7-12.*
Dispone de 30 segundos para leer las preguntas.

PREGUNTAS

7. Amelia cuenta que cuando era niña:
   a) Ya tenía problemas de anemia.
   b) Comía de forma sana.
   c) Le gustaba comer.

8. En la grabación, Amelia se fue a Madrid:
   a) Por problemas con su familia.
   b) A fin de encontrar trabajo.
   c) Para estudiar.

9. Según el audio, Amelia empezó a comer mal:
   a) Cuando dejó de vivir con su familia.
   b) Por culpa de una de sus compañeras.
   c) Porque no le gustaba la fruta.

10. Según el audio, cuando llegaron los exámenes, Amelia:
    a) Se sentía cansada por el estrés.
    b) Notó los primeros síntomas de la enfermedad.
    c) No podía estudiar porque le dolía la cabeza.

11. Amelia dice que notó que tenía un problema:
    a) Cuando se lo dijeron sus amigas en la piscina.
    b) Porque no podía estudiar bien.
    c) Porque no podía hacer cosas que antes hacía.

12. En la grabación, Amelia cuenta que el tratamiento:
    a) Le hizo efecto inmediatamente.
    b) Solo consistía en medicación.
    c) Le hizo tener mejor aspecto.

5

CUERPO Y SALUD
Comprensión auditiva

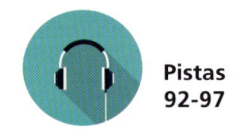

Pistas 92-97

TAREA 3

(Ver características y consejos, p. 246)

A continuación va a escuchar seis noticias de un programa radiofónico sobre Colombia. Lo oirá dos veces. Después, seleccione la respuesta correcta, a), b) o c), para las preguntas, 13-18. Dispone de 30 segundos para leer las preguntas.

PREGUNTAS

Noticia 1
13. El pasado octubre:
- a) Se celebró un congreso de promoción al consumo de frutas y hortalizas.
- b) Se decidió el lugar de celebración de un congreso internacional.
- c) Se comunicó que en Colombia no se comen suficientes vegetales.

Noticia 2
14. En el *ranking* de hospitales y clínicas:
- a) Aparecen cuatro hospitales colombianos.
- b) Una institución colombiana está en el primer puesto.
- c) Un hospital colombiano ocupa el cuarto puesto.

Noticia 3
15. Según la Organización Mundial de la Salud, la inactividad es:
- a) Más grave en Colombia que en el resto de Latinoamérica.
- b) El primer factor de riesgo de muerte en el mundo.
- c) Un problema que probablemente va a crecer.

Noticia 4
16. El ministro de Comercio, Industria y Turismo colombiano ha dicho que:
- a) Muchos colombianos viajan al extranjero por motivos de salud.
- b) Cada vez más extranjeros eligen este país para recibir tratamiento médico.
- c) Muchos colombianos viajan a EE.UU., Panamá, México y España por turismo.

Noticia 5
17. La hemoglobinuria paroxística nocturna (HPN):
- a) Afecta a un millón de personas en Colombia.
- b) Tiene síntomas parecidos a los de otras enfermedades.
- c) No tiene solución.

Noticia 6
18. La Secretaría de Salud de Medellín:
- a) Ha pedido que solo se vacunen aquellos que viajen a ciertos lugares.
- b) Ha informado de que la falta de vacunas solo afecta a Colombia.
- c) Ha afirmado que hay un problema de fiebre amarilla en Colombia.

Especial DELE B1 Curso completo

CUERPO Y SALUD
Comprensión auditiva

Pistas 98-104

TAREA 4

(Ver características y consejos, p. 247)

A continuación va a escuchar a seis personas hablando sobre su salud. Oirá a cada persona dos veces. Después, seleccione el enunciado, a)-j), que corresponde al tema del que habla cada persona, 19-24. Hay diez enunciados (incluido el ejemplo), pero debe seleccionar solamente seis.
Dispone de 20 segundos para leer los enunciados.

ENUNCIADOS

a) Sus problemas están motivados por su trabajo.
b) Antes llevaba una vida más sana que ahora.
c) Se siente ahora peor que cuando trabajaba.
d) Tuvo un problema de salud importante en su infancia.
e) Dejó de hacer gimnasia por problemas de horario.
f) Practica ejercicio físico dos veces a la semana.
g) *Tiene una salud excelente.*
h) Busca a alguien para hacer ejercicio físico.
i) Su problema es que come demasiado.
j) No hace ningún ejercicio físico.

	PERSONA	ENUNCIADO
	Persona 0	g)
19.	Persona 1	
20.	Persona 2	
21.	Persona 3	
22.	Persona 4	
23.	Persona 5	
24.	Persona 6	

Pista 105

TAREA 105

(Ver características y consejos, p. 248)

A continuación va a escuchar una conversación entre dos vecinos, Carlos y Loli. La oirá dos veces. Después, decida si los enunciados 25-30 se refieren a Carlos, a), Loli, b), o a ninguno de los dos, c).
Dispone de 25 segundos para leer los enunciados.

	a) Carlos	b) Loli	c) Ninguno de los dos
0. Viene de hacer la compra.		✓	
25. Piensa que sus hijos comen mal.			
26. Ha tenido un problema de salud recientemente.			
27. Fue víctima de un error médico.			
28. Vive en el piso quinto.			
29. Se acuesta tarde.			
30. Piensa que hablar con los vecinos no servirá de nada.			

Anote el tiempo que ha tardado:

Recuerde que solo dispone de **40 minutos**

Especial DELE B1 Curso completo

modelo de examen 5

PRUEBA 3 — Expresión e interacción escritas

Tiempo disponible para las 2 tareas. 60 min

TAREA 1

(Ver características y consejos, p. 250)

Usted ha recibido este mensaje de un amigo a través de facebook.

facebook

ha compartido un enlace. Hace aproximadamente una hora

¿Qué tal estás? Hace mucho que no te escribo, pero es que he estado muy ocupado con el trabajo y la familia.
Ayer me encontré con Juan y me dijo que has estado enfermo. Como tenía mucha prisa no me explicó lo que te pasaba y me he quedado preocupado. Espero que no sea nada grave y que ya estés bien pero, de cualquier modo, escríbeme y cuéntame qué te ha pasado.
Un abrazo,
Jorge

Escriba un correo electrónico a Jorge (entre 100-120 palabras) en el que deberá:
- Saludar.
- Contar qué problema de salud ha tenido.
- Cómo lo ha solucionado.
- Cómo se siente ahora.
- Agradecerle su preocupación.
- Despedirse.

TAREA 2

(Ver características y consejos, p. 251)

Lea el siguiente comentario en una revista.

Hola a todos. El próximo año me jubilo y aunque por una parte estoy deseando ser libre y tener todo mi tiempo para mí, por otra, tengo miedo de no saber qué hacer con mi tiempo. Toda mi vida la he dedicado a mi trabajo, ¿qué voy a hacer a partir de ahora?

Escriba un breve texto (entre 130-150 palabras) en esta revista contando:
- Qué opina de la situación de esta persona.
- Cómo se siente usted ante la idea de la jubilación.
- Qué planes tiene para cuando se jubile.
- Qué le aconseja.
- Qué le desea para el futuro.

Anote el tiempo que ha tardado:

Recuerde que solo dispone de **60 minutos**

CUERPO Y SALUD

Sugerencias para la expresión e interacción orales y escritas

Apuntes de gramática
- Para hablar de sensaciones físicas, usamos:
  - *Tener* + sustantivo. *Tengo fiebre.*
  - *Estar* + adjetivo. *Estoy cansado.*
  - *Sentir* + sustantivo. *Siento calor.*
  - *Me duele* + parte del cuerpo. *Me duele el estómago.*
  - *Estar/Sentirse/Encontrarse* + adverbio. *Me encuentro mal.*
- Expresamos la impersonalidad con *se*. *Se busca persona amable.*
- Para valorar una experiencia, usamos:
  - *Ser* (en presente o pasado) + adjetivo. *Fue una experiencia horrible.*
  - *Parecer* (en presente o pasado) + adjetivo. *Me parecía un buen remedio.*
  - *Ser* (en presente/pasado) + *un buen/mal* + sustantivo. *Es un buen paciente.*
  - *¡Qué* + adjetivo/adverbio! *¡Qué bien!*

Aconsejar
- *Duerme más horas y no comas mucho.*
- *Debes/Tienes que caminar más.*
- *Lo mejor es que vayas andando a trabajar.*
- *Es importante/preferible que vayas al médico.*
- *Te aconsejo que/Te recomiendo que no hagas eso.*
- *Yo que tú cambiaría de hábitos.*
- *Yo no haría eso.*
- *Yo en tu lugar nadaría más.*

Expresar agradecimiento
- *Gracias por todo.*
- *Gracias por tu interés.*

Hablar del futuro
- *Cuando tenga tiempo, me daré un masaje.*
- *Si haces ejercicio, te sentirás mejor.*

Hablar de la salud
- *Encontrarse bien/mal/fatal/regular.*
- *Sentirse bien/mal/fatal/regular.*
- *Ponerse enfermo/malo/bien.*

Formular buenos deseos
- *Que tengas suerte.*
- *Espero que se investigue más.*
- *Ojalá descubran nuevos medicamentos.*

Opinar
- *Creo que (no) estoy bien.*
- *Pienso que (no) es buen médico.*
- *Me parece que (no) está bien.*
- *Para mí el deporte es importante.*
- *No creo que sea bueno no desayunar.*
- *No pienso que haga mucho ejercicio.*
- *No me parece que se alimente bien.*

modelo de examen 5

PRUEBA 4 — Expresión e interacción orales

15 min Tiempo disponible para preparar las tareas 1 y 2.

15 min Tiempo disponible para las 4 tareas.

TAREA 1

(Ver características y consejos, p. 252)

EXPOSICIÓN DE UN TEMA

Tiene que hablar durante 2 o 3 minutos sobre este tema.

> Hable de **si lleva una vida sana y en qué aspectos cree que debería mejorar.**
>
> Incluya la siguiente información:
> - Si le preocupa mucho el tema de la salud y la vida sana.
> - Si cree que tiene una buena salud en general.
> - Si ha tenido algún problema de salud serio en el pasado.
> - Qué hay que hacer para llevar una vida sana.
> - Qué aspectos cree que debería mejorar.
>
> No olvide:
> - Diferenciar las partes de su exposición: introducción, desarrollo y conclusión.
> - Ordenar y relacionar bien las ideas.
> - Justificar sus opiniones y sentimientos.

TAREA 2

(Ver características y consejos, p. 253)

CONVERSACIÓN CON EL ENTREVISTADOR

Después de terminar la exposición de la Tarea 1, deberá mantener una conversación con el entrevistador sobre el mismo tema.

Ejemplos de preguntas
- ¿Cree que en el mundo actual se vive de una manera sana?
- ¿Qué factores afectan más a la salud, según su opinión?
- ¿Considera que el sistema sanitario en su país es bueno?
- En su país, ¿cuáles cree que son las enfermedades que afectan a más personas?
- ¿Hay algún problema de salud en su familia?

Especial DELE B1 Curso completo

CUERPO Y SALUD
Expresión e interacción orales

TAREA 3

(Ver características y consejos, p. 253)

DESCRIPCIÓN DE UNA FOTO

Observe detenidamente esta foto.

Describa detalladamente (1 o 2 minutos) lo que ve y lo que imagina que está pasando. Puede comentar, entre otros, estos aspectos:
- Quiénes son y qué relación tienen.
- Qué están haciendo.
- Dónde están.
- Qué hay.
- De qué están hablando.

A continuación, el entrevistador le hará unas preguntas (2 o 3 minutos).

Ejemplos de preguntas
- ¿Va usted mucho al médico? ¿Le pone nervioso ir a la consulta?
- ¿Por qué fue al médico la última vez?
- ¿Ha ido a algún especialista últimamente?
- ¿Qué recomendaciones le dio?

TAREA 4

(Ver características y consejos, p. 254)

SITUACIÓN SIMULADA

Usted va a conversar con el entrevistador en una situación simulada (2 o 3 minutos).

Usted se siente mal desde hace unos días y ha decidido ir al médico. Imagine que el entrevistador es el médico, hable con él de los siguientes temas:
- Explíquele qué le pasa y desde cuándo.
- Explique con detalle cómo se siente.
- Dígale si ha tenido este mismo problema antes.
- Dígale que la medicina que le recomienda no le viene bien y por qué.
- Pregúntele cuándo debe volver a la consulta.

Ejemplos de preguntas
- Buenos días. Cuénteme qué le pasa.
- ¿Desde cuándo tiene usted este problema?
- ¿Se siente usted peor cuando se levanta o por las noches?

Especial DELE B1 Curso completo

examen 6

VIAJES, NATURALEZA Y MEDIO AMBIENTE

Curso completo

- **Léxico**
  - Viajes, alojamiento y transporte
  - Geografía, clima y naturaleza
- **Gramática**
- **Funciones**

Modelo de examen 6

vocabulario

FICHA DE AYUDA
Para la expresión e interacción escritas y orales

MEDIOS DE TRANSPORTE

- Cinturón (el)
- Crucero (el)
- Escala (la)
- Fila (la)
- Maletero (el)
- Mostrador de facturación (el)
- Pasillo (el)
- Pista (la)
- Puerta de embarque (la)
- Punto de encuentro (el)
- Sala de embarque (la)
- Sala de llegadas (la)
- Tarjeta de embarque (la)
- Terminal (la)
- Vagón (el)
- Ventanilla (la)

PERSONAS

- Conserje (el)
- Guía (el, la)
- Recepcionista (el, la)
- Viajero/a (el, la)

ALOJAMIENTOS

- Alojamiento y desayuno (AD)
- Casa rural (la)
- Hostal (el)
- Instalaciones para discapacitados (las)
- Media pensión (MP)
- Pensión (la)
- Pensión completa (PC)
- Servicio de habitaciones (el)
- Tienda de campaña (la)

VARIOS

- Billete de ida y vuelta (el)
- Bolsa de aseo/de viaje/de mano (la)
- DNI (Documento Nacional de Identidad) (el)
- Equipaje (el)
- Exceso de equipaje (el)
- Mapa de carreteras (el)
- Paisaje (el)
- Plano turístico (el)
- Reserva (la)
- Saco de dormir (el)
- Selva (la)
- Visado (el)
- Vista panorámica (la)

VERBOS

- Aburrirse
- Anular/Cancelar
- Aterrizar
- Despegar
- Divertirse
- Facturar
- Haber caravana/plazas libres
- Hacer escala
- Ir de *camping*
- Navegar
- Pasárselo bien/mal
- Perder las maletas/el tren
- Recoger el equipaje

TIEMPO ATMOSFÉRICO

- Clima húmedo/seco (el)
- Despejado
- Lluvioso
- Nublado
- Soleado
- Granizo (el)
- Huracán (el)
- Tormenta (la)

NATURALEZA Y MEDIO AMBIENTE

- Agujero de la capa de ozono (el)
- Cambio climático (el)
- Capa de ozono (la)
- Contaminación (la)
- Contenedor de reciclaje (el)
- Ecología (la)
- Energías alternativas (las)
- Parques naturales (los)
- Polución (la)
- Recursos naturales (los)

VERBOS

- Colaborar como voluntario
- Conservar
- Contaminar
- Proteger
- Reciclar

Especial DELE B1 Curso completo

examen 6 Léxico

Viajes, alojamiento y transporte

1. Relaciona cada foto con el tipo de viaje al que se refiere.

de aventura • safari • *camping* • de estudios • organizado • crucero • de negocios • solidario

1. ....
2. ....
3. ....
4. ....
5. ....
6. ....
7. ....
8. ....

2. Estas personas quieren ir de viaje. Lee las opciones y aconséjales lo que más les conviene.

Arturo trabaja mucho y ve poco a sus hijos. Ha decidido regalar a su familia un viaje para disfrutar todos juntos.

Félix y Ana van a casarse. Quieren pasar unos días juntos.

Lucía va a cumplir 18 años. Ella y sus amigos quieren celebrar el cumpleaños haciendo un viaje inolvidable y divertido.

Antonio vive solo y está feliz, pero quiere hacer un viaje para conocer a gente como él.

Desde que se jubilaron, Josefa y Ramón van a bailar, al teatro, a la playa… Ahora les gustaría ir a algún sitio romántico.

3. En un viaje, escribe qué tres cosas se pueden…

ORGANIZAR	RECORRER	PERDER	FACTURAR	CANCELAR	RESERVAR	DESCUBRIR

Léxico - Especial *DELE B1* Curso completo

Especial DELE B1 Curso completo

4 Marta va a hacer un viaje organizado a París en Semana Santa, ¿cuáles de estas cosas debe o no llevar en la maleta? Justifica tu respuesta, como en el ejemplo.

No tiene que llevar la sombrilla, porque no va a la playa.

¿Qué otras cosas añadirías y por qué?

5 Lee las definiciones y completa cada una con el alojamiento adecuado.

hotel • hostal • *camping* • parador • alojamiento rural • albergue

a. Edificio para alojar a personas durante sus viajes que cuenta con servicios como restaurante, piscina, etc. ....
b. Establecimiento económico con menos servicios que un hotel y destinado a personas jóvenes. ....
c. Suelen ser casas antiguas adaptadas como alojamiento turístico. Suelen estar fuera de las ciudades. ....
d. Lugar al aire libre preparado para acampar. Dispone de lavabos, lavandería, bar, restaurante, etc. ....
e. Establecimiento de categoría inferior al hotel que ofrece alojamiento y servicio de comedor. ....
f. Hotel de alta categoría que puede ser un castillo, un palacio, etc. ....

6 ¿A qué alojamiento anterior corresponden estas fotos?

7 Elige dos alojamientos y escribe tres aspectos positivos y tres negativos de cada uno.

Positivo

Negativo

Alojamiento 1: ....

Alojamiento 2: ....

Léxico - Especial *DELE B1* Curso completo

examen 6 Léxico
Viajes, alojamiento y transporte

8. Los hoteles tienen diferentes servicios. Observa los iconos y relaciona.

a. Bar cafetería
b. Servicio de habitaciones
c. *Parking*
d. Recepción 24 horas
e. Conexión wifi
f. Bañera
g. Secador de pelo
h. Servicio despertador
i. Adaptado minusválidos

9. ¿Qué significan estas siglas? Relaciona.

a. SA
b. AD
c. MP
d. PC

1. Pensión completa (desayuno, comida y cena).
2. Media pensión (desayuno y generalmente la cena).
3. Solo alojamiento.
4. Alojamiento y desayuno.

10. Escribe un breve texto explicando el último viaje que has realizado. Indica:

Qué tipo de viaje era • Dónde te has alojado • Qué servicios tenía el alojamiento

....
....

11. Un cliente llama al hotel Maravillas para hacer una reserva. Completa con las palabras o expresiones que te damos. Ordena el diálogo. Indica quién hace cada intervención: el recepcionista o el cliente.

alojamiento • precio • pensión • desayuno • número • reservar • completo • a partir de
equipaje • antes de • consigna • habitación doble • media • tren • lista • viaje

☐ De acuerdo, entonces una habitación doble con 1. .... ¿Tengo que dejar alguna señal para reservarla?
☐ Buenos días. Quería 2. .... una habitación doble para el puente de mayo.
☐ Gracias a usted. Hasta pronto.
☐ Fernando González Blanco. Mi número de DNI es 0555777, letra V.
☐ Pues... para el jueves no es posible. Está todo 3. ...., pero el viernes quedará libre una 4. .... a partir de las 14:00. ¿La salida para cuándo sería?
[1] Hotel Maravillas. Buenos días, ¿en qué puedo ayudarle?
☐ Estupendo. Queda reservada su habitación desde el 8, viernes, 5. .... las 14:00, hasta el domingo 10, 6. .... las 12 del mediodía. Muchas gracias y buen 7. ....
☐ Sí, claro, pueden dejar las maletas en la 8. .... del hotel.
☐ Para el domingo por la mañana. ¿Qué 9. .... tiene la habitación? En su página web pone 50 €…
☐ No, no es necesario. Dígame su nombre y apellidos y su 10. .... de DNI.
☐ Efectivamente son 50 € con desayuno. Si prefiere 11. .... pensión, 12. .... completa o solo 13. ...., el precio varía.
☐ Perdón, una cosa más, nuestro 14. .... llega a las 11:30, ¿podemos dejar el 15. .... en el hotel hasta tener 16. .... la habitación?

Recepcionista: 6, __, __, __, __, __ .   Cliente: __, __, __, __, __, __ .

152   Léxico - Especial *DELE B1 Curso completo*

Especial DELE B1 Curso completo

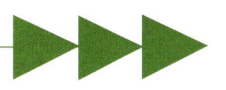

12 Algunas de estas palabras están relacionadas con alojamientos. Selecciona los intrusos. Justifica tu respuesta.

hostal • sombrilla • paseo • conserje • manta • almohada • albergue • recepción
completo • tienda de campaña • arena • puerta de embarque

13 Define estos elementos asociados con los medios de transporte. ¿Con cuál relacionas cada uno? Clasifícalos. Hay varias opciones.

a. aeropuerto
b. andén
c. asiento
d. billete de ida y vuelta
e. bolsa de mano
f. crucero
g. equipaje
h. escala
i. estación
j. exceso de equipaje
k. llegada
l. mostrador de facturación
m. pista
n. puerta de embarque
ñ. puerto
o. salida
p. tarjeta de embarque
q. terminal
r. vagón
s. ventanilla
t. vuelo

AVIÓN	BARCO	TREN

14 Elige un medio de transporte y escribe un breve relato con las palabras que has clasificado.

15 Escribe sustantivos derivados de estos verbos. Hay varias opciones.

a. acampar ....
b. pasear ....
c. alojarse ....
d. viajar ....
e. reservar ....
f. contratar ....
g. visitar ....
h. recibir ....
i. aterrizar ....
j. despegar ....

16 ¿Qué diferencias hay entre…

- … tres estrellas y tres tenedores?
- … sandalias y zapatos?
- … bolsa de viaje y maleta?
- … mapa de carreteras y plano?
- … hotel y hostal?
- … arena de la playa y tierra?
- … anular o cambiar un billete?

Léxico - Especial DELE B1 Curso completo

examen 6 Léxico
Geografía, clima y naturaleza

1. Observa el mapa, lee las pistas y completa con los nombres que faltan.

Crea 3 pistas como las del ejercicio. Los compañeros las completan.

a. Asturias está entre Galicia y ...., en el norte. Sus playas están bañadas por el mar Cantábrico. Su capital es .... y la de Cantabria es ....
b. La capital de Galicia es La Coruña que está bañada por el océano Atlántico y por el mar .... La Coruña está al norte de Pontevedra.
c. La capital de .... se llama Sevilla. Está al .... de Huelva y al norte de .... Al este de Andalucía está Murcia. Su capital también se llama ....
d. Al este de Portugal, limitando con Andalucía y Castilla-La Mancha, está .... Su capital es Mérida. Está al norte de .... Al norte de Badajoz está ....
e. Toledo es la capital de .... y está al sur de Madrid.
f. Entre el mar Mediterráneo y Castilla-La Mancha está la Comunidad Valenciana. Su capital es ...., que está al .... de Alicante y al sur de ....
g. En Castilla y León está ...., al norte de Cáceres; León, al sur de Asturias; y Segovia, al lado de ....
h. La Rioja es una comunidad pequeña, situada al .... del País Vasco. Su capital es ....
i. Navarra limita con Francia al norte y al este con Aragón. .... es su capital.
j. El País Vasco está entre .... y .... Su capital es ...., que no tiene mar.

2. Relaciona estas imágenes con alguna de las regiones de España.

1. .... 2. .... 3. .... 4. .... 5. .... 6. .... 7. ....
8. .... 9. .... 10. .... 11. .... 12. .... 13. ....

154 Léxico - Especial DELE B1 Curso completo

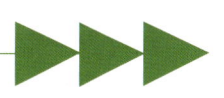

3. Completa las definiciones siguientes con estos accidentes geográficos. Después, localiza en la imagen las palabras subrayadas.

valle • isla • cordillera • continente
lago • costa • península • río

a. Tierra rodeada de mar por todas partes: ……………………… .
b. España y Portugal forman una ……………………………; es decir, tienen mar por todas partes, excepto por una.
c. La corriente de agua constante que nace en las montañas y termina en el mar es un …………………………… .
d. Un …………………………… es lo que hay entre dos montañas.
e. Europa es un ……………………………, como África, América, Oceanía o Asia.
f. Cuando hay agua que viene de las montañas y se junta en un lugar más bajo, puede formar un …………………………… .
g. Un conjunto de montañas es una …………………………… .
h. El lugar de la tierra que está en contacto con el mar o cerca de él se llama …………………………… .

4. ¿Recuerdas cómo se llaman las estaciones del año? Escribe sus nombres y tres adjetivos relacionados con cada una.

a. ………………………………
• ………………………………
• ………………………………
• ………………………………

b. ………………………………
• ………………………………
• ………………………………
• ………………………………

c. ………………………………
• ………………………………
• ………………………………
• ………………………………

d. ………………………………
• ………………………………
• ………………………………
• ………………………………

5. ¿Conoces estos símbolos? Completa con las consonantes que faltan.

1. __ o __ ea __ o
2. __ u __ __ a __ o
3. __ __ u __ ia
4. __ ie __ __ o
5. __ ie __ e
6. __ __ ío
7. __ a __ o __
8. __ o __ __ e __ __ a

6. ¿Hace, hay o está? Completa estas palabras relacionadas con el clima con los verbos adecuados.

a. ………………… buen/mal tiempo
b. ………………… tormenta
c. ………………… nubes
d. ………………… hielo
e. ………………… nublado
f. ………………… viento
g. ………………… húmedo
h. ………………… calor/frío/sol
i. ………………… despejado

examen 6 Léxico
Geografía, clima y naturaleza

7 Relaciona cada imagen con un aspecto relacionado con el clima.

a. niebla
b. huracán
c. granizo
d. ola de calor
e. nublado
f. despejado
g. soleado
h. llover
i. nevar
j. sequía
k. inundación

8 Comenta en clase.

- ¿Cómo es el clima en verano en tu país? ¿Y en otoño?
- ¿Qué tipo de clima prefieres: cálido, húmedo?
- ¿Cuántas estaciones hay en el año? ¿Qué estación te gusta más?
- ¿Qué sabes del clima en España?
- ¿Qué te gusta hacer en invierno? ¿Y en primavera?
- ¿Has estado alguna vez en un desierto o en una selva? Explica tu experiencia.

9 ¿Qué tiempo va a hacer mañana? Observa el mapa y escribe la previsión meteorológica.

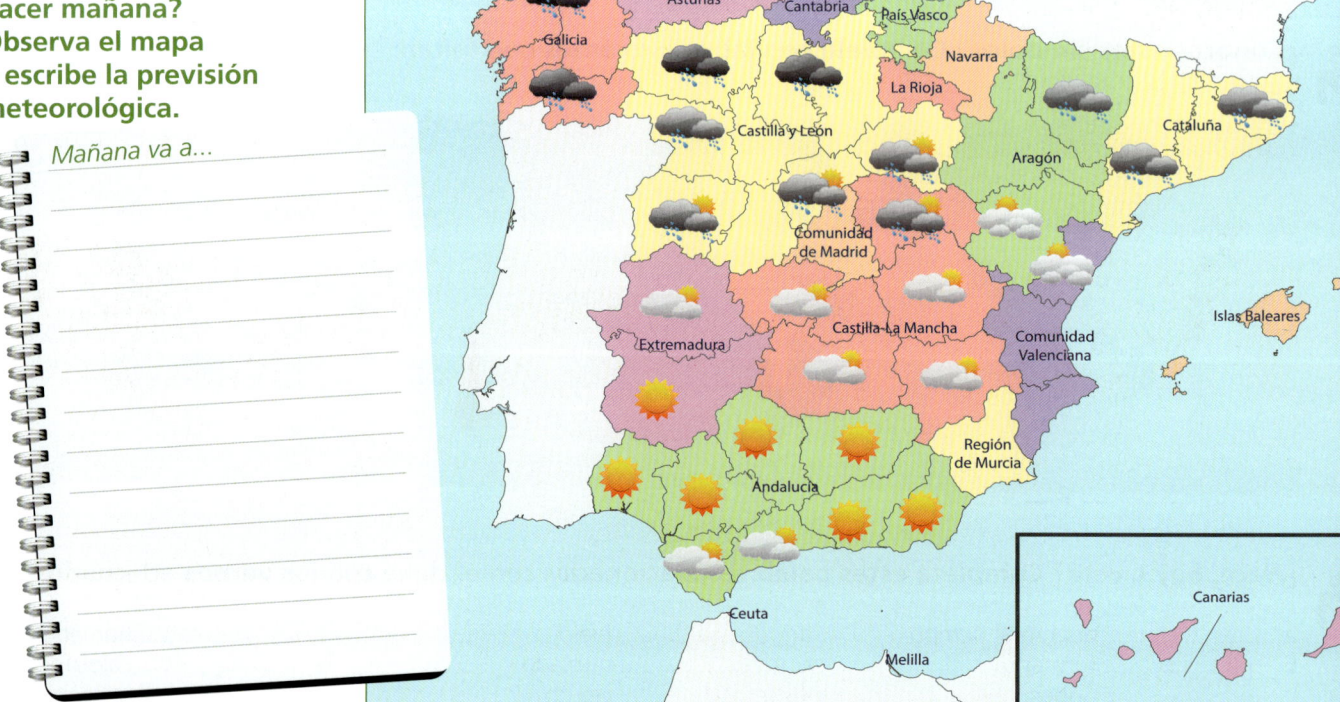

Mañana va a...

156 Léxico - Especial *DELE B1* Curso completo

Especial DELE B1 Curso completo

10 ¿Conoces estos animales domésticos? Relaciona cada uno con su nombre.

perro • gallo • gato • ratón • conejo • periquito

1. ....
2. ....
3. ....
4. ....
5. ....
6. ....

¿Tienes alguna mascota? ¿Cuál? ¿Cómo se llama? ¿A qué familia pertenece?

11 Completa con la sílaba falta.

1. __ ón
2. leo __ do
3. ele __ te
4. ri __ ceron __
5. hipo __ ta __
6. __ llena
7. del __
8. fo __
9. __ tu __
10. __ güi __
11. ti __ rón

12 Escribe el nombre de estos animales y clasifícalos en la columna correspondiente. Después, añade, al menos, otro animal de cada especie.

a. .... b. .... c. .... d. .... e. ....

MAMÍFEROS	REPTILES	INSECTOS	PECES	AVES

Léxico - Especial *DELE B1* Curso completo

examen 6 Gramática

SERIE 1

1 Completa estas frases seleccionando la opción correcta.

1. Compré la bolsa de aseo y ___ viaje en la tienda que está cerca de mi trabajo.
   a. el de   b. lo de   c. la de
2. Estamos ___ 30 de junio. ¡Mañana empiezan las vacaciones!
   a. a   b. en   c. Ø
3. Han llamado del hotel porque hay una habitación libre, pero ___ de anular el billete de avión.
   a. he acabado   b. acabé   c. acabo
4. Un saco ___ dormir no es muy cómodo. Prefiero mis sábanas.
   a. de   b. por   c. a
5. José, ___ es el recepcionista de este hotel.
   a. mi primo   b. mi primo,   c. primo
6. Sofía sueña ___ hacer un crucero algún día.
   a. con   b. de   c. hasta
7. El astronauta lleva un año preparándose ___ viaje espacial.
   a. para el   b. con el   c. al
8. A lo mejor ___ unos árboles frutales y unos rosales en el jardín.
   a. que plantemos   b. plantemos   c. plantamos
9. ___ las plantas están un poco secas. Voy a regarlas.
   a. Parecen   b. Parecen que   c. Parece que
10. Este año mucha gente ha hecho *camping* por la subida ___ precios de los hoteles.
    a. con   b. de   c. por
11. El huracán causó una gran destrucción; ___, no hubo muertos, solo heridos leves.
    a. o sea   b. sin embargo   c. en resumen
12. Lo que menos me gusta en vacaciones ___ los viajes organizados.
    a. ser   b. son   c. es

SERIE 2

2 Completa estas frases seleccionando la opción correcta.

1. La llegada ___ los turistas españoles al hostal fue a las cinco de la tarde.
   a. en   b. de   c. por
2. En ese país ___ protege mucho el medio ambiente.
   a. lo   b. le   c. se
3. Desde la ventana podíamos ver las montañas. Eran ___ gigantescas.
   a. muy   b. bastante   c. Ø
4. ¿Por qué el abuelo ___ de dar paseos? Son muy buenos para su salud.
   a. ha salido   b. ha dejado   c. ha ido
5. –Luisa está contentísima: va a hacer un safari en Kenia./–Sí, sí ___ está.
   a. lo   b. la   c. ella
6. Mi vecina y yo ___ en la playa, cuando paseábamos por la orilla.
   a. nos encontramos   b. la encontré   c. se encontraron
7. El escalador estuvo a punto ___ caerse en la parte más peligrosa de la montaña.
   a. a   b. de   c. por
8. La nevera portátil que compramos estaba rota ___.
   a. de dentro   b. por dentro   c. entre dentro
9. Esas sandalias sirven ___ la arena. Pero si la playa tiene piedras, no son útiles.
   a. hasta   b. para   c. por
10. Si seguimos ___ tanto, el agujero de la capa de ozono aumentará.
    a. contaminando   b. en contaminar   c. a contaminar
11. No ___ una buena idea que duermas en un saco. El suelo está húmedo.
    a. tienes   b. es   c. está
12. Mi hermano ha estudiado Química, pero ___ de recepcionista en un hotel en verano.
    a. es   b. tiene   c. está

3. Completa estas frases seleccionando la opción correcta.

SERIE 3

1. Tienen que limpiar el contenedor de vidrio. Está sucio ___ detrás.
    a. en   b. entre   c. por
2. Desde lejos, la playa parecía ___ enorme.
    a. tan   b. Ø   c. más
3. Me encanta la montaña. Suelo ___ senderismo todos los fines de semana.
    a. a hacer   b. haciendo   c. hacer
4. Cuando el director entró en el hotel, el recepcionista se puso ___ pie.
    a. al   b. de   c. del
5. No podemos empezar la ruta a las doce. ___ muy tarde. Son 20 km.
    a. Hay   b. Es   c. Está
6. ¿En la empresa pueden pagarme el viaje de trabajo o ___ estudios?
    a. lo de   b. el de   c. de los
7. Para el año próximo, Eduardo ha planeado un gran viaje. ___ a ir a Nueva Zelanda.
    a. Está yendo   b. Irá   c. Va
8. Si no te gustan los viajes organizados, ¿por qué ___ a contratar uno?
    a. has vuelto   b. has empezado   c. has seguido
9. En septiembre hicimos turismo por Gran Bretaña. La libra esterlina ___ a 1,13 euros.
    a. contaba   b. estaba   c. valía
10. El senderista que conocimos en la ruta tenía 65 años, ___ parecía más joven.
    a. sin embargo   b. por eso   c. aunque
11. El abuelo siempre nos habla ___ sus viajes a Asia y África cuando era joven.
    a. de   b. en   c. con
12. ___ poco en España. Es una pena, porque es responsabilidad de todos.
    a. Nos reciclamos   b. Se reciclan   c. Se recicla

4. Completa estas frases seleccionando la opción correcta.

SERIE 4

1. Esta ola de frío no es normal. ¡Estamos ___ julio!
    a. por   b. en   c. a
2. El funcionario que me renovó el DNI era ___.
    a. lento increíble   b. lento increíblemente   c. increíblemente lento
3. –En esta habitación hay un olor raro./–¿Tú crees? Yo no huelo ___ nada.
    a. de   b. sin   c. a
4. ___ pena que esté nublado. Las vistas desde aquí son fantásticas.
    a. Da la   b. Pone   c. Es una
5. El guía dividió a los turistas en tres ___ de 50 personas para hacer la visita.
    a. equipos   b. grupos   c. montones
6. Es mejor volver. ___ se ___ nublando y en la montaña las tormentas son peligrosas.
    a. Parece… estar   b. Parece que… está   c. Parecen que… están
7. Manuel la conoció en un viaje de negocios y se enamoró ___ ella cuando la vio.
    a. a   b. con   c. de
8. No hay plazas libres en ningún hotel y ya ___ noche. ¿Qué hacemos?
    a. es de   b. está la   c. estamos en
9. Este río está muy contaminado. ___ es por la fábrica de papel que está cerca.
    a. Seguro   b. Es probable que   c. A lo mejor
10. Cuando los turistas se bajaron ___ autobús, el cielo todavía estaba despejado.
    a. en el   b. del   c. por el
11. No bebas esa agua: tiene mucha suciedad ___ encima.
    a. desde   b. sobre   c. por
12. Cuando Pepe supo que habían perdido su equipaje, se ___ a gritar como un loco.
    a. puso   b. empezó   c. se acabó

examen 6 Funciones

1 SERIE 1
Elige la opción correcta y completa el cuadro de funciones con las fórmulas correspondientes a cada una.

1. ¿___ hablar con el responsable de facturación, por favor?
   a. Quería　　　b. Tengo que　　　c. Podría
2. ___ hablar con el recepcionista, por favor.
   a. Podría　　　b. Quisiera　　　c. Quise
3. ¿Desea ___ algún mensaje?
   a. decirle　　　b. dejarle　　　c. dejarse
4. ¿Te importa ___ un recado?
   a. que deje　　　b. dejarte　　　c. si te dejas
5. ¿Cómo ___ su familia?
   a. estás en　　　b. están　　　c. está
6. –¿Qué tal te va en el viaje?/–Bien, gracias. ¿Y ___?
   a. tal a ti　　　b. a ti　　　c. tú
7. –¿Qué tal te van las cosas?/–___, ¿y ___?
   a. Un poco… las tuyas　　　b. Así, así… a ti　　　c. Más, menos… tú
8. –¿Qué tal te va todo?/–___ mejor. ¿Y ___?
   a. Más… tú　　　b. Mucho… a ti　　　c. Muy… para ti
9. Sí, ahora ___, un momento.
   a. se pone　　　b. póngase　　　c. lo pone
10. Lo siento, no está en ___.
    a. ahora　　　b. este momento　　　c. un momento
11. Perdona, pero ___ que en este momento no se puede poner.
    a. es　　　b. por　　　c. mismo
12. Lo siento, se ha confundido ___ número.
    a. el　　　b. de　　　c. en

Tu listado

a. **Preguntar por una persona**
   ¿Puedo hablar con el director, por favor?
   1. ....
   2. ....
b. **Preguntar si quiere/puede dejar un recado**
   ¿Quiere(s) que le diga algo?
   3. ....
   4. ....
c. **Preguntar y responder sobre el estado general de las cosas**
   –¿Qué tal el hotel?/–Muy bien, gracias.
   5. ....
   6. ....
   7. ....
   8. ....
   [conversación telefónica]
d. **Responder, pidiendo que espere**
   Un momento, por favor.
   9. ....
e. **Responder indicando que la persona no está/no está disponible/se ha equivocado**
   Ahora mismo no está/no puede ponerse.
   No, no es aquí, se ha equivocado.
   10. ....
   11. ....
   12. ....

2 SERIE 2
Elige la opción correcta y completa el cuadro de funciones con las fórmulas correspondientes a cada una.

1. –___, ¿qué le pasó al buceador ayer?
   a. ¿Eh?　　　b. ¿Sí?　　　c. Oye
2. –¿Qué tal las vacaciones?/–___ muy bien. Recorrimos Cantabria.
   a. Es decir　　　b. Además　　　c. Pues
3. ___ un momento, por favor.
   a. Escucha　　　b. Me escuche　　　c. Nos escuchamos
4. [En respuesta a 3] ___.
   a. ¿Qué dices?　　　b. Dime　　　c. Dímelo
5. –Cuando volví de pasear, la sombrilla no estaba./–¿___?
   a. Qué horror　　　b. En serio　　　c. Vaya
6. –El otro día me ocurrió todo lo que decía el horóscopo./–¿___?
   a. De verdad　　　b. Realmente　　　c. Verdaderamente
7. Estábamos bajo un árbol comiendo y ___ empezó a llover.
   a. cuando　　　b. un momento　　　c. de repente
8. ___ no había plazas en el hotel, decidimos hacer camping.
   a. Pues　　　b. Como　　　c. Porque
9. Me encanta hacer senderismo, ___ en otoño.
   a. así que　　　b. además　　　c. sobre todo
10. El árbol era muy delgado. ___, sus raíces eran muy grandes.
    a. Sobre todo　　　b. Sin embargo　　　c. Como
11. Lo siento. ___ no hay habitación hasta la próxima semana.
    a. Es que　　　b. Porque　　　c. Como
12. –¿___? No oigo nada./–Es que estoy en la montaña.
    a. Sigues ahí　　　b. Estás aquí　　　c. Nos oímos

Tu listado

f. **Solicitar que comience un relato y reaccionar**
   ¿Qué tal? ¿Qué pasó…?
   1. ....
   2. ....
g. **Introducir el tema del relato y reaccionar**
   –¿Sabes qué ha pasado?/–Sí, ya lo sé.
   3. ....
   4. ....
h. **Indicar que se sigue el relato con interés**
   Sí, sí, claro.
   5. ....
   6. ....
i. **Introducir un hecho y conectar elementos**
   (Y) entonces…/Además/Por lo tanto…
   7. ....
   8. ....
   9. ....
   10. ....
   11. ....
   [conversación telefónica]
j. **Controlar la atención del interlocutor**
   ¿Oiga…? ¿Me oye? No se oye nada.
   12. ....

3 SERIE 3

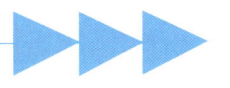

Elige la opción correcta y completa el cuadro de funciones con las fórmulas correspondientes a cada una.

1. [Juan ha contado su viaje a un amigo] Y eso es todo lo que pasó. ___, fue un viaje con bastantes problemas.
   a. Por otro lado   b. Primeramente   c. En conclusión
2. ¿Sabes que hicimos escalada? ___ cuando subíamos...
   a. Pues   b. Por otra parte   c. Finalmente
3. Ha llovido mucho, ___ que no es necesario regar la huerta.
   a. o sea   b. por lo tanto   c. entonces
4. Estas leyes son fundamentales para el medio ambiente, ___, para los parques naturales.
   a. también   b. es decir   c. en concreto
5. Preguntamos al conserje que ___ estaba el aparcamiento.
   a. si   b. dónde   c. por qué
6. Un momento, ¿___ decir ___?
   a. deseo... cosas   b. quiero... algo   c. puedo... una cosa
7. ___, te escucho.
   a. Sigue, sigue   b. Oye, oye   c. Habla, habla
8. Por favor, ___ terminar.
   a. déjame   b. me dejarás   c. me dejas
9. En ___ a la cuestión de la contaminación, tengo algo que decir.
   a. concreto   b. cuanto   c. particular
10. Bueno, pues ___. Continuaremos mañana.
    a. conclusión   b. no más   c. nada más
11. –Perdona, es que tengo que irme./–Vale, ___.
    a. te hablo   b. nos vemos   c. continuamos
12. –Bueno, me voy./–___, he olvidado decirte algo.
    a. Espera   b. Atención   c. Ah, ¿sí?

Tu listado

k. **Organizar la información**
   Para empezar/Para terminar...
   1. ....
   2. ....

l. **Reformular lo dicho y destacar algo**
   Es decir/En resumen...
   Es importante/Sobre todo...
   3. ....
   4. ....

m. **Citar**
   Perdona/Lo siento, pero ¿puedo...?
   5. ....
   6. ....

n. **Interrumpir e indicar que se puede reanudar el discurso**
   Continúa (por favor).
   7. ....

ñ. **Indicar que se desea continuar el discurso**
   Solo un minuto.
   8. ....

o. **Introducir un nuevo tema**
   Una/Otra cosa...
   9. ....

p. **Proponer/Aceptar/Rechazar el cierre**
   Lo siento, es que.../Bueno, hasta luego.
   10. ....
   11. ....
   12. ....

4 Corrección de errores

Identifica y corrige los errores que contienen estas frases. Puede haber entre uno y tres en cada una.

a. En pronto empezó a oler a humo, pero el recepcionista siguió a hablar con los turistas que acababan en llegar.
b. Lo que más me gusta de aquí es las vistas, montar con bici y pasear para los parques.
c. Me encantan mucho los documentales de animales. Los de leones y tigres los veo cuando pueda.
d. Me recuerdo que junto en el hostal había árboles de frutales, huertas y una granja.
e. El guía nos preguntó de qué dirección íbamos cuando vio que dejamos a caminar.
f. No llegué en tiempo aunque perdí las maletas, ¿sabemos?
g. Parecen que las plantas están secas. Les riegan cada tres días con agua en el tiempo.
h. Cuando haga senderismo, no me separo desde el grupo.
i. La playa era muy enorme: empezamos por andar a las diez y terminamos por las doce.
j. No está la buena idea volver de la montaña en noche.

5 Uso de preposiciones

Tacha la opción incorrecta en estas frases.

a. No me di cuenta *de/en* que la toalla ya no estaba en la arena.
b. La tienda de campaña estaba rota *de/por* detrás.
c. Cuando viajé a Irlanda, tuve que conducir *a/por* la izquierda.
d. El avión salió *con/de* retraso y tuvimos que cambiar los billetes de autobús.
e. Ponte *con el/al* teléfono. Es tu hermano, que ha salido de puente.
f. Estamos *en/a* otoño, pero hace mucho calor.
g. *Por/En* el momento ningún hotel tiene plazas libres.
h. En esa playa el paisaje era maravilloso. *En/A* lo lejos se veía la isla de Ons.
i. Últimamente tengo mucho trabajo. Por eso solo salgo *de/en* vez en cuando.
j. A Pepe le gusta viajar. *A/De* menudo, va con toda su familia.

modelo de examen 6

PRUEBA 1 — Comprensión de lectura

Tiempo disponible para las 5 tareas: 70 min

TAREA 1

(Ver características y consejos, p. 236)

A continuación va a leer seis textos en los que unas personas hablan sobre sus planes para las vacaciones y unos textos que informan sobre lugares de veraneo. Relacione a las personas, 1-6, con los textos que informan sobre los lugares, a)-j). Hay tres textos que no debe relacionar.

PREGUNTAS

	PERSONA	TEXTO
0.	VICTORIA	c)
1.	EDUARDO	
2.	NELA	
3.	ANTONIO	
4.	ALICIA	
5.	PEDRO	
6.	MARIAN	

0. VICTORIA	Queremos ir al mar, pero tenemos un bebé de pocos meses y eso nos condiciona: hay que prepararle su comida y tiene que dormir a sus horas.
1. EDUARDO	Todos los años pasamos el verano en el mar, pero este año me apetece hacer turismo cultural. Mis hijos ya son suficientemente mayores como para disfrutar de este tipo de viaje.
2. NELA	Mi marido y los niños quieren ir a la costa, pero este año hemos tenido muchos gastos, porque hemos hecho obras en casa, y necesitamos encontrar algo realmente barato.
3. ANTONIO	Un grupo de amigos de la facultad y yo vamos a pasar juntos estas vacaciones. La verdad es que los monumentos y museos nos interesan poco. Queremos un lugar que tenga vida nocturna.
4. ALICIA	Tengo tres hijos pequeños y dos perros, con los que vamos a todas partes. Me paso el día cocinando y limpiando. Lo que quiero es descansar, relajarme y no hacer nada...
5. PEDRO	Yo vivo en la ciudad todo el año, sufriendo el ruido y los atascos. No quiero playas llenas de gente ni lugares demasiado turísticos, sino disfrutar de la naturaleza y del aire libre con mi mujer y mis hijos.
6. MARIAN	Normalmente paso las vacaciones con mis padres, pero este año, mi novio y yo, que somos muy aficionados a los deportes acuáticos, hemos decidido hacer algo juntos.

Especial DELE B1 Curso completo

VIAJES, NATURALEZA Y MEDIO AMBIENTE
Comprensión de lectura

| todos | montaña | costa | menos ▼ |

LUGARES DE VERANEO

a) **CAMPING LA HERRADURA.** *Camping* de ambiente familiar, ubicado cerca de una bonita playa famosa por la tranquilidad de sus aguas, muy segura para niños. Buen punto de partida para visitar otras playas y los diferentes atractivos turísticos de la región. A cinco minutos en coche del centro urbano y cerca de los centros comerciales. Precios muy económicos.

b) **CORTIJO LA HUERTA.** Casa rural independiente con más de un siglo de antigüedad, rehabilitada. Con capacidad hasta para seis personas. Tiene tres dormitorios, cocina equipada, salón con chimenea, habitaciones con baño y jardín con barbacoa y piscina. Junto a un río y un bosque de olivos y almendros, a 100 m del pueblo.

c) **APARTOTEL ISLA BONITA.** A quince minutos del centro de la ciudad y a cinco de la playa. Cincuenta suites de uno, dos o tres dormitorios con aire acondicionado, acceso a Wi-Fi y televisión por cable. Cocina completamente equipada y baño con *jacuzzi*. Siéntete como en casa, disfrutando al mismo tiempo de los servicios de un hotel.

d) **HOTEL AEROPUERTO.** Pensado para hombres y mujeres de negocios que buscan tranquilidad y comunicación directa con el centro de la ciudad. Dotado con siete salas para reuniones y convenciones elegantemente decoradas y con luz natural. Con capacidad para 300 personas máximo. Ofrece acceso Wi-Fi a Internet y material de escritorio gratis (material audiovisual bajo petición).

e) **HOTEL ESTRELLA DE MAR.** Disfrute de todo el lujo y la comodidad de nuestro hotel de cinco estrellas. Disponemos de zona deportiva con piscina vigilada, spa y gimnasio. Ofrecemos una amplia variedad de actividades para niños que los mantendrán entretenidos mientras usted se relaja. Admitimos animales de compañía.

f) **HOTEL GUADALIMAR.** Situado en la colina sobre la que se asienta la Alhambra. Estupenda comunicación con el centro histórico de la ciudad y con el célebre barrio árabe del Albaicín mediante un minibus directo. Disfrutará de las ventajas de estar junto al centro de la ciudad, junto a la tranquilidad que se respira en la colina de la Alhambra.

g) **HOTEL A VISTA DE PÁJARO.** El sueño más antiguo del hombre es volar y la forma más natural es en ala delta o parapente. Nuestro hotel, situado en la sierra de la Alpujarra, cuenta con una escuela de estas dos técnicas con monitores de amplia experiencia. Disfruta de uno de los paisajes más hermosos del mundo a vista de pájaro.

h) **BUNGALOWS LOS CORALES.** Descubra nuevos lugares para disfrutar de las maravillas del mundo submarino. Situados en zonas de aguas cristalinas con arrecifes de coral, nuestros alojamientos disponen de centros de formación propios de buceo y pesca submarina sea cual sea su nivel (principiante o experto). No deje de visitar nuestra web: www.subloscorales.com.

i) **HOTEL JARDÍN DE LAS DELICIAS.** Un lugar perfecto para disfrutar de unas animadas vacaciones. Ideal para quienes buscan diversión. Muy cerca de numerosas discotecas y salas de fiesta de la ciudad. Interesantes ofertas si se reserva con más de un mes de antelación (consulte política de cancelaciones).

j) **HOTEL LA FLOR.** Situado justo en el paseo marítimo. Este famoso hotel ha sido recientemente renovado. Cerca de discotecas y tiendas. Con un amplio programa deportivo y de entretenimiento para todas las edades. Venga a relajarse en nuestro hotel, admirando las hermosas puestas de sol desde la ventana de su habitación. Precios especiales para familias. (No se admiten animales).

6 VIAJES, NATURALEZA Y MEDIO AMBIENTE
Comprensión de lectura

TAREA 2

(Ver características y consejos, p. 238)

A continuación hay un texto con consejos para quienes van a viajar con perros. Después de leerlo, elija la respuesta correcta, a), b) o c), para las preguntas, 7-12.

SI VAS A VIAJAR CON TU PERRO

Si piensas viajar con tu perro por carretera, aquí tienes unos consejos que pueden serte útiles:

En primer lugar, si quieres que tu perro se comporte bien en un viaje, sobre todo si es largo, es indispensable que tenga buena salud. Llévalo al veterinario antes de salir y asegúrate de que tiene todas las vacunas que pueda necesitar. Si aún no lo has hecho, es buen momento para colocarle un chip localizador, ya que estará en lugares que no conoce y podría perderse.

Dependiendo de adónde te dirijas, tu mascota puede necesitar un montón de cosas que luego quizá no sean fáciles de conseguir. Asegúrate de llevar alimentos suficientes para el viaje completo. Ayudará también que tenga un juguete para que no se aburra demasiado en las largas jornadas de coche. Si no tienes una caja de transporte, no es mala idea comprar una, pues es importante que viaje seguro. No está de más comprar de paso un buen lote de productos antiparasitarios.

Por un lado, prepara una zona cómoda para tu perro, ya que estará expuesto a nuevos lugares, personas y experiencias durante el viaje. Por eso, crear en el coche un lugar donde se sienta seguro, solo para él, le ayudará. Lógicamente, cuanto mayor sea tu coche, más fácil será hacerlo. Asegúrate, además, de que hay espacio suficiente para él y no llenes el coche de cosas innecesarias.

Si viajas al extranjero, considera que las regulaciones en cuanto a vacunas pueden ser muy diferentes en un país u otro. Esta información puedes encontrarla fácilmente en Internet, donde también encontrarás muchos datos de interés, como por ejemplo, qué hoteles admiten mascotas. Entérate antes de reservar porque puede haber desagrabables sorpresas.

Por otro lado, piensa que un perro estresado es difícil de controlar, así que procura que no se ponga nervioso. Si va en la parte de atrás, desconecta los altavoces allí, porque los sonidos le afectan mucho más que a los humanos. Conduce con cuidado: frenazos, acelerones y el sonido del claxon le sientan fatal.

Otra cosa que ayuda mucho en estas circustancias es mantener una rutina, aunque sea difícil en un viaje, porque si para los humanos es necesario, para un perro es fundamental: aliméntalo a las mismas horas y procura que pasee al menos un cuarto de hora cada mañana. Detente en las áreas de descanso y corre o juega un poco con él, pues le ayudará a estar más calmado durante el viaje. De esta forma se adaptará con mucha más facilidad a la vida en la carretera.

Por último, premia a tu perro. Los perros quieren saber cuándo lo están haciendo bien, así que felicitándolo y con una pequeña recompensa continuará comportándose así.

Adaptado de www.noticias.coches.com

VIAJES, NATURALEZA Y MEDIO AMBIENTE
Comprensión de lectura

PREGUNTAS

7. Según el texto, en relación a los perros:
   a) Los viajes en coche les afectan a la salud.
   b) Hay que vacunarlos antes de viajar.
   c) Es importante comprobar que están sanos antes de viajar.

8. En el texto se afirma que antes de viajar hay que:
   a) Elegir el destino pensando que viajas con tu perro.
   b) Comprar aquello que sea difícil de encontrar.
   c) Alimentar muy bien al perro.

9. Según el texto:
   a) Solo se debe viajar con perros en coches grandes.
   b) Es mejor no llevar demasiado equipaje.
   c) Viajar con perros en el coche es peligroso.

10. El texto afirma que:
    a) Algunos alojamientos no admiten perros.
    b) Hay países donde no se puede ir con perros.
    c) Es mejor reservar el hotel por Internet.

11. Según el texto:
    a) No se debe poner la radio durante el viaje.
    b) Los ruidos ponen nerviosos a los perros.
    c) El conductor debe evitar ponerse nervioso.

12. En el texto se afirma que:
    a) Hay que parar como poco quince minutos en zonas de descanso.
    b) Los perros se adaptan fácilmente al viaje por carretera.
    c) Es importante que el perro haga ejercicio a diario.

Especial DELE B1 Curso completo

6 — VIAJES, NATURALEZA Y MEDIO AMBIENTE
Comprensión de lectura

TAREA 3

(Ver características y consejos, p. 239)

A continuación va a leer tres textos en los que tres personas hablan sobre sus últimas vacaciones. Después, relacione las preguntas, 13-18, con los textos, a), b) o c).

PREGUNTAS

	a) Ernesto	b) Gloria	c) Miguel
13. ¿Quién ha pasado muchas veces las vacaciones en el extranjero?			
14. ¿Qué persona piensa volver al mismo lugar?			
15. ¿Qué persona ha alquilado un piso?			
16. ¿Quién veranea siempre en el mismo lugar?			
17. ¿Qué persona tuvo mal tiempo?			
18. ¿Quién tuvo que cambiar de planes?			

a) Ernesto
Mi mujer y yo somos del sur y en verano solemos viajar allí para ver a nuestras familias, pero durante las pasadas vacaciones decidimos hacer algo diferente y nos fuimos a Cantabria. Nunca antes habíamos estado en el norte de España y nos encantó. La naturaleza allí es espectacular. ¡Y la comida! Además, tuvimos mucha suerte con el hotel. Estaba muy bien situado, en pleno centro de Santander, que es una ciudad realmente preciosa. Luego aprovechamos para hacer algunas excursiones a Santillana del Mar, Comillas... El único inconveniente fue la lluvia, llovió casi todos los días, pero, realmente, pensamos repetir el próximo año.

b) Gloria
Nosotros, como cada año, fuimos a la playa, concretamente a Isla Cristina, donde mi hermana tiene un apartamento al lado del mar y nos lo suele prestar. Así nos sale muy económico. Además, el pueblo es muy agradable y los niños tienen amigos y lo pasan muy bien. Este año, decidimos hacer algo especial y pasar unos días en Portugal. Nuestra idea era estar allí al menos una semana y conocer bien el Algarve, pero mi marido se rompió una pierna dos días antes y no pudimos viajar. A ver si el año que viene tenemos más suerte, porque me han dicho que el sur de Portugal es precioso.

c) Miguel
Normalmente en vacaciones viajamos fuera. El año pasado, por ejemplo, pasamos diez días en Turquía y el anterior, una semana maravillosa en las islas griegas. Pero este año hemos decidido ahorrar y hemos reservado un pequeño apartamento en una playa de Granada. La verdad es que la experiencia nos ha salido muy bien: ha sido mucho más barato y hemos podido estar un mes completo. Además, ha sido mucho más relajante. Cada mañana íbamos a la playa, luego volvíamos a casa a comer o tomábamos algo en uno de los restaurantes del paseo marítimo. Después, dormíamos la siesta y, por la tarde, a la playa otra vez. Ahora siento que realmente he descansado.

VIAJES, NATURALEZA Y MEDIO AMBIENTE
Comprensión de lectura

TAREA 4

(Ver características y consejos, p. 240)

A continuación va a leer un texto del que se han extraído seis fragmentos. Después, lea los ocho fragmentos, a)-h), y decida en qué lugar del texto, 19-24, va cada uno. Hay dos fragmentos que no tiene que elegir.

¿QUÉ ES EL CALENTAMIENTO GLOBAL?

El término *calentamiento global* se refiere al aumento gradual de las temperaturas de la atmósfera y océanos de La Tierra que se ha detectado en la actualidad, además de su continuo aumento que se proyecta en el futuro.

El término, a veces, se refiere específicamente al cambio climático causado por la actividad humana, a diferencia del causado por procesos naturales de La Tierra y el sistema solar. **19.** _____.

Si se revisa el gráfico de las temperaturas de la superficie terrestre de los últimos cien años, se observa un aumento de aproximadamente 0,8 °C, y que la mayor parte de este aumento se ha producido durante los últimos treinta años. **20.** _____.
Pero la mayor parte de la comunidad científica asegura que este aumento se debe a la concentración de gases invernadero por las actividades humanas que incluyen deforestación y la quema de combustibles fósiles como el petróleo y el carbón. **21.** _____.

Los estudios del IPCC (Panel Intergubernamental sobre Cambio Climático) indican que la temperatura global probablemente seguirá aumentando durante el siglo XXI. Un aumento de la temperatura global resultará en cambios que ya se están observando a nivel mundial. **22.** _____.

Entre las consecuencias predecibles, se observará un retroceso de los glaciares, disminución de los hielos permanentes y subida de nivel de los mares. **23.** _____. También se esperan extinciones de especies debido a los cambios de temperatura y variaciones en el rendimiento de las cosechas.

Se piensa que si el aumento de la temperatura promedio global es mayor a 4 °C, en muchas partes del mundo los sistemas naturales no podrán adaptarse y, por lo tanto, no podrán sustentar a sus poblaciones circundantes. **24.** _____.

Los científicos mundiales han determinado que el aumento de la temperatura debiera de limitarse a 2 °C para evitar daños irreversibles al planeta y los consiguientes efectos desastrosos en la sociedad humana. Para lograr evitar este cambio irreversible y sus efectos, las emisiones de gases invernaderos debieran bajar progresivamente hasta alcanzar una disminución del 50 % para el año 2050.

Adaptado de www.cambioclimaticoglobal.com

6 VIAJES, NATURALEZA Y MEDIO AMBIENTE
Comprensión de lectura

FRAGMENTOS

a) Estas conclusiones son avaladas por las academias de ciencia de la mayor parte de los países industrializados.

b) Otros efectos incluirían clima extremo más frecuente, con sequías, olas de calor y fuertes lluvias.

c) El aumento de la temperatura se espera que sea mayor en los polos, en especial en el Ártico.

d) En este sentido, el término *cambio climático* es sinónimo de *calentamiento global antropogénico*, o sea, creado por el hombre.

e) En pocas palabras, no habrá recursos naturales para mantener la vida humana.

f) Dichos cambios incluyen el aumento de los niveles del mar, los cambios en el patrón y cantidad de lluvias y expansión de los desiertos subtropicales.

g) Otra posible solución sería la potenciación del uso de energías limpias, tales como la solar y la eólica.

h) Nadie pone en duda este aumento de la temperatura global, lo que todavía genera controversia es su causa.

Especial DELE B1 Curso completo

VIAJES, NATURALEZA Y MEDIO AMBIENTE

Comprensión de lectura

TAREA 5

(Ver características y consejos, p. 242)

A continuación va a leer una tarjeta postal. Elija la opción correcta, a), b) o c), para completar los huecos, 25-30.

Querida Merche:

Te escribo desde Lima, donde estoy pasando una temporada con unos tíos que viven aquí. Mis primos son muy amables y me llevan ___25___ todas partes. Durante el día visitamos la ciudad y por la noche salimos con sus amigos.

Es la primera vez que vengo a esta maravillosa ciudad y me encanta. Tiene mucho ambiente y los peruanos son gente ___26___ sociable y acogedora.

___27___ aquí hace una semana y ya he visto el centro histórico, la plaza mayor, la catedral y otras muchas cosas interesantes que hay por aquí.

Además, estoy teniendo mucha suerte con el tiempo: no ___28___ mucho calor, aunque me han dicho que en esta época Lima suele ser muy calurosa.

El próximo fin de semana, a lo mejor ___29___ a Cuzco, la «capital arqueológica de América» y luego a Machu Picchu. ¡Qué ganas tengo de visitarlo!

Creo que voy a quedarme aquí hasta mediados de septiembre. ¿Por qué no vienes? ___30___ podemos pasar muy bien juntas y te puedo llevar a todos los lugares bonitos que conozco.

Muchos besos, Angelines

PREGUNTAS

25. a) en   b) para   c) a
26. a) tanto   b) muy   c) mucho
27. a) Llegaba   b) Había llegado c) Llegué
28. a) es   b) hace   c) está
29. a) vamos   b) vayamos   c) iremos
30. a) Lo   b) Le   c) Nos

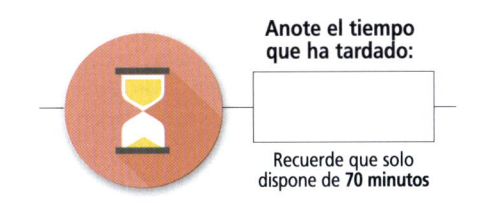

Anote el tiempo que ha tardado:

Recuerde que solo dispone de **70 minutos**

modelo de examen 6

PRUEBA 2 — Comprensión auditiva

Tiempo disponible para las 5 tareas: 40 min

Pistas 106-111

TAREA 1

(Ver características y consejos, p. 243)

A continuación va a escuchar seis anuncios breves de la radio. Oirá cada mensaje dos veces. Después, seleccione la opción correcta, a), b) o c), para cada pregunta, 1-6.
Dispone de 30 segundos para leer las preguntas.

PREGUNTAS

Anuncio 1
1. ¿Cómo se hace la inscripción?
   a) A través de la página web del club.
   b) Directamente en el club.
   c) En el Centro Medioambiental.

Anuncio 2
2. ¿Qué se puede encontrar en la tienda *on-line*?
   a) Maletas por cincuenta euros.
   b) Productos rebajados.
   c) Modelos más nuevos.

Anuncio 3
3. ¿A qué se dedica Ecomoda Solidaria?
   a) A vender ropa de segunda mano.
   b) A dar ropa a la gente con dificultades.
   c) A diseñar ropa de moda.

Anuncio 4
4. ¿Qué ventaja tiene esta edición respecto a la anterior?
   a) Está ordenada alfabéticamente.
   b) Tiene ilustraciones en color.
   c) Se incluyen más pueblos.

Anuncio 5
5. ¿Qué dice esta noticia de Iberia Express?
   a) Que no viajará a destinos nacionales.
   b) Que lleva dos años trabajando.
   c) Que ofrece billetes de diferentes precios.

Anuncio 6
6. ¿Qué ha hecho el Cabildo de Tenerife?
   a) Dar unos consejos a los ciudadanos ante el mal tiempo.
   b) Informar a la Agencia de Meteorología de una situación de peligro.
   c) Retirar los objetos que pueden ser arrastrados por el viento.

Especial DELE B1 Curso completo

VIAJES, NATURALEZA Y MEDIO AMBIENTE
Comprensión auditiva

Pista 112

TAREA 2

(Ver características y consejos, p. 245)

A continuación va a escuchar un fragmento del programa Otras formas de viajar *en el que Leo nos habla de su experiencia en el intercambio de casas. Lo oirá dos veces. Después, seleccione la opción correcta, a), b) o c), para cada pregunta, 7-12.*
Dispone de 30 segundos para leer las preguntas.

PREGUNTAS

7. Según la grabación, Leo decidió hacer intercambio de casas:
   a) Porque lo leyó en una página web.
   b) Por recomendación de un familiar.
   c) Porque su mujer quería.

8. Según la grabación, al hacer un intercambio:
   a) No se puede fumar ni tener animales.
   b) Algunas condiciones son muy difíciles.
   c) Cada persona pone las condiciones que quiere.

9. Para Leo, la gran ventaja de los intercambios es que:
   a) Uno se siente como en casa.
   b) Es bastante más económico.
   c) Es más caro, pero más cómodo.

10. Leo dice en la grabación que es aconsejable:
    a) Hacer un seguro de la casa.
    b) Intercambiar la casa con amigos.
    c) Contactar antes con las otras personas.

11. Leo dice que antes de viajar:
    a) Hay que preguntar por las tiendas cercanas.
    b) Es importante dejar claras algunas cosas.
    c) Conviene preguntar si hay armarios suficientes.

12. En la grabación, Leo afirma que
    a) Él nunca hace intercambio de coche.
    b) Una vez tuvo un accidente de coche.
    c) Es buena idea intercambiar también el coche.

Especial DELE B1 Curso completo

6 VIAJES, NATURALEZA Y MEDIO AMBIENTE
Comprensión auditiva

Pistas 113-118

TAREA 3

(Ver características y consejos, p. 246)

A continuación va a escuchar seis noticias de un programa radiofónico argentino. Lo oirá dos veces. Después, seleccione la respuesta correcta, a), b) o c), para las preguntas, 13-18.
Dispone de 30 segundos para leer las preguntas.

PREGUNTAS

Noticia 1
13. El ministro de Desarrollo ha ido a Neuquén porque:
   a) Su intención es pasar allí el verano.
   b) Tiene un plan para mejorar los servicios.
   c) Quiere aumentar el turismo en esa ciudad.

Noticia 2
14. Villa La Angostura ha sido elegida como el más bello destino turístico:
   a) Por el diario *La Nación*.
   b) A través de una página web.
   c) Por los ciudadanos argentinos.

Noticia 3
15. La empresa Energía Argentina Sociedad Anónima:
   a) Lleva un año investigando dónde instalar unos generadores eólicos.
   b) Ha construido un parque eólico en Neuquén.
   c) Hace un año compró tierras para instalar un parque eólico.

Noticia 4
16. Las personas que iban a utilizar el aeropuerto Presidente Perón:
   a) Tendrán que trasladarse ahora por tierra.
   b) Usarán el aeropuerto Chapelco temporalmente.
   c) Viajarán gratis, si lo solicitan con tiempo suficiente.

Noticia 5
17. El ministro de Economía y Obras Públicas:
   a) Ha anunciado la construcción de un nuevo balneario.
   b) Planea crear balnearios en distintas ciudades de la provincia.
   c) Ha presentado un plan de mejoras del balneario Río Grande.

Noticia 6
18. La Global Sustainable Electricity Partnership:
   a) Está trabajando actualmente en dos proyectos.
   b) Ha terminado ya su proyecto en Cochico.
   c) Está trabajando muy lentamente.

Especial DELE B1 Curso completo

VIAJES, NATURALEZA Y MEDIO AMBIENTE

Comprensión auditiva

Pistas 119-125

TAREA 4

(Ver características y consejos, p. 247)

A continuación va a escuchar a seis personas hablando sobre su último viaje. Oirá a cada persona dos veces. Después, seleccione el enunciado, a)-j), que corresponde al tema del que habla cada persona, 19-24. Hay diez enunciados (incluido el ejemplo), pero debe seleccionar solamente seis. Dispone de 20 segundos para leer los enunciados.

ENUNCIADOS

a) Acaba de volver.
b) No lo pasó nada bien.
c) Hizo mal tiempo.
d) *Fue un viaje de negocios.*
e) Se alojó en un hotel no muy bueno.
f) Lo pasó mejor de lo que esperaba.
g) Se quedó en la casa de unos familiares.
h) Lleva mucho tiempo sin viajar.
i) Se cansó mucho.
j) Fue su viaje de luna de miel.

	PERSONA	ENUNCIADO
	Persona 0	d)
19.	Persona 1	
20.	Persona 2	
21.	Persona 3	
22.	Persona 4	
23.	Persona 5	
24.	Persona 6	

Pista 126

TAREA 5

(Ver características y consejos, p. 248)

A continuación va a escuchar una conversación entre dos amigos, Elvira y Ramón. La oirá dos veces. Después, decida si los enunciados, 25-30, se refieren a Elvira, a), Ramón, b), o a ninguno de los dos, c). Dispone de 25 segundos para leer los enunciados.

		a) Elvira	b) Ramón	c) Ninguno de los dos
0.	No le gusta reciclar.			✓
25.	Está en la pausa del trabajo.			
26.	No le da miedo comprar a través de Internet.			
27.	Nunca ha estado en México.			
28.	Tiene que ir de compras.			
29.	Tiene que hacer la compra.			
30.	Va a cenar a casa de unos amigos.			

Anote el tiempo que ha tardado:

Recuerde que solo dispone de **40 minutos**

Especial DELE B1 Curso completo

modelo de examen 6

PRUEBA 3 — Expresión e interacción escritas

Tiempo disponible para las 2 tareas. **60 min**

TAREA 1

(Ver características y consejos, p. 250)

Usted ha recibido este mensaje de un amigo.

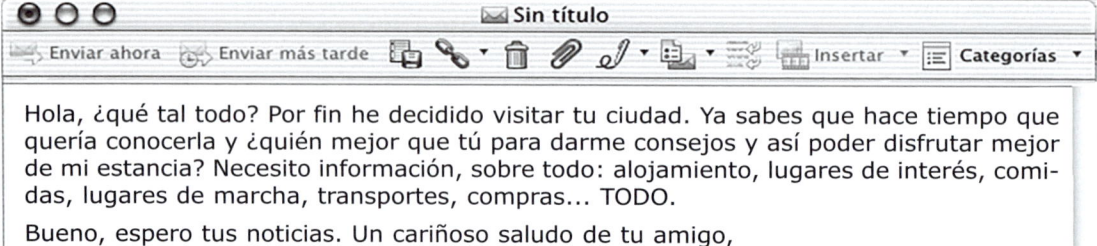

> Hola, ¿qué tal todo? Por fin he decidido visitar tu ciudad. Ya sabes que hace tiempo que quería conocerla y ¿quién mejor que tú para darme consejos y así poder disfrutar mejor de mi estancia? Necesito información, sobre todo: alojamiento, lugares de interés, comidas, lugares de marcha, transportes, compras... TODO.
>
> Bueno, espero tus noticias. Un cariñoso saludo de tu amigo,
>
> Manuel

Escriba un correo electrónico a Manuel (entre 100-120 palabras) en el que deberá:
- Saludar.
- Expresarle su alegría por la elección de su destino de vacaciones.
- Aconsejarle sobre todos los temas que le pregunta.
- Advertirle sobre algunas costumbres sociales curiosas de su ciudad o sobre algunos peligros.
- Ofrecerle su ayuda con algunos temas.
- Despedirse.

TAREA 2

(Ver características y consejos, p. 251)

Lea la siguiente nota que le ha dejado su amigo.

> Hola, acabo de volver de mi viaje y ha sido inolvidable. Inolvidable, sí, pero no porque haya sido maravilloso, sino todo lo contrario: ¡Ha sido el peor viaje de mi vida! ¿Has tenido un viaje así, en el que parece que todo se pone en contra? ¡Todo lo que podía haber ido mal ha ido mal! ¡Un horror!

Escriba su experiencia (entre 130-150 palabras) contando:
- Cuál fue el peor viaje de su vida.
- En qué lugar pasó.
- Por qué había decidido ir allí.
- Qué le pasó.
- Sus sentimientos ante situaciones como esa.

Anote el tiempo que ha tardado:

Recuerde que solo dispone de **60 minutos**

Especial DELE B1 Curso completo

VIAJES, NATURALEZA Y MEDIO AMBIENTE

Sugerencias para la expresión e interacción orales y escritas

Apuntes de gramática

- Usamos el pretérito perfecto compuesto para:
  - Hablar de cosas sucedidas en un tiempo pasado no acabado o cercano al presente: *He vuelto esta mañana.*
  - Hablar de cosas sucedidas en el pasado sin indicar cuándo: *He estado en un camping.*
  - Suele ir con *hoy, esta mañana/semana, este mes/año*, etc.
- Usamos el pretérito imperfecto para:
  - Describir en el pasado: *El desayuno era fantástico.*
  - Hablar de hábitos en el pasado: *Todas las mañanas íbamos a caminar.*
  - Hablar de las circunstancias en que sucede una acción: *No pude visitar el museo porque estaba cerrado.*
  - Suele ir con *antes, todos los días/meses/años/en aquella época*, etc.
- Usamos el pretérito perfecto simple (o indefinido) para:
  - Hablar de cosas sucedidas en un tiempo pasado acabado: *Viajé el mes pasado. Viajé hace un mes.*
  - Suele ir con *ayer, anteayer, anoche, el otro día, la semana pasada, el mes/año pasado, hace... días/meses/años*.

Expresar alegría
- *Me alegra saber que has decidido venir.*
- *Me alegra que hayas tomado esa decisión.*
- *¡Qué bien que hayas comprado el billete!*

Advertir
- *Te advierto que no debes salir de noche solo.*
- *Es mejor que no salgas ahora.*

Ofrecer ayuda
- *¿Quieres que te ayude?*
- *¿Te interesa que te eche una mano?*

Quejarse y protestar
- *Es indignante que haya tanta suciedad.*
- *Es increíble que haga sol todos los días.*
- *No hay derecho a que nos atiendan así.*

Añadir ideas
- *Además…*
- *También…*

Especial DELE B1 Curso completo

modelo de examen 6

PRUEBA 4 — Expresión e interacción orales

Tiempo disponible para preparar las tareas 1 y 2. 15 min

Tiempo disponible para las 4 tareas. 15 min

TAREA 1

(Ver características y consejos, p. 252)

EXPOSICIÓN DE UN TEMA

Tiene que hablar durante 2 o 3 minutos sobre este tema.

> Hable de **la situación del medio ambiente en su país**.
>
> Incluya la siguiente información:
> - Cómo es la situación del medio ambiente en su país.
> - Si cree que en su país hay una verdadera conciencia ecológica.
> - Si le preocupa el medio ambiente y qué hace en su vida para ayudar.
> - Qué se podría hacer para mejorar el medio ambiente.
>
> No olvide:
> - Diferenciar las partes de su exposición: introducción, desarrollo y conclusión.
> - Ordenar y relacionar bien las ideas.
> - Justificar sus opiniones y sentimientos.

TAREA 2

(Ver características y consejos, p. 253)

CONVERSACIÓN CON EL ENTREVISTADOR

Después de terminar la exposición de la Tarea 1, deberá mantener una conversación con el entrevistador sobre el mismo tema.

Ejemplos de preguntas
- ¿Recicla usted?
- ¿Cree que hace todo lo posible para ayudar a conservar el medio ambiente?
- ¿Hay mucha contaminación en su ciudad?
- ¿Cree que es fácil llevar una vida ecológica en el mundo actual? ¿Por qué?

VIAJES, NATURALEZA Y MEDIO AMBIENTE

Expresión e interacción orales

TAREA 3

(Ver características y consejos, p. 253)

DESCRIPCIÓN DE UNA FOTO

Observe detenidamente esta foto.

Describa detalladamente (1 o 2 minutos) lo que ve y lo que imagina que está pasando. Puede comentar, entre otros, estos aspectos:
- *Quiénes son y qué relación tienen.*
- *Qué están haciendo.*
- *Dónde están.*
- *Qué hay.*
- *De qué están hablando.*

A continuación, el entrevistador le hará unas preguntas (2 o 3 minutos).

Ejemplos de preguntas
- ¿Le gusta viajar?
- ¿Cuál es su medio de transporte favorito?
- ¿Cuáles son sus prioridades a la hora de elegir un destino?
- ¿Adónde fue en su último viaje?
- ¿Qué tal lo pasó?

TAREA 4

(Ver características y consejos, p. 254)

SITUACIÓN SIMULADA

Usted va a conversar con el entrevistador en una situación simulada (2 o 3 minutos).

Usted llega al aeropuerto y encuentra que han cancelado su vuelo. Imagine que el entrevistador es el empleado, hable con él de los siguientes temas:
- Pregúntele las causas de la suspensión del vuelo y por qué no le han avisado antes.
- Pídale que le explique las alternativas.
- Dígale si está o no de acuerdo con los cambios.
- Si no está de acuerdo con lo que le ofrecen, pregúntele cómo puede hacer una reclamación.

Ejemplos de preguntas
- Buenos días. ¿Puede decirme por qué ha sido cancelado este vuelo?
- ¿Hay otro vuelo mañana a la misma hora?
- ¿Dónde puedo poner una reclamación?

examen 7

CIUDADES, MEDIOS DE TRANSPORTE Y DE COMUNICACIÓN

Curso completo

▶ **Léxico**
- Ciudades y medios de transporte
- Medios de comunicación

▶ **Gramática**

▶ **Funciones**

Modelo de examen 7

Especial DELE B1 Curso completo

vocabulario

FICHA DE AYUDA
Para la expresión e interacción escritas y orales

VÍAS Y LUGARES

- Casco (el) ....
  - antiguo ....
  - histórico ....
- Túnel (el) ....
- Vía (la) ....
- Zona (la) ....
  - céntrica ....
  - comercial ....
  - industrial ....
  - peatonal ....
  - residencial ....

SERVICIOS PÚBLICOS

- Aseos públicos (los) ....
- Buzón de correos (el) ....
- Comisaría de policía (la) ....
- Gasolinera (la) ....
- Parque de bomberos (el) ....

VARIOS

- Andén (el) ....
- Asiento (el) ....
- Atasco (el) ....
- Autopista (la) ....
- Boca de metro (la) ....
- Camión (el) ....
- Caravana (la) ....
- Carril bus/bici (el) ....
- Cinturón de seguridad (el) ....
- Circulación (la) ....
- Contaminación (la) ....
- Embotellamiento (el) ....
- Inseguridad ciudadana (la) ....
- Paso de cebra/de peatones (el) ....

PERSONAS

- Ciudadano/a (el, la) ....
- Guardia de tráfico (el, la) ....

VERBOS

- Aparcar ....
- Girar ....
- Hacer trasbordo ....

MEDIOS DE COMUNICACIÓN

Correspondencia escrita
- Apartado de correos (el) ....
- Buzón de voz (el) ....
- Destinatario (el) ....
- Mandar por correo ....
- Posdata ....
- Remitente (el) ....

Internet
- Antivirus (el) ....
- Conexión a Internet (la) ....
- Contraseña (la) ....
- Línea ADSL (la) ....
- Navegador (el) ....
- Nombre de usuario (el) ....

Televisión (la) y radio (la)
- Agencia de prensa (la) ....
- Anuncio (el) ....
- Artículo (el) ....
- Cartelera (la) ....
- Editorial (el) ....
- Emisora (la) ....
- Episodio (el) ....
- Locutor/-a (el, la) ....
- Periodismo (el) ....
- Programa de información/general/deportivo (el) ....
- Suplemento cultural/de economía (el) ....
- Telebasura (la) ....

Teléfono (el)
- Batería del teléfono (la) ....
- Buzón de voz (el) ....
- Contestador automático (el) ....
- Extensión (la) ....
- Línea ocupada (la) ....
- Llamada (la) ....
- Tarjeta del teléfono (la) ....

Verbos
- Acceder a una página
- Adjuntar
- Atender (una llamada)
- Colgar el teléfono/algo en la red
- Comunicarse (con) alguien
- Conectarse a Internet
- Descolgar
- Desviar una llamada
- Estar bien/mal informado
- Ponerse al teléfono
- Publicar una noticia/un reportaje
- Poner copia/copia oculta a alguien
- Quedarse sin batería/sin saldo
- Redactar una noticia/un mensaje
- Reenviar

Especial DELE B1 Curso completo

examen 7 Léxico
Ciudades y medios de transporte

1 ¿Conoces estos símbolos relacionados con la ciudad? Asocia cada uno con su significado. ¿Qué símbolos faltan? Dibújalos.

1. aeropuerto
2. correos
3. estación de metro
4. estación de tren
5. gasolinera
6. farmacia
7. iglesia
8. mezquita
9. parada de autobús
10. *parking*
11. parque de bomberos
12. supermercado
13. restaurante
14. hotel
15. piscina
16. baños públicos
17. escuela
18. comisaría de policía
19. polideportivo
20. hospital

2 Explica qué son, cómo se llaman y para qué sirven estos elementos.

a.   b.    c.    d.

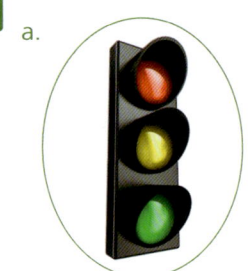

3 Lee las definiciones y relaciona cada una con el tipo de vía.

a. Espacio urbano que permite la circulación de personas y/o vehículos, y que da acceso a los edificios.
b. Vía importante de comunicación dentro de una ciudad. Generalmente, tiene dos sentidos de circulación.
c. Vía ancha y con árboles que suele tener muchos establecimientos (cafeterías, zapaterías, bancos, etc.).

1. avenida
2. calle
3. bulevar

4 Todos estos elementos se pueden encontrar en una ciudad, pero sus nombres no son correctos, ¿puedes corregirlos?

a. Carretera de bicis 
b. Túnel 
c. Cruce de cebra 
d. Botellamiento

e. Aparcamiento
f. Binario de metro 
g. Estación bus 
h. Signo de tráfico

Especial DELE B1 Curso completo

5 Observa el plano de esta ciudad y sitúa iconos donde consideras adecuado. Después, describe tu ciudad indicando qué hay, qué cosas faltan y, según tú, dónde las pondrías.

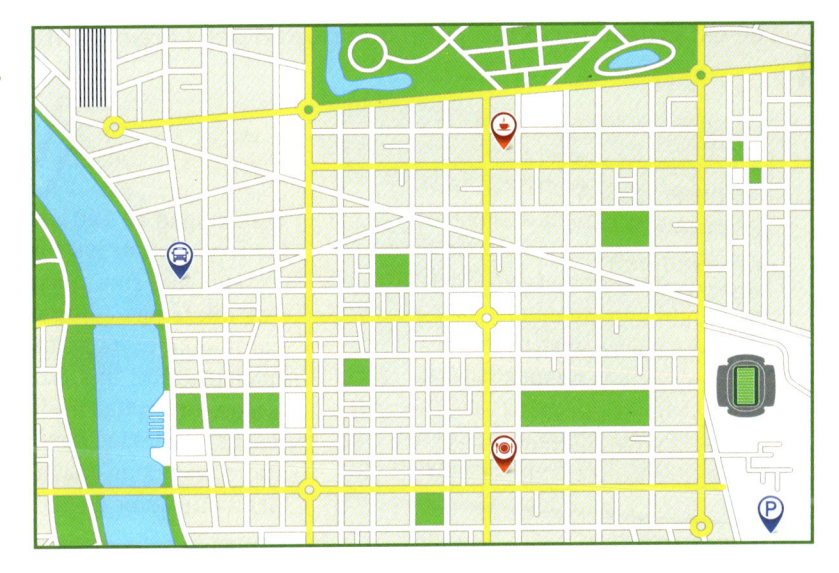

6 Completa el nombre de estos monumentos o lugares famosos con las palabras que te damos, como en el ejemplo.

plaza • palacio • catedral • biblioteca • ayuntamiento • puente • teatro • parque • torre • fuente

a. *Ayuntamiento, Málaga*
b. .... Montjuic, Barcelona 
c. .... del Retiro, Madrid 
d. .... Vieja, La Habana 
e. .... de Hércules, La Coruña 
f. .... Nacional, Madrid 
g. .... de Gobierno, Buenos Aires 
h. .... de Triana, Sevilla 
i. .... Metropolitana, México DF 
j. .... Arriaga, Bilbao 

7 ¿Cómo son estas ciudades? Observa y contesta las preguntas.

- ¿Dónde crees que están? (mar, interior, Europa…)
- ¿Qué servicios crees que tienen?
- ¿Cuál es más tradicional y cuál más moderna?

Léxico - Especial *DELE B1* Curso completo

examen 7 Léxico

Ciudades y medios de transporte

8 Lee estas descripciones. ¿Con qué ciudad del ejercicio anterior relacionas cada una? Justifica tu respuesta.

Situada a orillas del Río de la Plata es una ciudad cosmopolita, turística y una de las metrópolis de mayor importancia en América por su influencia en el comercio, moda, arte, gastronomía y cultura. Se la conoce como *El París de América*, pues en ella se mezclan diferentes estilos arquitectónicos de carácter europeo.

Esta ciudad de Extremadura fue fundada por los romanos y aún conserva ejemplos de diferentes culturas. La arquitectura de su centro monumental es una mezcla de estilos, con calles medievales y casas y palacios fortificados. Está rodeada por una muralla y tiene alrededor de 30 torres.

Esta ciudad se encuentra en la comunidad autónoma de Castilla y León, a orillas del río Tormes. Es la ciudad con la universidad más antigua de España. En 1988 fue declarada Patrimonio de la Humanidad. Numerosas instituciones científicas, como el Centro de Investigación del Cáncer o el Instituto de Neurociencias de Castilla y León, están allí ubicadas.

9 Compara las ciudades anteriores con la tuya. Escribe un breve texto con los siguientes datos.

- ¿A cuál se parece más?
- ¿Dónde está situada?
- ¿Qué tamaño tiene?
- ¿Conoces el número de habitantes?
- ¿Hay un centro histórico?
- ¿Hay un barrio comercial?
- ¿Qué servicios públicos hay? (autobús, metro, centros de salud, bibliotecas…)

10 Completa el nombre de cada medio de transporte con las consonantes que faltan y relaciónalo con la imagen correspondiente. Después, contesta las preguntas.

a. __ a __ i ó __
b. __ i __ a __ u a
c. __ e __ i ó __ __ e __ o
d. __ o __ o
e. __ i __ i __ __ e __ a
f. a __ i ó __
g. __ __ o __ o
h. a u __ o __ ú __

¿Utilizas transporte público? ¿Para qué? ¿Con qué frecuencia?

¿Qué opinión tienes del transporte público de tu ciudad?

¿Qué medio de transporte no has utilizado nunca? Justifica tu respuesta.

¿Qué mejorarías en el transporte urbano?

Léxico - Especial DELE B1 Curso completo

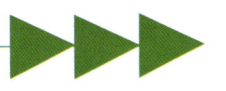

1. Define los medios de transporte anteriores con estas palabras.

a. grande, transportar   ....
b. barca, navegar   ....
c. hélice, avión   ....
d. dos ruedas, motor   ....
e. dos ruedas, sin motor   ....
f. transporte, carretera   ....
g. aire, gas   ....
h. público, plazas   ....

12. Relaciona las columnas.

a. subir
b. montar
c. hacer transbordo
d. aterrizar
e. navegar
f. volar

1. el avión
2. en el metro
3. en ala delta
4. al tren
5. en una piragua
6. en una moto

13. Las siguientes palabras están relacionadas con la conducción. Relaciona cada una con su definición.

a. señales de tráfico
b. accidente de tráfico
c. circulación
d. seguro de accidentes
e. gasolina
f. arreglar el vehículo

1. Combustible que se obtiene del petróleo.
2. Reparar el coche estropeado.
3. Suceso en el que uno o más vehículos sufren daños.
4. Movimiento de los coches por las calles y carreteras.
5. Contrato por el que tienes derecho a recibir dinero si te ocurre algo con el coche.
6. Son las indicaciones para regular el tráfico o circulación de vehículos.

14. En el siguiente cuestionario sobre los servicios de una ciudad marca la opción correcta.

1. Si necesitas estudiar o consultar un libro, vas a:
   a. la biblioteca.
   b. la librería.

2. Cuando hay muchos coches en la carretera, decimos que hay un:
   a. tráfico.
   b. atasco.

3. El lugar donde trabajan los bomberos se llama:
   a. parque de bomberos.
   b. parque del fuego.

4. El área de la ciudad que no es el centro se llama:
   a. el casco urbano.
   b. las afueras.

5. El carril por el que circulan los autobuses es un:
   a. paso de autobuses.
   b. carril bus.

6. Y el sitio donde trabajan los policías se llama:
   a. parque de policía.
   b. comisaría.

7. El lugar donde hay más fábricas en una ciudad se llama:
   a. zona comercial.
   b. zona industrial.

examen 7 Léxico
Medios de comunicación

1. Observa cómo ha cambiado el correo en los últimos tiempos. Explica las diferencias que hay.

correo/carta › buzón › dirección

Alfonso Navarrete Galván
Calle Patagorda, 22, 1º C
23089– Ribagorda (Albacete)

anaga@mail.com

remitente y destinatario › echar una carta/mandar un correo

¿Qué elementos siguen siendo iguales?

2. Relaciona cada palabra con el medio más adecuado. Hay varias opciones.

a. noticia
b. comentario
c. opinión
d. informar
e. debate
f. reportaje
g. entrevista
h. artículo
i. canal
j. emisora
k. locutor

3. ¿Conoces este tipo de programas de la tele? Completa las frases con el programa adecuado.

culebrón • concurso • debate • documental

a. Después de comer, me siento en el sofá y veo un ……………… de animales.
b. Este ……………… consiste en hacer preguntas de cultura general. El ganador se lleva mucho dinero.
c. Vamos ya por el capítulo 564 del ……………… colombiano que tiene tanto éxito: *Amada mía*.
d. En el último ……………… político de ese canal casi llegaron a las manos… ¡Qué violencia!

4. Comenta las siguientes cuestiones.

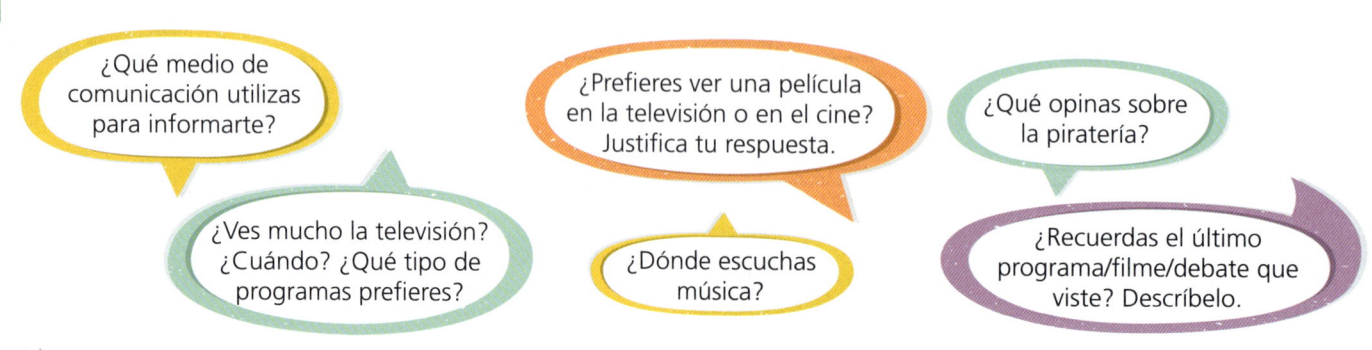

- ¿Qué medio de comunicación utilizas para informarte?
- ¿Ves mucho la televisión? ¿Cuándo? ¿Qué tipo de programas prefieres?
- ¿Prefieres ver una película en la televisión o en el cine? Justifica tu respuesta.
- ¿Dónde escuchas música?
- ¿Qué opinas sobre la piratería?
- ¿Recuerdas el último programa/filme/debate que viste? Descríbelo.

Léxico - Especial DELE B1 Curso completo

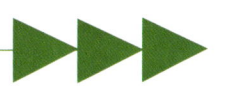

5. ¿Cuánto sabes de informática? Señala la opción correcta.

1. El símbolo @ se llama…
   a. arroba
   b. ant
   c. a

2. Para comunicarme con mis amigos, he abierto una…
   a. cuenta comunicativa
   b. dirección
   c. cuenta de correo

3. Tienes que ingresar el nombre de ususario y…
   a. la contraseña
   b. la palabra de orden
   c. el pasador

4. Con esto clicamos en los enlaces o carpetas y tiene nombre de animal:
   a. la rata
   b. el ratón
   c. el raticida

5. Poner una foto nueva en tu red social se llama…
   a. elevar
   b. colgar
   c. bajar

6. Voy a… ese antivirus tan bueno.
   a. informar
   b. tomar
   c. descargar

7. Manda el correo con el archivo…
   a. adjunto
   b. junto
   c. juntado

8. Para completar su compra, … a la página del vendedor.
   a. inserte
   b. proceda
   c. acceda

9. Voy a… el correo que me ha enviado la empresa a la secretaria.
   a. reenviar
   b. poner
   c. entrar

10. Este es un programa para… información con otras personas.
    a. intercambiar
    b. reírse
    c. adjudicar

6. Lee estas opiniones sobre Internet, la informática y las redes sociales. ¿Estás de acuerdo con alguna? ¿Por qué?

> La máquina tecnológicamente más eficiente que el hombre ha inventado es el libro.
> **Northrop Frye**

> El ordenador nació para resolver problemas que antes no existían.
> **Bill Gates**

> En el pasado eras lo que tenías, ahora eres lo que compartes.
> **Godfried Boogaard**

> Lo que ocurre en Las Vegas se queda en Las Vegas. Lo que ocurre en Twitter se queda en Google para siempre.
> **Jure Klepic**

> La tecnología no es nada. Lo importante es que tengas fe en las personas, que sean básicamente buenas e inteligentes, y si les das herramientas, harán cosas maravillosas con ellas.
> **Steve Jobs**

> Una máquina puede hacer el trabajo de cincuenta hombres ordinarios. Ninguna máquina puede hacer el trabajo de un hombre extraordinario.
> **Elbert Hubbard**

7. Escribe las ventajas y desventajas que crees que tienen las tecnologías.

VENTAJAS	DESVENTAJAS

examen 7 Gramática

1 Completa estas frases seleccionando la opción correcta. — SERIE 1

1. ___ deporte te ayudará a dormir mejor.
   a. Haz
   b. Hacer
   c. Que haces
2. Por favor, ¿___ está la terminal cuatro?
   a. adónde
   b. dónde
   c. qué
3. ___ que vive en el cuarto es policía de tráfico.
   a. El vecino
   b. Mi vecino
   c. Carlos
4. No soporto que ___ tanta telebasura. Cambia de canal, por favor.
   a. estás viendo
   b. estar viendo
   c. estemos viendo
5. Cuando ___ una contraseña, no pongas cosas obvias. Combina números y letras.
   a. crearás
   b. crees
   c. creaste
6. Antes de ___ una llamada, comprueba que el número no es un 911.
   a. devolver
   b. devuelves
   c. devuelvas
7. No creo que Margarita ___ al helicóptero. Es muy miedosa.
   a. subió
   b. suba
   c. subirá
8. Me interesa que ___ tú ese artículo.
   a. redactaste
   b. redactar
   c. redactes
9. Necesitamos que te abras una nueva cuenta de correo. ¡Te ___ dijimos hace una semana!
   a. lo
   b. la
   c. le
10. No te bajes de la moto hasta que la ___. Es peligroso.
    a. pare
    b. paré
    c. pararía
11. Al periodista ___ interesa ___ esa noticia, aunque puede tener consecuencias graves.
    a. lo... publicando
    b. le... publicar
    c. se... publica
12. ___ reportaje que redactamos ayer se publica en el suplemento cultural del domingo.
    a. El
    b. Algún
    c. Nuestro

2 Completa estas frases seleccionando la opción correcta. — SERIE 2

1. No me ___ que ___ tantas multas de tráfico: no respetas las normas de circulación.
   a. extraño... tener
   b. extraña... tienes
   c. extraña... tengas
2. El piloto del helicóptero ___ aterrizó ayer en el aeropuerto no tenía autorización.
   a. quien
   b. que
   c. cuando
3. Voy a cargar el teléfono. Me preocupa ___ sin batería.
   a. que me quede
   b. quedarme
   c. me quede
4. Tranquilo, es pronto. Voy a consultar la cartelera y nos ___, así que no te preocupes.
   a. vayamos
   b. vamos
   c. fuimos
5. Nunca me ___ los programas de información deportiva.
   a. han interesado
   b. he interesado
   c. ha interesado
6. Al ___ una noticia, los medios de comunicación deben ser objetivos.
   a. dan
   b. dando
   c. dar
7. ___ como voluntario te ayuda a ser una persona más solidaria.
   a. Colaborar
   b. Si colaboras
   c. Colaborando
8. Mientras Antonio ___ la cartelera, el ordenador ___ la conexión a Internet.
   a. leyó... había perdido
   b. había leído... perdió
   c. leía... perdió
9. El guía turístico nos ha aconsejado ___ el casco histórico.
   a. visitas
   b. visitamos
   c. visitar
10. ¿En ese buscador es ___ accediste a la página web del periodista?
    a. donde
    b. dónde
    c. adónde
11. Niños, cruzad el semáforo ___ os he dicho. Antes mirad a izquierda y derecha.
    a. porque
    b. como
    c. después
12. Creo que la comisaría de policía no ___ lejos de aquí. Podemos ir a pie.
    a. esté
    b. está
    c. ha estado

Gramática - Especial DELE B1 Curso completo

3. Completa estas frases seleccionando la opción correcta.

SERIE 3

1. Es lógico que el coche ___ estropeado. No lo has cuidado nada.
   - a. está
   - b. esté
   - c. estaba
2. Me encanta este actor. En ___ serie que veo ahora trabaja estupendamente.
   - a. el
   - b. la
   - c. su
3. Me ___ ver y oír tantas noticias de robos y asesinatos. No hay casi ninguna noticia buena.
   - a. duela
   - b. duelen
   - c. duele
4. Nos ___ los culebrones. Nunca los vemos.
   - a. aburren
   - b. aburrimos
   - c. aburre
5. Entra en esa página web. Allí es ___ anteayer descargué el antivirus.
   - a. dónde
   - b. donde
   - c. adonde
6. Alberto está muy contento ___ le ___ la ayuda económica. Está en paro desde hace tres años.
   - a. cuando... den
   - b. porque... den
   - c. de que... den
7. Entiendo que ___ una cuenta de correo, pero no cinco. ¿Para qué las quieres?
   - a. abras
   - b. abrirías
   - c. abres
8. El locutor ___ puso muy nervioso ___ ver que el micrófono no funcionaba.
   - a. le... al
   - b. se... cuando
   - c. se... al
9. Es difícil ___ aseos públicos limpios por la tarde y por la noche.
   - a. encontrar
   - b. a encontrar
   - c. para encontrar
10. Me ___ vergüenza que nuestro barrio ___ tan sucio. ¡No podemos continuar así!
    - a. siento... estaba
    - b. pone... está
    - c. da... esté
11. Cuando el camión entró en el carril bus, el policía de tráfico lo ___ y le ___ una multa al conductor.
    - a. paró... puso
    - b. había parado... había puesto
    - c. paraba... ponía
12. ¿No funciona bien tu ordenador? Es probable que ese programa que te bajaste ___ un virus.
    - a. tenga
    - b. tenía
    - c. ha tenido

4. Completa estas frases seleccionando la opción correcta.

SERIE 4

1. A Susana y a Jorge no les gusta que sus amigos ___ fotos suyas en Facebook.
   - a. cuelguen
   - b. colgaron
   - c. han colgado
2. Coloca el equipaje en el maletero ___ te dije.
   - a. como
   - b. cuando
   - c. cómo
3. ¿___ ocurrió el accidente de tráfico estaba lloviendo?
   - a. Cuando
   - b. Cuándo
   - c. Cómo
4. A Silvia le encanta conducir, pero ___ muy nerviosa ___ por la ciudad.
   - a. tiene... conduciendo
   - b. le da... conducir
   - c. le pone... conducir
5. Sal de la autopista antes de que ___ al kilómetro 12. Allí empieza el atasco.
   - a. llegar
   - b. lleguemos
   - c. llegaremos
6. El psicólogo ___ inmediatamente el tema de la conversación ___ vio que el paciente estaba nervioso.
   - a. cambiaba... hasta
   - b. cambió... cuando
   - c. había cambiado... hasta
7. El vigilante nos ha prohibido ___ en la sala de embarque.
   - a. entremos
   - b. entrar
   - c. entrando
8. Prefiero los vuelos directos. Me molesta ___ escalas.
   - a. las
   - b. que hago
   - c. hacer
9. En las montañas, ___ hacer parapente y montar en globo.
   - a. me divierto
   - b. son divertidos
   - c. es divertido
10. El vigilante arrestó al ladrón ___ vi en la terminal del aeropuerto.
    - a. a que
    - b. que
    - c. quien
11. ___ parapente hasta que ___ ochenta años. Era un gran aficionado al deporte de aventura.
    - a. Hizo... cumplió
    - b. Hizo... cumplía
    - c. Hacía... cumplía
12. ¿___ recogiste las maletas? ¿En la sala de la primera planta o en la segunda?
    - a. Adónde
    - b. Dónde
    - c. Cuándo

Gramática - Especial DELE B1 Curso completo

examen 7 Funciones

1 SERIE 1

Elige la opción correcta y completa el cuadro de funciones con las fórmulas correspondientes a cada una.

1. Sr. Rodríguez, al enviar el archivo, ___ en copia oculta.
   a. póngame   b. ponme   c. me ponga
2. ___ hacer transbordo en Argüelles. Si no, llegarás con retraso.
   a. Tienes   b. Debes   c. Debas
3. [En un cartel] Días laborables no ___ de 10:00 a 18:00.
   a. aparcarás   b. se aparquen   c. aparcar
4. Es necesario ___ las normas de circulación.
   a. respetemos   b. respetar   c. respetes
5. En los autobuses no se ___ las bicicletas.
   a. permiten   b. permitir   c. permitan
6. En la sala de embarque no ___ con maletas grandes.
   a. entra   b. se entra   c. se entran
7. ¿Me ___ un favor? ¿Puedes darme la extensión de recepción?
   a. das   b. tienes   c. haces
8. ___ pedirte ___. Mira el plano y busca una gasolinera.
   a. Tengo que... algo   b. Hay que... eso   c. Debo... un objeto
9. ___ el mando de la tele. Voy a cambiar de canal.
   a. Pásame   b. Pásate   c. Me pasas
10. ¿___ contestar al teléfono? Es que estoy cocinando.
    a. Deberías   b. Podrías   c. Tendrías que
11. ¿___ tu llave USB? Necesito llevarme información a casa.
    a. Me dejas   b. Me dejes   c. Déjame
12. ¿___ ir a la comisaría? Necesitamos los documentos hoy.
    a. Te molesta   b. Debes   c. Puedes

Tu listado

a. **Dar una orden o instrucción de forma directa o atenuada**
   Siéntate./No llegues tarde, ¿eh?
   1. ....
   2. ....
   3. ....
   4. ....
   5. ....
   6. ....

b. **Pedir un favor de forma atenuada**
   ¿Te importa hacerme un favor?
   7. ....
   8. ....

c. **Pedir objetos de forma directa**
   Tráeme la guía de Roma.
   9. ....

d. **Pedir objetos de forma atenuada**
   ¿Te importaría dejarme tu saco de dormir?
   10. ....
   11. ....
   12. ....

2 SERIE 2

Elige la opción correcta y completa el cuadro de funciones con las fórmulas correspondientes a cada una.

1. No puedo abrir este mensaje. ___
   a. Me ayudas   b. ¿Me ayudes?   c. ¡Ayúdame!
2. ¿Te ___ ayudarme a descargar este programa?
   a. importas   b. importa   c. importarías
3. ¿___ tú a atención al cliente? Yo haré las fotocopias.
   a. Vas   b. Ve   c. Ibas
4. ¿___ ayudar a Carlos a redactar la noticia? Escribes muy bien.
   a. Puede   b. Podrías   c. Te puedes
5. Necesito ___ me ___ a buscar información para el reportaje.
   a. para... ayudas   b. tú... ayudes   c. que... ayudes
6. [En respuesta a 11. Serie 1] ___, pero no tiene mucho espacio.
   a. Bueno, venga   b. Seguramente   c. Es bueno
7. [En respuesta a 7. Serie 1] ___. Ahora mismo te la doy.
   a. Sí, es evidente   b. Sí, claro   c. Sí, es posible
8. [En respuesta a 8. Serie 1] ___. Ahora lo hago.
   a. De acuerdo   b. Si me acuerdo   c. Estoy de acuerdo
9. [En respuesta a 12. Serie 1] ___, es que tengo al niño malo.
   a. Pienso   b. Puedo   c. No sé
10. [En respuesta a 2] Lo intentaré, pero no ___ prometer.
    a. te puedo   b. puedo   c. te lo puedo
11. [En respuesta a 3] ___, pero tengo que hacer el seguro del coche.
    a. Podría   b. Me encantaría   c. Me encanta
12. [En respuesta a 4] No ___ hacerlo. Él nunca me ha ayudado a mí.
    a. puedo   b. pienso   c. creo

Tu listado

e. **Pedir ayuda de forma directa o atenuada**
   ¿Puedes ayudarme con este plano?
   1. ....
   2. ....
   3. ....
   4. ....
   5. ....

f. **Responder a una orden, petición o ruego, accediendo a su cumplimiento (con/sin reservas)**
   Claro que sí.
   6. ....
   7. ....
   8. ....

g. **Responder a una orden, petición o ruego**
   Bueno, no sé...
   Lo siento, pero va a ser imposible.
   9. ....
   10. ....
   11. ....
   12. ....

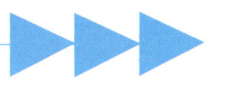

3 SERIE 3
Elige la opción correcta y completa el cuadro de funciones con las fórmulas correspondientes a cada una.

1. –¿___ puede circular en coche por esta calle?–No, es peatonal.
   a. Nos b. Se c. Lo
2. ¿Me ___ que lleve el coche el domingo? Me apetece conducir.
   a. dejes b. dejas c. dejo
3. ¿Te ___ me conecte a Internet en tu ordenador? El mío no funciona.
   a. importa que b. importas si c. importa cuando
4. ¿Te ___ cambio de canal? Es que dan mi programa favorito.
   a. molesta si b. molestas que c. molesta cuando
5. [En respuesta a 2] ___ que sí.
   a. Claramente b. Claro c. Es claro
6. [En respuesta a 3] Bueno, ___, pero solo un rato. Lo necesito esta tarde.
   a. quizá b. no lo sé c. vale
7. [En respuesta a 4] ___, es que este programa me encanta.
   a. Perdonas b. Perdona c. Me perdona
8. –¿Puedo leer el suplemento cultural?–___ estoy leyéndolo yo.
   a. No b. Porque c. Es que
9. Está prohibido ___ archivos de esa página de Internet.
   a. descargar b. descargamos c. descargando
10. Se prohíbe ___ a esa página web en horas de trabajo.
    a. acceso b. accedemos c. acceder
11. No ___ permitido hacer fotos en la sala de embarque.
    a. hay b. está c. es
12. [En respuesta a 9] Me da igual ___ prohibido. Necesito descargar uno.
    a. que esté b. estar c. si esté

Tu listado

h. **Pedir permiso**
   ¿Podría dejar aquí el coche un momento?
   1. ......
   2. ......
   3. ......
   4. ......

i. **Dar permiso sin y con objeciones**
   Sí, claro, toma, toma.
   5. ......
   6. ......

j. **Denegar permiso**
   No, lo siento, no se puede.
   7. ......
   8. ......

k. **Prohibir**
   No cruces sin mirar.
   9. ......
   10. ......
   11. ......

l. **Rechazar una prohibición**
   Me da igual.
   12. ......

4 Corrección de errores
Identifica y corrige los errores que contienen estas frases. Puede haber entre uno y tres en cada una.

a. No es seguro que nos dan esa ayuda económica, pero ¿debes preguntar en servicios sociales?
b. No te sientas en esa fila. Está prohibiendo si no seas voluntario de la ONG.
c. Cuando me bajaré esta noche del avión, te llamaría. No te preocupas.
d. No creo que puedes abrirte una cuenta de correo personal. No tienes permitido según las normas de la empresa.
e. A Alberto le pone nervios que llegue tarde al trabajo. Por eso sale de casa dos horas antes.
f. No debas circular por el carril bici en una moto. No es permitido.
g. ¿Como preparaste el artículo? Lo hice cómo me dijiste.
h. Corre, siéntese en esa fila. Así puedas ver bien el documental.
i. A mí no me importo ese concurso. Me iré cuando empieza.
j. Es probable el avión despega dentro de una hora o más tarde. Hay tormentas de nieve.

5 Uso de preposiciones
Tacha la opción incorrecta en estas frases.

a. Si no funciona bien el correo electrónico, comunícate con nosotros *con/por* teléfono.
b. Pepe se puso nervioso *en/al* ver que el vigilante le seguía.
c. Me alegro *de/con* que atiendas a personas mayores como voluntario.
d. Bájate *de/desde* la moto por el lado de la acera, no de la carretera.
e. En las carreteras hay muchos accidentes *por/de* tráfico los fines de semana.
f. Estoy segura *Ø/de* que el casco histórico está muy cerca de aquí.
g. Tengo miedo *de/por* que el director no quiera publicar mi reportaje.
h. Luis prefiere ver las películas *con/en* versión original.
i. Pedro accedió *por/a* una página de Internet que tenía virus.
j. Necesito que me ayudes *a/con* abrir el buzón.

modelo de examen 7

PRUEBA 1 — Comprensión de lectura

70 min — Tiempo disponible para las 5 tareas.

TAREA 1

(Ver características y consejos, p. 236)

A continuación va a leer seis textos en los que unas personas cuentan el tipo de noticias que les interesan y algunas noticias breves. Relacione a las personas, 1-6, con las noticias, a)-j). Hay tres noticias que no debe relacionar.

PREGUNTAS

	PERSONA	TEXTO
0.	MARGARITA	h)
1.	ALBERTO	
2.	SORAYA	
3.	RODRIGO	
4.	LEONOR	
5.	MARIO	
6.	MARISA	

0. MARGARITA	Creo que es mi obligación, como ciudadana europea, estar informada de lo que pasa en nuestro continente. No podemos limitar nuestro interés tan solo a lo que sucede a nuestro alrededor.
1. ALBERTO	Lo que más me interesa del periódico es la sección cultural, sobre todo, las novedades editoriales, aunque a veces echo una ojeada a otras secciones, lo justo para ver qué pasa en el mundo.
2. SORAYA	Siempre he sido muy aficionada al cine clásico. Pienso que ahora prácticamente la totalidad de las películas son películas comerciales de acción y solo se basan en efectos especiales.
3. RODRIGO	A mí, por mi profesión –soy agente de Bolsa–, me interesan especialmente las noticias de economía. Me gustaría estar más informado en otros campos, pero es que no tengo mucho tiempo.
4. LEONOR	Antes leía el periódico de principio a fin, pero ahora es todo tan deprimente que reconozco que solo leo las noticias de sociedad, los cotilleos de los famosos... cosas que no me hacen pensar.
5. MARIO	Soy muy aficionado al deporte pero, a diferencia de la mayoría, no me interesa mucho el fútbol. La verdad es que hay otros deportes que me parecen más interesantes.
6. MARISA	A mí me interesa mucho la ecología. Pienso que el modo de vida actual está destruyendo el planeta y que todavía mucha gente no es consciente del problema.

Especial DELE B1 Curso completo

CIUDADES, MEDIOS DE TRANSPORTE Y DE COMUNICACIÓN
Comprensión de lectura

NOTICIAS BREVES

a) Sara Zapatero, la popular presentadora de Teletrés, nos ha sorprendido a todos con un nuevo *look* muy favorecedor, con la melena mucho más corta de lo habitual. La novia de Alfonso Ruiz ya había cambiado su imagen meses atrás. A mediados del agosto pasado lució unas mechas tipo *californianas*, que se pusieron tan de moda en verano.

b) Un estudio de la Agencia Oceanográfica y Atmosférica de EE.UU. revela que en ciento treinta y tres años de registro, desde 1880, los doce últimos años están entre los catorce más cálidos. «El planeta se está calentando. La razón del calentamiento se debe a que están inyectando cantidades crecientes de dióxido de carbono a la atmósfera», afirma el científico y climatólogo Gavin Schmidt.

c) Los nuevos episodios de la exitosa serie *Tiempos de misterio* llegarán a España en abril. Aunque quedan varias semanas para que se estrene en nuestro país la tercera temporada de la popular serie, el canal acaba de colgar en su página web un vídeo promocional que muestra la realización y producción de estos nuevos episodios.

d) Pete Sampras será la gran atracción en el World Team Tennis. El exnúmero uno del mundo, retirado del circuito profesional en 2003, jugará en la Liga Mundial de Tenis, que agrupa a jugadores retirados y activos en un torneo de exhibición que se jugará después de Wimbledon. Andre Agassi, Andy Roddick, Martina Hingis y Steffi Graf también participarán.

e) El próximo mes de febrero, en la Filmoteca Nacional, se va a celebrar un ciclo de cine en blanco y negro que se iniciará con la proyección de *Shadows* (1959), del director estadounidense J. Cassavetes. Este ciclo pretende explorar diversas temáticas y modos de concebir el séptimo arte.

f) Los científicos consideran que hay que continuar las investigaciones sobre uno de los agentes más peligrosos conocidos, el virus aviar H5N1, para prevenir futuras pandemias. El virus H5N1 causó en la década pasada el peor episodio de gripe aviar de la historia, con millones de pollos muertos por infección o sacrificados para evitar su propagación.

g) Luis Mateo Díez gana el Premio Umbral por *La cabeza en llamas*. El jurado ha valorado la extraordinaria calidad de la prosa del escritor leonés y la hondura psicológica y humanística de los personajes que pueblan sus páginas. El premio ha sido convocado por la Fundación Francisco Umbral para distinguir al mejor libro entre las obras escritas y editadas en español durante este año.

h) La comisión de Agricultura del Parlamento Europeo celebra este miércoles la primera votación de la reforma de la Política Agrícola Común, a la que los eurodiputados han presentado más de 8000 enmiendas. Los parlamentarios se pronunciarán sobre los cuatro textos que integran la reforma, que incluyen cambios en el régimen de los pagos directos a los agricultores y en las políticas de desarrollo rural.

i) Comienza la Liga española. El Real Madrid y el Barcelona juegan este fin de semana, ambos con partidos en casa, un nuevo duelo por ver cuál de los dos equipos es el mejor en la Liga española. El Real Madrid defenderá el título liguero logrado el pasado año recibiendo, el domingo, al siempre peligroso Valencia, tercer clasificado del pasado campeonato.

j) Apple cierra su primer trimestre fiscal con un beneficio de 13100 millones de dólares. Durante ese periodo, la compañía tecnológica vendió un número récord de 47,8 millones de teléfonos iPhone, frente a los 37 millones del mismo trimestre del año anterior, y una cantidad récord de 22,9 millones de iPads, en comparación con los 15,4 millones del mismo trimestre del año pasado.

7 — CIUDADES, MEDIOS DE TRANSPORTE Y DE COMUNICACIÓN
Comprensión de lectura

TAREA 2

(Ver características y consejos, p. 238)

A continuación hay un texto sobre la evolución de la ciudad. Después de leerlo, elija la respuesta correcta, a), b) o c), para las preguntas, 7-12.

EL URBANISMO A TRAVÉS DE LA HISTORIA

Las primeras civilizaciones urbanas surgen hacia el 3 000 a. C. en diversos lugares de África y Asia. Son ciudades todavía muy vinculadas a la agricultura, con poblaciones reducidas y diseño irregular, con la excepción de las ciudades indias.

Es en la Grecia Clásica, cuando las ciudades empiezan a seguir un plan más ordenado. Por un lado estaba la acrópolis, con los edificios religiosos y, por otro, el ágora, donde estaban los edificios públicos.

Pero la primera gran urbe de la historia es Roma. Los abundantes tributos que llegaban desde sus provincias y la gran fuerza de trabajo esclava permitieron un espectacular desarrollo en una ciudad que alcanzó hasta el millón de habitantes, cifra enorme para aquella época. Además, con su talento para la ingeniería, sentaron las bases arquitectónicas de edificios y estructuras que caracterizaron el urbanismo occidental durante siglos.

En la Edad Media, tras la caída del Imperio romano, la ciudad experimentó un gran retroceso en Occidente. Las guerras y la inestabilidad configuraron ciudades pequeñas, de apenas unos 15 000 habitantes, de marcado carácter agrícola y sin apenas edificios públicos. En el mundo islámico, sin embargo, las ciudades siguieron manteniendo un gran impulso. En ellas, la vida pública se concentra en torno a mezquitas y mercados, que constituyen casi una ciudad dentro de la ciudad.

En el Renacimiento, la ciudad vuelve a resurgir y adquiere más importancia con el nacimiento de una nueva clase social: la burguesía.

En la Edad Moderna, la ciudad es resultado de las fuerzas que desembocarán en la formación de los grandes Estados europeos. Las principales calles se ensanchan, aparecen las arboledas, los paseos, las grandes plazas y se intenta organizar el crecimiento urbano a partir de plantas regulares. La ciudad refleja la grandeza del Estado, por lo que todo gasto para embellecerla está bien empleado.

Con la Revolución francesa y la Revolución Industrial, el mundo cambia de signo y la fisonomía de la ciudad vuelve a cambiar acorde a los nuevos tiempos. El prototipo de ciudad es París. La ciudad se divide en barrios claramente diferenciados. En los peores lugares viven los trabajadores en condiciones miserables, mientras que las mejores zonas se reservan para la burguesía. El ejemplo más evidente lo encontramos en Londres, donde un inframundo de desesperados convive con la opulencia de la City.

En el siglo XX, las ciudades experimentan un desarrollo vertiginoso. Se produce una impresionante explosión demográfica y los avances tecnológicos se suceden cada vez con mayor rapidez, configurando el paisaje urbano. Hoy día, los grandes centros han crecido hasta el punto de haber absorbido los pueblos de su alrededor. Existen megalópolis titánicas, de gran dinamismo, en las que la superficie urbana se extiende por kilómetros y kilómetros. ¿Cómo serán las ciudades del futuro? ¿Existe algún límite a semejante crecimiento?

Adaptado de www.pixelteca.com

CIUDADES, MEDIOS DE TRANSPORTE Y DE COMUNICACIÓN
Comprensión de lectura

PREGUNTAS

7. Según el texto, las primeras ciudades de la historia:
   a) Eran diferentes en la India.
   b) Aparecen con el abandono de la agricultura.
   c) Surgen en la Grecia Clásica.

8. En el texto se afirma que Roma:
   a) Era una ciudad poco poblada para la época.
   b) Crea el modelo de ciudad occidental posterior.
   c) Fundó muchas ciudades en sus provincias.

9. Según el texto, en la Edad Media:
   a) El tamaño y la población de las ciudades disminuyó.
   b) En el mundo islámico las ciudades eran poco importantes.
   c) Las ciudades siguen siendo como en la época romana.

10. El texto afirma que en la Edad Moderna:
    a) La ciudad crece mucho, pero de un modo desordenado.
    b) No se quiere invertir mucho en el desarrollo urbano.
    c) La grandeza de una ciudad es prueba de la importancia del Estado.

11. Según el texto, tras la Revolución francesa y la Revolución Industrial:
    a) Las ciudades se adaptan a los tiempos que corren.
    b) Se vivía peor en Londres que en París.
    c) Las ciudades experimentan una notable mejoría.

12. En el texto se afirma que:
    a) Las ciudades del futuro serán más grandes.
    b) Muchos prefieren vivir en los pueblos de los alrededores.
    c) Los avances tecnológicos afectan al aspecto de la ciudad.

Especial DELE B1 Curso completo

7 — CIUDADES, MEDIOS DE TRANSPORTE Y DE COMUNICACIÓN

Comprensión de lectura

TAREA 3

(Ver características y consejos, p. 239)

A continuación va a leer tres textos en los que tres personas hablan sobre cómo se mueven por la ciudad. Después, relacione las preguntas, 13-18, con los textos, a), b) o c).

PREGUNTAS

	a) Miguel	b) Marta	c) Jesús
13. Siempre usa transportes públicos en su vida diaria.			
14. No vive lejos de su trabajo.			
15. Ha tenido un problema de corazón.			
16. Va a su trabajo en autobús.			
17. Tiene el coche estropeado.			
18. Va andando a su lugar de trabajo.			

a) Miguel
Yo tengo la suerte de vivir a diez minutos en metro de mi trabajo, así que durante la semana no pierdo mucho tiempo en transporte. El problema para mí es los fines de semana. Como mis hijos son todavía pequeños y mi mujer no conduce, me toca hacer de chófer de toda la familia. Además, solemos hacer la compra en uno de los hipermercados de las afueras. Esta semana no sé qué vamos a hacer porque tengo el coche en el taller. La compra podemos resolverla en las tiendas cerca de casa, pero mis hijos tienen el cumpleaños de un amigo y no sé cómo vamos a llevarlos.

b) Marta
Odio conducir, pero afortunadamente vivo en una zona residencial de los alrededores de Madrid que está muy bien comunicada, así que solo uso el coche para viajar durante las vacaciones. No siempre ha sido así: al principio solo estaba el autobús y había que andar un poco hasta la parada, pero ahora tenemos, además del autobús, una estación de cercanías y dentro de poco el metro va a llegar hasta nuestra zona. Todos mis vecinos están encantados porque, desde luego, el metro es lo más rápido para ir al trabajo, ya que no hay problemas de tráfico y atascos, pero yo creo que voy a seguir yendo en autobús como hasta ahora, porque me gusta ver la ciudad desde la ventanilla.

c) Jesús
El año pasado casi tuve un infarto. Afortunadamente no pasó nada, pero me asusté mucho. El cardiólogo me dijo que necesitaba hacer ejercicio diariamente, así que voy a pie a mi trabajo. Tardo casi una hora, así que tengo que levantarme muy temprano. A la vuelta, normalmente estoy muy cansado y entonces tomo el autobús. Otras veces, vuelvo en coche con un compañero que vive relativamente cerca. Los fines de semana utilizo el coche para salir con la familia al campo o a la montaña, si hace buen tiempo. Y si llueve o hace demasiado frío, al menos doy un paseo de una hora u hora y media por mi barrio.

Especial DELE B1 Curso completo

CIUDADES, MEDIOS DE TRANSPORTE Y DE COMUNICACIÓN
Comprensión de lectura

TAREA 4

(Ver características y consejos, p. 240)

A continuación va a leer un texto del que se han extraído seis fragmentos. Después, lea los ocho fragmentos, a)-h), y decida en qué lugar del texto, 19-24, va cada uno. Hay dos fragmentos que no tiene que elegir.

ENFEMENINO.TV | BELLEZA | MODA | NOVIAS | LUJO | MATERNIDAD | EN FORMA | PAREJA | MUJER DE HOY | PSICO & TESTS | ELLOS

Foro | Álbum | Blogs | Mi espacio | Videos | Mensajes | Club

Inicio > Los Foros > Viajes > Chile

EL MUNDO A UN CLIC DE DISTANCIA

Una de las causas por la que se llama a la sociedad del siglo XXI *sociedad de la información* es la invención de Internet.

Existen dos teorías sobre su origen; la primera afirma que, como tantas otras tecnologías innovadoras, es un invento militar estadounidense. **19.** _____.

Los primeros ordenadores eran enormes máquinas que ocupaban varios metros cuadrados y que simplemente enviaban datos de un ordenador a otro. El concepto parecía ser acertado, pero la práctica era cara e ineficaz, ya que cada terminal tenía una forma de trabajo diferente. **20.** _____. ARPANET fue el resultado tan deseado y el 2 de septiembre de 1969, en la Universidad de California en Los Ángeles, se conectó el primer ordenador a esta primitiva red.

Poco a poco se perfeccionó el sistema hasta llegar a ser una gran red de redes con capacidad de obtener todo tipo de información procedente de cualquier parte del mundo y en cualquier momento. **21.** _____.

El verdadero motor de Internet fue la creación de las páginas web, gracias a las que, lo que hasta el momento era solo usado por científicos, pasó a ser un medio de comunicación de masas. El investigador suizo Tim Berners-Lee tuvo la idea de crear un lenguaje específico para estructurar documentos de texto. Eran los primeros pasos del lenguaje HTML, base de las páginas web, además de dar pie a otros revolucionarios inventos como los hiperenlaces o *links*. **22.** _____. Se hace posible saltar de un contenido a otro con el simple clic del ratón. Internet comenzó a ser conocido por el gran público.

El ritmo de creación de páginas web alcanzó índices insospechados. Centenares de miles de páginas interconectadas entre sí mediante los enlaces: páginas personales, medios de comunicación, y un sinfín de sitios web dedicados a los más diversos temas. **23.** _____.

En 1994 llega Netscape, un navegador muy avanzado que se impone durante años hasta que Microsoft crea su Internet Explorer y comienza una lucha por el control de los navegadores. **24.** _____.

La verdad es que ahora no podemos imaginar nuestra vida sin la existencia de los sitios web y los servicios que nos ofrecen.

Adaptado de www.portalmundos.com

7 CIUDADES, MEDIOS DE TRANSPORTE Y DE COMUNICACIÓN
Comprensión de lectura

FRAGMENTOS

a) Paralelamente el PC se incorporaba al hogar, con equipos suficientemente potentes como para navegar por Internet.

b) Por eso, pronto se vio la necesidad de unificar los sistemas.

c) De la mano de estos enlaces empieza a emplearse el término *navegar* por todos esos sitios.

d) Y es así como los primeros SPAM (correo electrónico no deseado) aparecen.

e) La otra versión dice que surgió de las investigaciones de un grupo de científicos de varias universidades.

f) El resultado no fue otro que el triunfo del navegador que la mayoría utilizamos hoy en día.

g) Sin embargo, esta agencia se dedicaba a financiar proyectos que mantuviesen al país en la vanguardia del desarrollo tecnológico.

h) Pero este gran descubrimiento, en un principio, solo era aprovechado en el ámbito universitario y científico.

CIUDADES, MEDIOS DE TRANSPORTE Y DE COMUNICACIÓN

Comprensión de lectura

TAREA 5

(Ver características y consejos, p. 242)

A continuación va a leer una carta de reclamación. Elija la opción correcta, a), b) o c), para completar los huecos, 25-30.

Muy señor mío:

Acabo de volver de un viaje a Canarias organizado por su compañía de viajes y le escribo para protestar por el trato recibido.

__25__ primer lugar, cuando realicé la reserva, pedí al empleado de su agencia dos habitaciones con __26__ al mar, pero cuando llegamos mi familia y yo, encontramos que una de las habitaciones daba a un patio interior y la otra, al aparcamiento. Hablé con la directora del hotel y le pedí explicaciones, pero ella me dijo que __27__ sentía mucho, pero que todas las otras habitaciones __28__ ocupadas, así que no tuvimos más remedio que aceptar.

__29__ este no fue el único problema del viaje: durante nuestra estancia, comprobamos que el hotel no era de cinco estrellas y que no se incluían todas las comidas, como me habían asegurado al hacer la reserva.

Me parece fatal que su compañía __30__ publicidad engañosa para atraer clientes y exijo que se me devuelva, al menos, parte de lo que pagué, ya que el viaje no ha correspondido a lo que se me prometió.

Espero su respuesta. Atentamente,

José Carrión

PREGUNTAS

25.	a) En	b) Por	c) De
26.	a) paisaje	b) mirada	c) vistas
27.	a) lo	b) la	c) le
28.	a) estuvieron	b) estaban	c) están
29.	a) Por el contrario	b) Pero	c) En cambio
30.	a) hace	b) hizo	c) haga

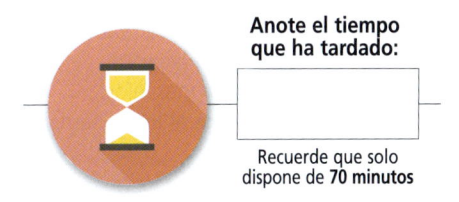

Anote el tiempo que ha tardado:

Recuerde que solo dispone de **70 minutos**

Especial DELE B1 Curso completo

modelo de examen 7

PRUEBA 2 — Comprensión auditiva

Tiempo disponible para las 5 tareas: 40 min

Pistas 127-132

TAREA 1

(Ver características y consejos, p. 243)

A continuación va a escuchar seis anuncios sobre aeropuertos españoles. Oirá cada anuncio dos veces. Después, seleccione la opción correcta, a), b) o c), para cada pregunta, 1-6.
Dispone de 30 segundos para leer las preguntas.

PREGUNTAS

Anuncio 1
1. ¿Qué afirma este anuncio sobre el aeropuerto de Ibiza?
   a) Que se puede imprimir en todos los aparatos disponibles.
   b) Que la conexión a Internet no es gratuita.
   c) Que puede ver el plano del aeropuerto en los puntos de conexión.

Anuncio 2
2. ¿Para qué sirve el servicio Tourist Móvil?
   a) Para saber dónde recoger las maletas.
   b) Para poder utilizar el teléfono móvil en Valencia.
   c) Para obtener información turística gratis.

Anuncio 3
3. ¿Qué características tiene el servicio de plastificado de equipaje?
   a) Que cuesta 6 euros por cada pieza de equipaje.
   b) Que permite facturar una maleta las veinticuatro horas.
   c) Que es más caro si se desea liberar las ruedas.

Anuncio 4
4. ¿Qué consecuencias tienen las obras de ampliación de este aeropuerto?
   a) Que no se pueden usar los cuartos de baño.
   b) Que las cafeterías solo servirán sándwiches y bebidas.
   c) Cambios temporales en el aeropuerto.

Anuncio 5
5. ¿Qué dice este anuncio sobre el aeropuerto de A Coruña?
   a) Que la sala de negocios puede usarse como sala de espera.
   b) Que el uso de la sala de negocios es solo para empresas.
   c) Que se puede comer en la sala de negocios.

Anuncio 6
6. ¿Qué se informa sobre la línea 824?
   a) Que es de nueva creación.
   b) Que ahora llega más lejos.
   c) Que no funciona el fin de semana.

Especial DELE B1 Curso completo

CIUDADES, MEDIOS DE TRANSPORTE Y DE COMUNICACIÓN
Comprensión auditiva

Pista 133

TAREA 2

(Ver características y consejos, p. 245)

A continuación va a escuchar un fragmento del programa ¿Qué te trajo aquí? en el que Roberto habla de cómo vino a vivir a Madrid. Lo oirá dos veces. Después, seleccione la opción correcta, a), b) o c), para cada pregunta, 7-12.
Dispone de 30 segundos para leer las preguntas.

PREGUNTAS

7. En la grabación, Roberto dice que conoció a Carmen:
   a) En un viaje a Montevideo.
   b) A través de su hermano.
   c) En su fiesta de cumpleaños.

8. Roberto dice que decidieron irse a España:
   a) Porque Carmen no estaba contenta en Uruguay.
   b) Porque ambos perdieron su trabajo.
   c) Por decisión de los dos.

9. Sobre la familia de Carmen, Roberto afirma que:
   a) No se sentía muy cómodo con ellos.
   b) No vivían en una casa con capacidad para tanta gente.
   c) Los vio por primera vez cuando llegó a España.

10. Según Roberto, lo único que no le gusta de la casa es que:
    a) Tiene que subir muchas escaleras.
    b) Está lejos de la familia de Carmen.
    c) Es demasiado pequeña.

11. Roberto dice que la casa de su familia en Uruguay estaba:
    a) Junto al mar.
    b) En una zona ruidosa.
    c) Cerca de un parque.

12. Según el audio, Roberto dice que sus padres:
    a) Nunca han estado en España.
    b) Vinieron las pasadas Navidades.
    c) Lo visitarán dentro de poco.

Especial DELE B1 Curso completo

CIUDADES, MEDIOS DE TRANSPORTE Y DE COMUNICACIÓN

Comprensión auditiva

TAREA 3

(Ver características y consejos, p. 246)

Pistas 134-139

Va a escuchar seis noticias de un programa radiofónico sobre los pueblos de la sierra. Lo oirá dos veces. Después, seleccione la respuesta correcta, a), b) o c), para las preguntas, 13-18. Dispone de 30 segundos para leer las preguntas.

PREGUNTAS

Noticia 1
13. El grupo de montaña Un paso tras otro:
    a) Proyecta películas todos los viernes.
    b) Se reúne en la Casa de la Juventud.
    c) Lleva tres años organizando un ciclo de cine.

Noticia 2
14. El nuevo instituto de Puerto Alto:
    a) Se pagará con dinero del Ayuntamiento.
    b) Será el quinto que tenga este pueblo.
    c) Estará en el centro del pueblo.

Noticia 3
15. La línea de autobuses 765:
    a) Solo llegará al hospital Virgen de la Salud.
    b) Saldrá cada cincuenta minutos.
    c) Tendrá horarios diferentes el fin de semana.

Noticia 4
16. La libertad de horarios comerciales:
    a) No es bien aceptada por algunos sectores.
    b) Solo se aplica a los pequeños comercios.
    c) Ya existía en otros lugares de España.

Noticia 5
17. El Ayuntamiento de Puerto Mediano:
    a) Ha actuado sin tener en cuenta la opinión pública.
    b) Va a plantar árboles en algunas calles.
    c) Está renovando las aceras de algunas calles.

Noticia 6
18. Los cortes de algunas calles de Altozano:
    a) Serán temporales.
    b) Afectarán también a los residentes en esas calles.
    c) Todavía no se han producido.

CIUDADES, MEDIOS DE TRANSPORTE Y DE COMUNICACIÓN

Comprensión auditiva

Pistas 140-146

TAREA 4

(Ver características y consejos, p. 247)

A continuación va a escuchar a seis personas hablando sobre el barrio donde viven. Oirá a cada persona dos veces. Después, seleccione el enunciado, a)-j), que corresponde al tema del que habla cada persona, 19-24. Hay diez enunciados (incluido el ejemplo), pero debe seleccionar solamente seis. Dispone de 20 segundos para leer los enunciados.

ENUNCIADOS

a) Siempre ha vivido en el mismo barrio.
b) Va a mudarse pronto.
c) Ha llegado allí hace poco.
d) Le gustaría tener más parques en su zona.
e) Vive cerca de su familia.
f) Vive en la zona antigua de la ciudad.
g) En su barrio no hay tiendas.
h) *Vive en las afueras.*
i) Tiene problemas de aparcamiento.
j) Su barrio ha cambiado mucho.

	PERSONA	ENUNCIADO
	Persona 0	h)
19.	Persona 1	
20.	Persona 2	
21.	Persona 3	
22.	Persona 4	
23.	Persona 5	
24.	Persona 6	

Pista 147

TAREA 5

(Ver características y consejos, p. 248)

A continuación va a escuchar una conversación entre dos amigos, Ester y Carlos. La oirá dos veces. Después, decida si los enunciados, 25-30, se refieren a Ester, a), a Carlos, b), o a ninguno de los dos, c). Dispone de 25 segundos para leer los enunciados.

		a) Ester	b) Carlos	c) Ninguno de los dos
0.	Llevaba mucho tiempo esperando.	✓		
25.	Ha venido en metro.			
26.	Tiene una cita más tarde.			
27.	No conoce todavía la casa de Chema.			
28.	Piensa que la otra heladería es peor.			
29.	No le gusta leer en la pantalla del ordenador.			
30.	Va a trabajar el fin de semana.			

Anote el tiempo que ha tardado:

Recuerde que solo dispone de **40 minutos**

Especial DELE B1 Curso completo

modelo de examen 7

PRUEBA 3 — Expresión e interacción escritas

Tiempo disponible para las 2 tareas: 60 min

TAREA 1

(Ver características y consejos, p. 250)

Usted ha recibido este mensaje de un amigo.

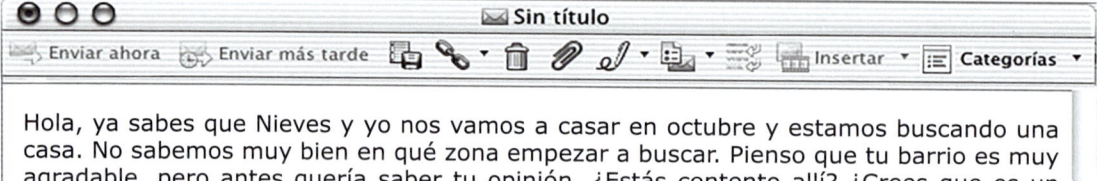

> Sin título
>
> Hola, ya sabes que Nieves y yo nos vamos a casar en octubre y estamos buscando una casa. No sabemos muy bien en qué zona empezar a buscar. Pienso que tu barrio es muy agradable, pero antes quería saber tu opinión. ¿Estás contento allí? ¿Crees que es un buen lugar para vivir? ¿Está bien comunicado? ¿Es una zona muy cara? Escríbeme, por favor, y dime todo lo que te parezca de interés.
>
> Muchas gracias y espero tu respuesta, Juan Luis

Escriba un correo electrónico a Juan Luis (entre 100-120 palabras) en el que deberá:
- Saludar.
- Felicitarlo por su próxima boda y expresarle sus buenos deseos.
- Explicarle a su amigo cómo es su barrio, sus ventajas y sus inconvenientes.
- Decirle si le parece una buena idea o no comprar una casa allí.
- Ofrecerse a acompañarlo a ver casas.
- Despedirse y pedirle que trasmita sus saludos a Nieves.

TAREA 2

(Ver características y consejos, p. 251)

Lea la siguiente entrada de facebook.

> **facebook**
> ha compartido un enlace. Hace aproximadamente una hora
>
> ¡Estoy harto de la ciudad! El otro día tardé tres cuartos de hora en llegar a mi trabajo. ¡Tres cuartos de hora escuchando los cláxones y respirando el humo de los coches! Estoy pensando seriamente en irme a vivir al campo.

Escriba un comentario (entre 130-150 palabras) en este facebook contando:
- Cuáles son las ventajas e inconvenientes de vivir en el campo.
- Cuáles son las ventajas e inconvenientes de vivir en la ciudad.
- Qué preferencias tiene y justifíquelas.
- Dónde vive y si está contento allí.
- Cómo se podría mejorar su barrio.

Anote el tiempo que ha tardado:

Recuerde que solo dispone de 60 minutos

CIUDADES, MEDIOS DE TRANSPORTE Y DE COMUNICACIÓN

Sugerencias para la expresión e interacción orales y escritas

Apuntes de gramática

Usos de ciertas preposiciones:

A
- Expresa dirección (con verbos de movimiento): *Voy a la estación.*
- Indica la ubicación de una cosa con respecto a otra: *Está a la derecha de la parada.*
- Expresa distancia: *La estación de metro está a 200 metros.*
- Expresa tiempo: *El avión sale a las tres.*

EN
- Se usa para hablar de medios de transporte: *Ha llegado en metro.*
- Indica lugar o situación: *El móvil está en la mesa.*
- Indica interior de un lugar: *Estamos en el cine.*
- Indica el tiempo durante el que tiene lugar la acción: *Iré a verte en mayo.*

PARA
- Indica dirección o destino (con verbos de movimiento): *Voy para la oficina.*
- Indica tiempo límite de un periodo: *Irá a su país para el verano.*

POR
- Indica «tránsito» (con verbos de movimiento): *Cruzo por el paso de cebra.*
- Indica tiempo aproximado: *Visitaré Cuba por Navidad.*

Dar instrucciones
- *Para llegar a… tienes que tomar/hay que tomar el metro.*
- *Toma el autobús número…/la línea… del metro y bájate en la segunda parada.*
- *Bájate en la parada/estación de…/que está en…*
- *Sigue todo recto y, cuando veas/pases por el kiosco, gira a la derecha.*
- *Tienes que tomar la primera calle a la derecha/izquierda.*
- *Cruza la plaza/calle.*

Felicitar
- *Felicidades por tu próxima boda.*
- *Enhorabuena por tu próxima boda.*

Expresar preferencias
- *Me gusta más el autobús que el metro.*
- *Prefiero que me llames al móvil.*

Expresar buenos deseos
- *Que seáis muy felices.*
- *Espero que seáis muy felices.*

Opinar
- *Creo que/Pienso que/Opino que/Para mí + indicativo.*
- *No creo que/No pienso que/No opino que + subjuntivo.*

Ordenar ideas
- *En primer lugar… En segundo lugar… Por último…*
- *Por un lado… Por otro…*
- *Por una parte… Por otra…*

Para proponer soluciones hipotéticas
- *Se podría…*
- *Habría que…*
- *Las autoridades tendrían que…*

Pedir que se transmitan saludos a otra persona
- *Saluda a Pilar de mi parte.*
- *Dale un beso a Pilar de mi parte.*
- *Felicita a Pilar de mi parte.*

Especial DELE B1 Curso completo

modelo de examen 7

PRUEBA 4 — Expresión e interacción orales

15 min Tiempo disponible para preparar las tareas 1 y 2.

15 min Tiempo disponible para las 4 tareas.

TAREA 1

(Ver características y consejos, p. 252)

EXPOSICIÓN DE UN TEMA

Tiene que hablar durante 2 o 3 minutos sobre este tema.

Hable de **los medios de comunicación en su país.**

Incluya la siguiente información:
- Cuáles son los medios de comunicación más populares en su país.
- Si cree que la gente de su país está bien informada en general.
- Qué tipo de noticias producen más interés en su país.

No olvide:
- Diferenciar las partes de su exposición: introducción, desarrollo y conclusión.
- Ordenar y relacionar bien las ideas.
- Justificar sus opiniones y sentimientos.

TAREA 2

(Ver características y consejos, p. 253)

CONVERSACIÓN CON EL ENTREVISTADOR

Después de terminar la exposición de la Tarea 1, deberá mantener una conversación con el entrevistador sobre el mismo tema.

Ejemplos de preguntas
- ¿Se considera usted una persona bien informada?
- ¿Qué medio de comunicación prefiere? ¿Por qué?
- ¿Lee o ve las noticias todos los días?
- ¿Me puede contar una noticia que le haya impresionado últimamente?

Especial DELE B1 Curso completo

CIUDADES, MEDIOS DE TRANSPORTE Y DE COMUNICACIÓN
Expresión e interacción orales

TAREA 3

(Ver características y consejos, p. 253)

DESCRIPCIÓN DE UNA FOTO

Observe detenidamente esta foto.

Describa detalladamente (1 o 2 minutos) lo que ve y lo que imagina que está pasando. Puede comentar, entre otros, estos aspectos:
- Quiénes son y qué relación tienen.
- Qué están haciendo.
- Dónde están.
- Qué hay.
- De qué están hablando.

A continuación, el entrevistador le hará unas preguntas (2 o 3 minutos).

Ejemplos de preguntas
- ¿Cuál es su medio de transporte favorito en la ciudad?
- ¿Hay buenos transportes en su ciudad? ¿Son caros?
- ¿Utiliza los transportes públicos con frecuencia?

TAREA 4

(Ver características y consejos, p. 254)

SITUACIÓN SIMULADA

Usted va a conversar con el entrevistador en una situación simulada (2 o 3 minutos).

Usted está en una ciudad desconocida y quiere tomar el metro.
Imagine que el entrevistador es el empleado de la taquilla, hable con él de los siguientes temas:
- Pregúntele el precio de un billete sencillo.
- Pregúntele si hay algún tipo de abono o billete más barato.
- Pregúntele qué línea le conviene y en qué estación debe bajar para ir al centro de la ciudad.
- Pídale un plano con las líneas de metro.

Ejemplos de preguntas
- Buenos días. ¿Qué desea?
- ¿Hay algún abono o tarjeta mensual?
- Pues depende, ¿quiere ir a la parte antigua o a la zona comercial?

examen 8

CULTURA, TIEMPO LIBRE Y DEPORTES

Curso completo

► **Léxico**
- Actividades artísticas y de tiempo libre
- Deportes y juegos

► **Gramática**

► **Funciones**

Modelo de examen 8

Especial DELE B1 Curso completo

vocabulario

FICHA DE AYUDA
Para la expresión e interacción escritas y orales

PERSONAS

- Árbitro (el) ....
- Bailarín/-a (el, la) ....
- Compositor/-a (el, la) ....
- Deportista (el, la) ....
- Entrenador/-a (el, la) ....
- Equipo (el) ....
- Escultor/-a (el, la) ....
- Espectador/-a (el, la) ....
- Futbolista (el, la) ....
- Guitarrista (el, la) ....
- Jugador/-a (el, la) ....
- Novelista (el, la) ....
- Personaje (el) ....
- Pianista (el, la) ....
- Poeta (el) ....
- Poetisa (la) ....
- Protagonista (el, la) ....
- Público (el) ....
- Traductor/-a (el, la) ....
- Violinista (el, la) ....

LUGARES

- Campo de fútbol (el) ....
- Estadio (el) ....
- Galería de arte (la) ....
- Parque de atracciones (el) ....
- Pista de tenis (la) ....
- Polideportivo (el) ....

ESPECTÁCULOS

- *Ballet* (el) ....
- Comedia (la) ....
- Drama (el) ....
- Escenario (el) ....
- Obra de teatro (la) ....
- Partido (el) ....
- Película (la)
  - romántica, de acción, de dibujos animados, de ciencia ficción, policíaca ....
  - versión original (V.O.) ....
  - doblada, subtitulada (V.O.S.) ....

LITERATURA

- Autobiografía (la) ....
- Biografía (la) ....
- Capítulo (el) ....
- Literatura clásica/moderna (la) ....
- Novela (la)
  - policíaca, de aventuras, histórica ....
- Poema (el) ....

DEPORTES Y JUEGOS

- Atletismo (el) ....
- Balonmano (el) ....
- Béisbol (el) ....
- Billar (el) ....
- Bolos (los) ....
- Dardos (los) ....
- Casilla (la) ....
- Ciclismo (el) ....
- Concurso (el) ....
- Consola (la) ....
- Dado (el) ....
- Ficha (la) ....
- Juego de mesa/de cartas (el) ....
- Natación (la) ....
- Tablero (el) ....
- Videojuego (el) ....
- Voleibol (el) ....

VARIOS

- Asiento (el) ....
- Balón (el) ....
- Descanso (el) ....
- Día del espectador (el) ....
- Escenario (el) ....
- Fila (la) ....
- Pantalla (la) ....
- Pelota (la) ....
- Sesión (la) ....
- Taquilla (la) ....

VERBOS

- Aburrirse ....
- Dar (un paseo) ....
- Disfrutar ....
- Divertirse ....
- Empatar ....
- Ganar ....
- Hacer (deporte) ....
- Hacer (cola) ....
- Inscribirse (en) ....
- Pasarlo bien/mal ....
- Perder ....
- Poner (una película) ....
- Sacar (las entradas) ....
- Ser aficionado (a) ....
- Tocar (un premio) ....
- Tratar (de) ....

Especial DELE B1 Curso completo

examen 8 Léxico

Actividades artísticas y de tiempo libre

1 ¿Qué tipos de artes conoces? Relaciona cada una con su definición.

a. Visuales
b. Plásticas
c. Escénicas
d. Sonoras

1. Se practican en un espacio escénico a través del movimiento del cuerpo.
2. Lo importante son los sonidos. Los espectadores son oyentes.
3. El contenido visual es el más importante. El espectador es un observador.
4. Utilizan materiales que son modificados por el artista para crear una obra.

2 Estas profesiones están relacionadas con el arte, pero la imagen y el nombre de la profesión no coinciden. Corrígelo.

a. bailarín/...........................
b. escritor/........................... 
c. director/........................... 
d. compositor/........................... 
e. arquitecto/........................... 
f. escultor/........................... 
g. pintor/........................... 
h. pianista/........................... 
i. violinista/........................... 
j. traductor/........................... 
k. actor/........................... 
l. fotógrafo/........................... 

3 Escribe el femenino de las anteriores actividades artísticas.

a. *fotógrafa*
b. ....
c. ....
d. ....
e. ....
f. ....
g. ....
h. ....
i. ....
j. ....
k. ....
l. ....

4 Clasifica ahora las profesiones anteriores según el tipo de arte que es.

VISUALES	PLÁSTICAS	ESCÉNICAS	SONORAS

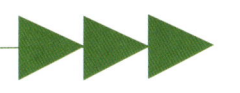

5. ¿Qué actividad asocias con cada uno de los profesionales anteriores?

a. bailar: *bailarín*
b. diseñar viviendas: ....
c. hacer fotografías: ....
d. tocar el violín: ....
e. realizar esculturas: ....
f. tocar el piano: ....
g. pintar cuadros: ....
h. componer obras musicales: ....
i. dirigir una orquesta: ....
j. actuar en obras de teatro y/o películas: ....
k. escribir novelas, poemas: ....
l. traducir de una lengua a otra: ....

6. ¿Qué géneros conoces dentro de la literatura? Marca la opción correcta.

a. Una obra literaria larga, muchas veces de ficción, es una *biografía/novela*.
b. La historia de la vida de una persona es una *canción/biografía*.
c. Una obra literaria en verso es un *poema/teatro*.
d. Una obra dramática creada para ser representada es una *obra de teatro/canción*.
e. La composición en verso que se canta es una *novela/canción*.

7. ¿Qué tipos de novelas conoces? Escribe una definición para cada una.

a. policiaca: ....
b. de ciencia ficción: ....
c. histórica: ....
d. de amor: ....
e. de aventuras: ....

8. Lee la trama de estas novelas y asocia cada una con el título adecuado y con uno de los géneros del ejercicio anterior.

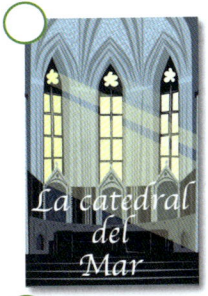

1. Historia de amor entre Fermina Daza y Florentino Ariza, en el escenario de un pueblecito del Caribe a lo largo de más de sesenta años.

2. A su regreso de Flandes, donde han participado en las batallas, el capitán Alatriste y el joven Íñigo Balboa reciben el encargo de una nueva misión relacionada con el contrabando del oro que los barcos españoles traen de América.

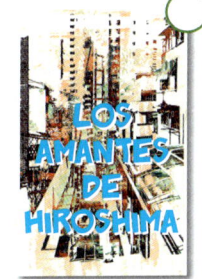

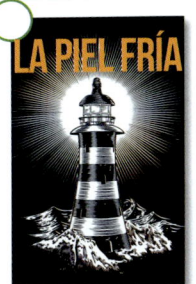

3. Siglo XIV. La ciudad de Barcelona se encuentra en su momento de mayor riqueza y ha crecido hacia el barrio de los pescadores. Sus habitantes deciden construir, con el dinero de unos y el esfuerzo de otros, el mayor templo jamás conocido.

4. En una isla perdida en medio del océano, dos hombres que están en un faro se defienden, noche tras noche, de unas extrañas criaturas submarinas que los atacan sin que sepan por qué.

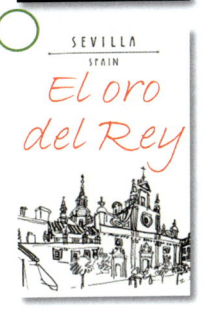

5. Unos okupas encuentran dos cadáveres enterrados juntos. Los análisis revelan que se trata de los cuerpos de Cristina Silva y Daniel Saavedra, una joven pareja desaparecida hace cuatro años. El caso cae en manos de Héctor Salgado y su equipo.

Títulos: *La catedral del Mar*, *La piel fría*, *El oro del Rey*, *Los amantes de Hiroshima*, *El amor en los tiempos del cólera*.

Indica el nombre de alguna novela que conozcas de los géneros anteriores.

examen 8 Léxico
Actividades artísticas y de tiempo libre

9 Observa estos carteles de diferentes películas, ¿de qué género crees que es cada una? Relaciónalo.

de guerra • de amor/romántica • de aventuras
de terror • policíaca • de ciencia ficción
de animación • de risa/comedia

¿Qué tipo de películas no vas a ver al cine? Justifica tu respuesta.

a. .... b. .... c. .... d. .... e. .... f. .... g. ....

10 ¿Hablamos de cine? Pregunta a tu compañero, toma notas y haz un breve resumen con tus conclusiones.

1. ¿Qué tipo de películas te gusta más/menos?
    a. dramas
    b. comedias
    c. otros: ¿cuáles?

2. Me gusta ver películas…
    a. en versión original, con subtítulos en mi lengua
    b. dobladas a mi lengua
    c. en versión original, con subtítulos en español

3. Prefiero ver películas que tienen un final…
    a. abierto
    b. triste
    c. feliz

4. Me encanta ver el cine…
    a. en una butaca de una sala de cine auténtica, con pantalla grande
    b. en el sofá de mi casa, en la tele
    c. en mi tableta o dispositivo móvil

5. Antes de ir a ver una película,…
    a. consulto la cartelera
    b. miro en las redes sociales las opiniones de otros
    c. no consulto y voy el día del espectador a ver lo que sea

6. Me gusta ver películas…
    a. solo/a
    b. con amigos
    c. depende del día

7. Me encantan…
    a. los protagonistas fuertes y guapos; el/la típico/a héroe/heroína
    b. los personajes con problemas
    c. los protagonistas con vidas normales

8. Cuando ponen en la tele una película que ya he visto, pero me gusta mucho…
    a. vuelvo a verla
    b. prefiero ver otra cosa distinta
    c. la grabo para verla en otro momento

9. Entre el cine y el teatro, prefiero…
    a. el cine
    b. el teatro
    c. me gustan los dos

Especial DELE B1 Curso completo

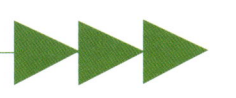

11. Comenta con tus compañeros.

- Me gusta el arte… (moderno, clásico, original…)
- Mi personaje de ficción/ superhéroe favorito es… porque…
- Mi actividad favorita relacionada con el arte es… (exposiciones, museos, *ballet*…)
- La última exposición que vi fue de…
- El peor libro que he leído se llama…, trata de…
- Mi artista favorito es… porque…
- Mi época preferida relacionada con el arte es… (gótico, siglo XX…), porque…

12. ¿Te gusta hacer fotos? Define los siguientes términos, y localízalos en la cámara.

a. zum
b. *flash*
c. objetivo
d. disparador
e. botón de encendido
f. pantalla

13. Clasifica estas acciones de tiempo libre con el verbo adecuado. Hay varias opciones.

en un club • a una exposición • un voluntariado • un cumpleaños • tiempo libre • un compromiso • a bailar
en un grupo • de tapas • un curso de cocina • crucigramas • sellos • de marcha • una cena • a un concierto

IR	HACER	INSCRIBIRSE	TENER	SALIR	COLECCIONAR

14. Termina las frases con las palabras del cuadro. Haz las transformaciones necesarias.

> bicicleta, marcha, la montaña, tapas
> el fútbol, crucigramas, moto, deporte
> la playa, monedas, bricolaje, un pícnic
> *camping*, sellos, copas

a. Me gusta ir a ……………………………… .
b. Siempre juego a ……………………………… .
c. A veces monto en ……………………………… .
d. Nos entusiasma hacer ……………………………… .
e. Los fines de semana salgo de ……………………………… .
f. Desde pequeña colecciono ……………………………… .

Léxico - Especial DELE B1 Curso completo

examen 8 **Léxico** — Actividades artísticas y de tiempo libre

15 Y a ti, ¿qué te gusta hacer en tu tiempo libre? Elige alguna de estas opciones y comenta si te gustan o no y por qué. Coméntalo a tus compañeros.

a.
b.
c.
d.
e.
f.
g.
h.

- Normalmente, los fines de semana…
- (Casi) nunca voy a…
- La verdad es que no suelo…
- De vez en cuando me gusta…
- Me encanta…, pero…
- Muchas veces…

16 ¿Sabes qué es *una tapa*? A continuación tienes la historia de sus orígenes. Ordena los párrafos y responde a las preguntas.

☐ a. Alfonso XIII se comió la loncha de jamón y requirió que se le sirviera otro jerez, pero *con otra tapa igual*. Todos los presentes rieron el ingenio real y copiaron al rey pidiendo lo mismo.

☐ b. Cuando el rey fue a beber, preguntó con sorpresa: «¿Qué es esto?». El mozo le contestó: «Perdone mi atrevimiento, majestad, le he puesto una tapa para que no entre arena en la copa».

[1] c. Las pequeñas cantidades de comida que se sirven en los bares para acompañar a la bebida se conocen popularmente como *tapas*. El uso de esta palabra como sinónimo de *aperitivo* tiene un origen incierto. Hay quienes aseguran que nació a causa de una anécdota protagonizada por Alfonso XIII en su visita a Cádiz.

☐ d. Alfonso XIII pidió una copa de vino de Jerez, pero no se dio cuenta de que el viento entraba en el local y amenazaba con llenar de arena de la playa el vaso. Para evitarlo, un camarero corrió a cubrirlo con una loncha de jamón.

☐ e. Antes de regresar al palacio, el monarca se detuvo en El ventorrillo del Chato, venta que aún existe en la playa que lleva su nombre, entre Cádiz y San Fernando.

☐ f. Nos tomamos las tapas de pie, junto a la barra del bar o sentados alrededor de una mesa, sobre todo si somos más de tres personas. No suelen tomarse más de una o dos tapas en el mismo bar, ya que el tapeo consiste en pasear, cambiar y conocer otros locales.

- ¿Dónde está Cádiz?
- ¿Por qué el camarero del bar cubrió el vaso del rey?
- ¿Qué es una venta?
- ¿Por qué el bar se llama *El ventorrillo del Chato*?
- ¿De qué verbo viene la palabra *tapa*?
- ¿Sabes qué diferencia hay entre *tapa*, *aperitivo*, *ración* y *pincho*?
- ¿Hay en tu país bares de tapas? ¿Son iguales que las españolas?

212 Léxico - Especial *DELE B1* Curso completo

Especial DELE B1 Curso completo

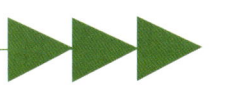

17 Aquí tienes diferentes tapas, ¿cuáles conoces? ¿Cuál te gusta más? Relaciona la imagen con el nombre y explica qué es.

a. jamón
b. pulpo
c. aceitunas
d. tortilla de patata
e. ensaladilla rusa
f. champiñones
g. gambas al ajillo
h. croquetas
i. anchoas
j. mejillones
k. patatas bravas

18 Una de las actividades que más practicamos en nuestro tiempo de ocio es quedar con los amigos. Aquí tienes algunas expresiones que utilizamos para ello. Clasifícalas.

a. ¿Qué te apetece hacer mañana?
b. Lo siento, pero es que…
c. ¿Y si vamos a…?
d. ¿Por qué no…?
e. ¡Estupendo!
f. ¿A qué hora quedamos?
g. Creo que sería mejor…
h. Vale, genial.
i. Mejor nos vemos…
j. No sé, es que…
k. ¿Dónde nos vemos?
l. Me gustaría, pero no puedo.
m. Te invito a…
n. ¿Qué te parece?
ñ. ¿Cómo quedamos?
o. A mí me va bien/mal…
p. ¡Qué rollo!

1. Proponer una cita
2. Aceptarla
3. Rechazarla y excusarse
4. Rechazarla y proponer otra

19 Elige una de las siguientes actividades de tiempo libre. Después, chatea con tus amigos y haz propuestas para quedar con ellos.

Actividades
- ir a cenar y a bailar después
- ver una película en casa
- ir a patinar al parque
- jugar con la consola
- ir de compras
- hacer una ruta de senderismo
- ir a un curso de cocina el sábado
- ver una exposición de arte contemporáneo
- ir de excursión
- jugar un partido de baloncesto
- ir al campo

Léxico - Especial DELE B1 Curso completo

examen 8 Léxico — Deportes y juegos

1 Relaciona cada imagen con el deporte que representa. ¿Qué dos deportes no están representados?

a. fútbol
b. esgrima
c. baloncesto
d. Fórmula 1
e. natación
f. voleibol
g. atletismo
h. ciclismo
i. waterpolo
j. tenis
k. patinaje
l. hípica
m. gimnasia
n. boxeo
ñ. golf
o. motociclismo

2 ¿Cómo se llama a las personas que practican estos deportes?

a. fútbol ....
b. boxeo ....
c. natación ....
d. golf ....
e. ciclismo ....
f. carreras de coches ....
g. esquí ....
h. montañismo ....
i. atletismo ....

3 Completa el nombre de estos objetos con las vocales que faltan. ¿Cuáles relacionas con los deportes que conoces?

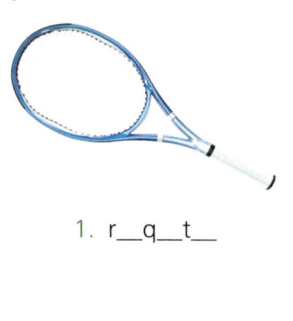

1. r_q_t_
2. p_l_ d_ g_lf 
3. p_t_n_s
4. e__p_d_ 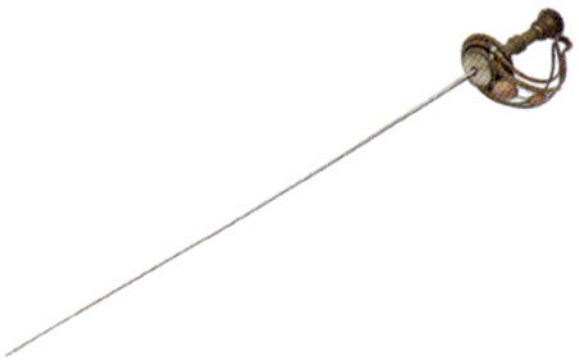
5. g_ __nt_s 
6. c_ch_ d_ c_rr_r_s 
7. b_c_cl_t_   
8. m_t_ d_ c_rr_r_s 
9. b_l_n 
10. p_l_t_ 
11. g_rr_ y g_f_s 
12. c_n_st_ 

4 Relaciona los lugares con sus nombres.

a. cancha   b. pista   c. campo   d. circuito

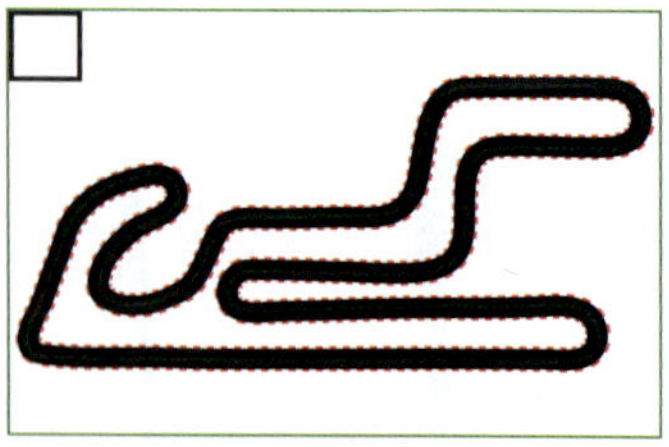

1. 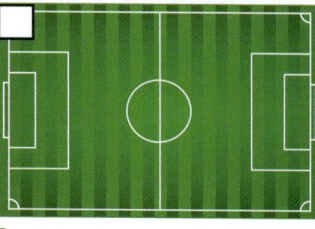   2. 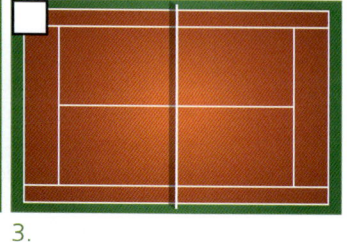   3. 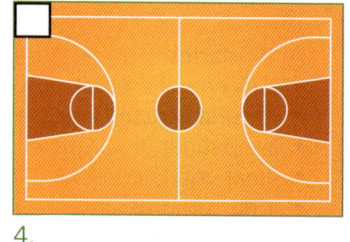   4.

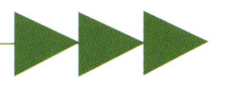

5. Lee las descripciones y completa con el nombre del juego de mesa adecuado.

el parchís • las damas • el bingo • el dominó • el ajedrez

A
..............................: es un juego entre dos personas. Cada jugador tiene 16 piezas que se colocan sobre un tablero dividido en 64 casillas. En su versión de competición está considerado como un deporte. Las piezas se llaman torres, reinas, reyes, alfiles, peones y caballos.

B
..............................: es un juego de mesa entre dos jugadores. Consiste en mover las piezas (o fichas) en diagonal a través de los cuadros negros de un tablero de ajedrez con la intención de capturar (comer) las piezas del contrario saltando por encima de ellas.

C
..............................: en este juego de azar cada participante tiene uno o más cartones con números. De un bombo se extraen al azar, una a una, bolas con números que se van diciendo en voz alta; si el número anunciado coincide con el del cartón, hay que marcarlo. El primer jugador que consigue marcar una línea horizontal de números tiene que decir *línea*. El que consigue marcar todos los números de su cartón dice *bingo*.

D
..............................: en este juego pueden participar varios jugadores. Consiste en un tablero con colores dividido en casillas numeradas. Cada jugador tiene cuatro fichas y debe completar un recorrido y hacer llegar sus cuatro fichas a un cuadro central antes que los demás. Las fichas van avanzando según los números que indica el dado cada vez que es su turno.

E
..............................: en este juego de mesa pueden participar entre 2 y 5 jugadores. Se usan 28 fichas rectangulares. Cada ficha tiene un número (como un dado) que va de cero a seis. La ficha más grande es la del seis doble. El objetivo del juego es alcanzar una puntuación previamente fijada. Para ello se juegan las rondas necesarias.

6. Ahora, relaciona cada juego con su imagen.

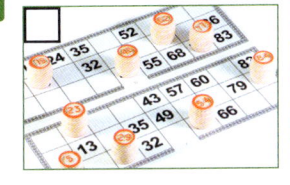

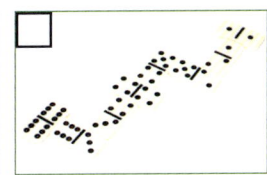

7. Comenta con tus compañeros.

- Me gustan los deportes…, mi favorito es…
- Me gusta ver deportes en…
- Practico…
- Se me da muy bien/mal…
- No me gustan los deportes… porque…
- El juego de mesa/azar que más me gusta es…, consiste en…
- Me gusta jugar a…
- Suelo ver/practicar deportes…

8. ¿Verdadero o falso? Corrige la información falsa.

1. Cuando en un deporte el número de puntos/goles es el mismo en ambos equipos, esto es empatar. V F
2. La persona que controla a los jugadores de baloncesto o fútbol y que les saca tarjetas de colores se llama juez. V F
3. Cuando vamos al cine o al teatro y hay mucha gente para comprar la entrada, tenemos que hacer fila. V F
4. Las personas que están viendo una película se llaman espectativos. V F
5. Zidane en el Real Madrid, por ejemplo, era el entrenador. V F
6. En el teatro, el lugar donde están los actores se llama escenario. V F

examen 8 Gramática

1 Completa estas frases seleccionando la opción correcta.   **SERIE 1**

1. ___ no pusiste el *flash*, la foto salió muy oscura.
   a. Por   b. Como   c. Porque
2. Si no ___ la canción, busca la letra en Internet.
   a. comprendes   b. comprenderás   c. comprendas
3. Ese jugador de baloncesto es el más alto ___ todo el equipo.
   a. de   b. que   c. dentro
4. Vamos a jugar a los dardos. ___ pierdes, me invitas a salir de tapas.
   a. Si   b. Entonces   c. Aunque
5. Mi asiento estaba muy lejos del escenario, ___ no pude ver bien a los actores.
   a. que   b. como   c. así que
6. –Los árbitros están de huelga./–O ___ que esta tarde no hay partido.
   a. es   b. sea   c. fue
7. ___ el entrenador no es bueno, su equipo ha ganado todos los partidos.
   a. Entonces   b. Como   c. Aunque
8. El violinista era menos arrogante ___ el director de orquesta cuando respondía a los periodistas.
   a. por   b. que   c. como
9. Estoy bastante ocupado, ___ que cuéntame rápido el problema.
   a. es   b. Ø   c. así
10. Han contratado al arquitecto ___ diseñar una galería de arte cerca del casco antiguo.
    a. para que   b. por   c. para
11. –Por fin he hecho hoy el último examen./–¡Estupendo! ___ vamos a salir de marcha.
    a. Como   b. Entonces   c. Igual que
12. Tiene sesenta años, pero juega al tenis igual ___ bien ___ cuando era joven.
    a. más... que   b. que... de   c. de... que

2 Completa estas frases seleccionando la opción correcta.   **SERIE 2**

1. Esa película de terror es ___ menos apropiada ___ las tres. Van a estar los niños con nosotros.
   a. la... por   b. Ø... que   c. la... de
2. No es un buen jugador. ___ pierde al billar, se enfadará muchísimo. Ya lo verás.
   a. Si   b. Como   c. Cuando
3. El protagonista de la novela es un genio ___ las matemáticas, pero está loco.
   a. para   b. a   c. por
4. Esta noche vamos al Teatro Real a ver el *ballet*, o ___ que no te pongas vaqueros y camiseta.
   a. sea   b. aunque   c. para
5. He perdido los guantes de boxeo, ___ es ___ no puedo ir a entrenar esta tarde.
   a. así... que   b. así... como   c. como... que
6. Me gusta más la literatura clásica ___ la moderna.
   a. de   b. que   c. a
7. ___ quieres sacar buenas fotos de insectos, no olvides poner el zum.
   a. Porque   b. Cuando   c. Si
8. Induráin ganó muchas carreras ciclistas en los 90. Es el deportista español más famoso ___ esa época.
   a. que   b. como   c. de
9. Trae las fichas, los dados y el tablero ___ juguemos después de la cena.
   a. para que   b. si   c. cuando
10. –Estábamos en la última fila del teatro./–___ no visteis bien a los actores, ¿no?
    a. Porque   b. Como   c. Entonces
11. ¿Sabes que estoy haciendo un curso de jardinería? Me sirve ___ relajarme.
    a. en   b. para   c. por
12. [En respuesta a 11] ___ estás haciendo ese curso, podrás ayudarnos con las plantas. ¿Verdad?
    a. Porque   b. Ya que   c. Es que

Gramática - Especial DELE B1 Curso completo

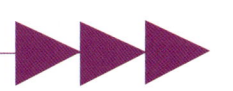

SERIE 3

3. Completa estas frases seleccionando la opción correcta.

1. ___ tengo tiempo libre, no quiero salir a bailar.
   a. Así que   b. Como   c. Aunque
2. Ha llovido muchísimo, ___ es que no podrán jugar el partido en ese campo de fútbol.
   a. porque   b. entonces   c. así
3. Los romanos construyeron un acueducto en Segovia ___ necesitaban canalizar el agua.
   a. si   b. para   c. porque
4. ___ la película es de misterio, tiene también algunas escenas de risa.
   a. Para que   b. Aunque   c. Si
5. Sí, sí, mi marido hizo un curso de cocina, pero cocina ___ mal que antes.
   a. más que   b. igual que   c. igual de
6. Me gusta hacer ciclismo ___ relajarme.
   a. por   b. para   c. como
7. No olvides llevar tu cámara para ___ tomemos fotografías y vídeos durante el safari.
   a. Ø   b. que   c. así
8. No puedo ir a la carrera de motos. Las entradas más baratas no cuestan menos ___ 150 euros.
   a. de   b. por   c. que
9. Hay mucha cola para entrar a la galería de arte, ___ me voy. Vendré otro día.
   a. porque   b. o sea   c. Ø
10. Haz el curso de escultura. Estás igual ___ preparado ___ cualquiera.
    a. que... de   b. de... que   c. como... de
11. ___ a Clara le gustan los deportes de equipo, no le interesa nada el voleibol.
    a. Aunque   b. Como   c. Entonces
12. Echaron a los turistas de la sala ___ sacar fotos, pues estaba prohibido.
    a. para   b. por   c. porque

SERIE 4

4. Completa estas frases seleccionando la opción correcta.

1. –¿Vamos al partido de fútbol este sábado?/–Ay, lo siento. ___ tengo un compromiso.
   a. Así que   b. Entonces   c. Es que
2. En la televisión ponen más partidos de fútbol ___ carreras de motos.
   a. de   b. que   c. sin
3. Este año el artista ha pintado ___ retratos ___ paisajes (solo 15 retratos).
   a. menos... de   b. tantos... que   c. menos... que
4. ¿___ vas a inscribirte en un club de lectura? A ti no te gusta leer.
   a. Para qué   b. Por que   c. Para que
5. ___ la película recibió dos premios Goya, no tuvo éxito en las salas de cine.
   a. Es porque   b. Es que   c. Aunque
6. Podemos quedar otro día ___ esta tarde estás ocupado.
   a. si   b. cuando   c. como
7. Esos esquíes te costarán más ___ 350 €. Estamos en plena temporada.
   a. por   b. de   c. que
8. ___ piensas hacer *camping*, consulta la información meteorológica para la próxima semana.
   a. Cuando   b. Si   c. Entonces
9. Los molinos de la Mancha son muy conocidos ___ la obra de Cervantes: *Don Quijote de la Mancha*.
   a. en   b. de   c. por
10. Consulta la cartelera ___ ver si ponen alguna película de dibujos animados este fin de semana.
    a. por   b. al   c. para
11. Si la película ___ de amor, no la pongas: me aburren ese tipo de películas.
    a. es   b. sería   c. sea
12. –Mi marido ha hecho los muebles del salón./–___ es aficionado al bricolaje.
    a. Así   b. Por qué   c. Así que

examen 8 Funciones

1 SERIE 1
Elige la opción correcta y completa el cuadro de funciones con las fórmulas correspondientes a cada una.

1. –¿Qué te ___ esa película?/–Es muy buena, sobre todo en versión original.
   a. pareces   b. parezca   c. parece
2. ¿Te gusta ___ crucigramas?
   a. que haga   b. haciendo   c. que hacer
3. A Elena le encanta ___ como voluntaria. Tiene muy buen corazón.
   a. colaborar   b. colaboraría   c. colaboración
4. Nunca me ___ interesado las novelas de ciencia ficción.
   a. he   b. han   c. ha
5. Mi hermano odia ___ a las cartas. Se aburre mucho.
   a. juegos   b. jugando   c. jugar
6. Nos ___ que publiques fotos nuestras en Facebook sin nuestro permiso.
   a. molestas   b. molesto   c. molesta
7. –Ese libro de poemas es malísimo./–Sí. ¡___ horror!
   a. Cuánto   b. Qué   c. Mucho
8. ¿___ es ___ que más te gusta del protagonista de la película?
   a. Qué... el   b. Qué... lo   c. Cuál... lo
9. ¿En ___ asiento prefieres sentarte?
   a. qué   b. dónde   c. cuál
10. ¿___ eligió el novelista como traductor de su novela?
    a. Cómo   b. A quién   c. Al qué
11. ¿Te ___ más ___ veamos las películas dobladas o subtituladas?
    a. interesa... que   b. interesas... Ø   c. interesan... cómo
12. ¿Prefieres que ___ de marcha o que ___ a tomar tapas?
    a. salgas... vayas   b. salgamos... vayamos   c. saldremos... iremos

Tu listado

a. **Preguntar por gustos e intereses**
   ¿Están buenas las tapas de ese bar?
   1. ....
   2. ....

b. **Expresar gustos e intereses**
   No me importa ver esa obra otra vez.
   3. ....
   4. ....

c. **Expresar aversión**
   No soporto que hablen en la biblioteca.
   5. ....
   6. ....
   7. ....

d. **Preguntar por preferencias**
   ¿Con quién prefieres salir?
   8. ....
   9. ....
   10. ....
   11. ....
   12. ....

2 SERIE 2
Elige la opción correcta y completa el cuadro de funciones con las fórmulas correspondientes a cada una.

1. [En respuesta a 8. Serie 1] ___ que más me gusta ___ su humor y su talento.
   a. Los... son   b. El... sean   c. Lo... es
2. [En respuesta a 11. Serie 1] Me ___ más ___ vayamos a ver películas antiguas.
   a. interesan... como   b. interesa... que   c. interesa... Ø
3. [En respuesta a 12. Serie 1] Prefiero ___ bien ___ tapas.
   a. comiendo... que tomando   b. si como... que tomo   c. comer... a tomar
4. Tengo mucho interés en ver el partido. No me importa ___ cola.
   a. hacer   b. para hacer   c. que haga
5. ¿Tienes ganas ___ a ver el musical de *El Rey León*?
   a. de ir   b. con ir   c. por ir
6. ¿___ es tu sueño?
   a. Qué   b. Dónde   c. Cuál
7. [En respuesta a 5] Me apetecería más ___ a la galería de arte.
   a. cuando iríamos   b. ir   c. si iremos
8. [En respuesta a 6] Mi sueño es ___ novelas policiacas.
   a. escribir   b. que escribiría   c. cuando escriba
9. –Esta noche salgo de marcha./–¡Que te ___!
   a. divertirás   b. diviertes   c. diviertas
10. Entonces, ¿tienes la idea ___ un grupo musical?
    a. que forme   b. de formar   c. con formar
11. [En respuesta a 10] Sí. Estoy pensando ___ con los músicos.
    a. yo hablaría   b. si hable   c. en hablar
12. Antes ___ ser bailarín, pero tuvo un accidente esquiando.
    a. pensó   b. pensaba   c. pensaría

Tu listado

e. **Expresar preferencia**
   Prefiero la escultura a la arquitectura.
   1. ....
   2. ....
   3. ....

f. **Expresar indiferencia/ausencia de preferencia**
   Me da igual.
   4. ....

g. **Hablar de deseos**
   ¿Te apetece un café?
   Querría tener más tiempo para leer.
   5. ....
   6. ....
   7. ....
   8. ....
   9. ....

h. **Hablar de planes e intenciones**
   ¿Piensas inscribirte en un club de golf?
   10. ....
   11. ....
   12. ....

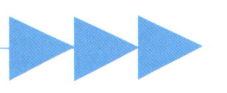

3 SERIE 3
Elige la opción correcta y completa el cuadro de funciones con las fórmulas correspondientes a cada una.

1. ¿Te apetece ___ a la exposición de la galería de arte?
   a. si vamos b. si vayamos c. que vayamos
2. ¿Les ___ bien ___ a la plaza de toros? Les explicaré su historia.
   a. parecen... ir b. parece... que vayan c. parece... ir
3. ¿Y ___ volvemos a la exposición de Antonio López? Es un genio.
   a. cuando b. si c. que
4. –No sé qué leer./–Yo ___ una buena novela histórica.
   a. leerías b. leería c. leía
5. ¡___ a jugar a los bolos! Yo invito a las tapas de después.
   a. Vamos b. Iríamos c. Iremos
6. ___ a ver esta película. Trata de un cometa que se dirige a la Tierra.
   a. Vendrías b. Vienes c. Ven
7. ¿Sabes ya ___ vienes o no de *camping* con nosotros?
   a. que b. si c. cuando
8. [En respuesta a 1] Muy ___. Podemos ir el sábado por la mañana.
   a. buen pensamiento b. buena idea c. de acuerdo
9. [En respuesta a 2] ___ mucho gusto. Nos encantará visitarla.
   a. Con b. Sí c. Por
10. [En respuesta a 5] Bueno, ___..., pero no me quedaré mucho tiempo.
    a. cuando insistas b. insísteme c. si insistes
11. [En respuesta a 6] No puedo y ___, de verdad. Es que esta tarde tengo clase de violín.
    a. lo siento b. me lamento c. me preocupa
12. [En respuesta a 7] ___ es que esa semana no tengo vacaciones.
    a. Porque b. No c. Pues

Tu listado

i. **Proponer y sugerir**
   Deberías inscribirte en un curso de baile.
   Tienes que leer los poemas. Son preciosos.
   1. ....
   2. ....
   3. ....
   4. ....
   5. ....
j. **Ofrecer e invitar**
   ¿Te apetecen unas tapas? Conozco un bar estupendo.
   6. ....
k. **Solicitar confirmación de una propuesta previa**
   7. ....
l. **Aceptar una propuesta, un ofrecimiento o una invitación (sin/con reservas)**
   Pues sí/Perfecto/Fenomenal/Estupendo.
   8. ....
   9. ....
   10. ....
m. **Rechazar una propuesta, un ofrecimiento o una invitación**
   No, no, muchísimas gracias. Es que...
   11. ....
   12. ....

4 Corrección de errores
Identifica y corrige los errores que contienen estas frases. Puede haber entre uno y tres en cada una.

a. A Rosa y Antonio no les gusta que lleguen tarde, entonces que siempre salen media hora antes de casa.
b. Así que no tengo tiempo libre, voy a salir. Tengo exámenes, pero no me importan suspender.
c. ¿Para que has comprado entradas? Ese día tenemos un compromiso, así no podremos ir.
d. Lucas es igual que aficionado al arte de su padre: les gustan mucho ir a museos y exposiciones.
e. Hay una exposición de paisajes en la galería de arte. ¡A ver que quedemos algún día a verla!
f. Mañana es sábado, o es que tienes tiempo libre por hacer turismo cerca a Madrid.
g. Me gusta más el teatro del cine, así es como voy a ver una obra dos veces al mes.
h. ¿Tienes una intención en hacer curso de cocina? Tú no tienes tiempo.
i. ¿Cómo te parece estos retratos? ¿Te gustarían comprar alguno?
j. Si la película cuente historia de la generación del 98, dímelo para vaya contigo.

5 Uso de preposiciones
Tacha la opción incorrecta en estas frases.

a. Entonces, ¿estás pensando *de/en* escribir un libro de poemas?
b. Este año tenemos la intención *a/de* hacer atletismo.
c. Mi abuela era muy aficionada *en/a* jugar a las cartas.
d. Mi sueño es *con/Ø* ser pianista en la Orquesta Nacional.
e. Me gustan más las fotografías *en/con* blanco y negro. Son más elegantes.
f. Fernando sueña *con/de* ser árbitro.
g. Ojalá podamos ver la película de ciencia ficción. ¡*Para/A* ver si quedan entradas!
h. Ese producto se usa *a/para* limpiar violines y guitarras.
i. ¿Tu intención es *de/Ø* hacer un pícnic en diciembre? Hará mucho frío.
j. Los turistas tienen ganas *por/de* ver el acueducto de Segovia.

modelo de examen 8

PRUEBA 1 — Comprensión de lectura

Tiempo disponible para las 5 tareas. 70 min

TAREA 1

(Ver características y consejos, p. 236)

A continuación va a leer seis textos en los que unas personas hablan del tipo de película que les apetece ver y una página con las reseñas de algunas películas. Relacione a las personas, 1-6, con los textos que informan sobre las películas, a)-j). Hay tres textos que no debe relacionar.

PREGUNTAS

	PERSONA	TEXTO
0.	ARTURO	b)
1.	OLGA	
2.	ANTONIO	
3.	INMA	
4.	FELIPE	
5.	ROSA	
6.	DANIEL	

0. ARTURO	La verdad es que no soy muy aficionado al cine comercial. Prefiero las cintas de temática social que tratan cuestiones de interés humano.
1. OLGA	A mí me fascinan las películas de miedo. Son las que más me gustan. Mi hermana dice que no entiende cómo me puede gustar sufrir, pero yo sé que todo es falso, que nada de eso puede pasar en realidad.
2. ANTONIO	Me gusta la ciencia ficción, pero no soporto la violencia. No sé por qué suelen unir estos dos conceptos. Me interesan las cosas que hacen pensar sobre posibles futuros u otros mundos.
3. INMA	La verdad es que la ficción no me interesa mucho. Por ejemplo, nunca leo novelas ni cuentos. Y con las películas me pasa lo mismo: prefiero los documentales, especialmente de actualidad, porque los de naturaleza no me interesan nada.
4. FELIPE	Tengo dos hijos de cinco y siete años y últimamente solo veo películas de niños. La verdad es que no me importa porque es un momento que disfrutamos los tres juntos y hay películas infantiles magníficas.
5. ROSA	A mí me gusta el cine clásico. Me parece que hay verdaderas obras de arte que nunca pasarán de moda. En cambio, muchas películas actuales, que solo se basan en efectos especiales, no tendrán un lugar en la historia.
6. DANIEL	Me encantan las comedias en general, me gusta pasar un buen rato y olvidarme de los problemas. Lo que quiero es relajarme y no pensar. Si quiero sufrir, ya tengo las noticias...

Especial DELE B1 Curso completo

CULTURA, TIEMPO LIBRE Y DEPORTES
Comprensión de lectura

Canal TodoCine

a) **¿Quién mató al coche eléctrico?** El director Chris Paine investiga los intereses ocultos de las grandes empresas del motor que llevaron al fracaso y desaparición del coche eléctrico EV-1. A través de entrevistas a expertos, deja entrever la cara más negativa de estas empresas con una dura crítica, algo que por supuesto no está exento de polémica.

b) **Recursos humanos.** Frank, un licenciado en Económicas, vuelve a su ciudad natal con un puesto directivo en la fábrica donde su padre ha estado trabajando durante 35 años. Su primera tarea es hacer un reajuste que supone el despido de varios trabajadores, entre ellos, su padre.

c) **Enemigo mío.** En medio de una guerra galáctica, la nave de un soldado de La Tierra cae en un planeta alienígena. Allí encuentra a otro superviviente, pero de la raza enemiga. Los dos tienen que unir sus fuerzas para sobrevivir y surge una inesperada amistad.

d) **Ponyo.** Sosuke vive al lado del mar. Un día, en la playa rocosa que está junto a su casa, encuentra un pez atascado en un bote de mermelada. Lo rescata y lo lleva a su casa. El pez dorado resulta ser una princesa que quiere ser humana.

e) **La máquina asesina.** En un futuro no muy lejano los policías se entrenan a través de un programa informático de realidad virtual donde deben luchar contra un personaje creado uniendo las memorias de los peores asesinos de la historia. De algún modo, el personaje escapa al mundo real. Un policía debe capturarlo y eliminarlo.

f) **Eva al desnudo.** Dentro de nuestro ciclo dedicado a estrellas de los cuarenta, se emite este film, imprescindible para todos los admiradores de Bette Davis. Una ambiciosa joven actriz se introduce en el círculo de una diva hasta que logra robarle su papel.

g) **Rec.** Una reportera y un cámara de un programa de telerrealidad que se dedican a transmitir reportajes en directo siguiendo a los equipos de emergencias se ven atrapados en un apartamento donde algo terrorífico les espera.

h) **Caminando entre dinosaurios.** Usando las últimas tecnologías, un equipo combinado de paleontólogos y cineastas ha reconstruido el asombroso mundo perdido del tiempo en que reinaban los dinosaurios, mostrándonos cómo aparecieron y cómo vivían, así como las últimas teorías sobre por qué desaparecieron.

i) **Fuga de cerebros.** Emilio, tímido y mal estudiante, ama en secreto a Natalia, la chica guapa y lista de la clase. Cuando por fin se decide a declararse, Natalia recibe una beca para estudiar en Oxford. Todo parece perdido para Emilio, pero sus colegas del instituto deciden ayudarle. Falsifican expedientes y becas, y marchan a Oxford revolucionando la apacible vida del campus.

j) **X/1999.** Dibujos animados. El fin del mundo se aproxima y un grupo de individuos con poderes sobrenaturales deben tomar partido en la violenta batalla entre los dragones del cielo y los dragones de la tierra (no recomendada para menores de 13).

Especial DELE B1 Curso completo

CULTURA, TIEMPO LIBRE Y DEPORTES
Comprensión de lectura

TAREA 2

(Ver características y consejos, p. 238)

A continuación hay un texto sobre el teatro en diferentes culturas. Después de leerlo, elija la respuesta correcta, a), b) o c), para las preguntas, 7-12.

EL TEATRO EN DIFERENTES CULTURAS

Teatro viene del término griego *Theatron*, que quiere decir 'lugar para contemplar', porque en definitiva ¿qué es el teatro sino una representación de historias frente a un público? Nadie se pone de acuerdo en cuál fue el inicio del teatro pero, partiendo de su definición, el chamán prehistórico fue uno de los primeros actores de la historia; tenía preparación, vestuario y texto para sus curaciones y un público incondicional. El objetivo primordial era conectar con Dios, elemento base para la aparición del teatro en todas las civilizaciones.

En Egipto practicaban su culto a los muertos mediante danzas y canciones, entre estos ritos destacaba *Los misterios de Osiris* que duraba ocho días y, como la morbosidad humana no es nueva, los días de cartel completo eran los de muerte y resurrección del dios. Pero el diálogo más antiguo que se ha encontrado proviene de Mesopotamia. Además, aquí aparece la proyección mítica por primera vez: el dios se hace hombre, aunque solo sea para enamorar a una mortal.

Cada cultura tiene sus manifestaciones teatrales especiales: en Japón los principales teatros son el Noh y el Kabuki, que apenas han cambiado a través de los tiempos y en los que los actores siguen haciendo los mismos movimientos que hacían hace siglos. En la India se desarrolló un teatro y una cultura muy física, que va directamente a los sentimientos y emana religiosidad. Son movimientos muy concretos y estrictos donde la improvisación no tiene cabida.

Del teatro chino la manifestación más famosa es la Ópera de Pekín. En ella todo se estructura a través de la música, instrumentos y palabras. Los actores transmiten a través del cuerpo, incluso sus acrobacias representan estados de ánimo. Las manos y pies son fundamentales. Usan la voz modulada, muy musical, elevando y bajando la voz, intercalando cantos.

Antes de la Revolución china todos los papeles, incluidos los femeninos, eran interpretados por hombres. Se puede imaginar el entrenamiento tanto físico como vocal al que se sometía a los actores desde niños. El conocido actor Jackie Chan recibió su formación actoral en una de esas escuelas, donde tenían jornadas de diecinueve horas de entrenamiento compuesto por brutales ejercicios. Es comprensible que cuando llegó a la fama emprendiera una campaña en contra de estas escuelas para conseguir cerrarlas.

Como vemos, teatro y música han estado interrelacionados desde sus orígenes y en muy diferentes culturas, e incluso en la actualidad el género musical, en cine y en teatro, sigue contando con adeptos. Pero ¿qué fue primero? ¿La palabra? ¿El canto? ¿O fueron los dos a la vez? Lo más probable es que, aunque nunca podremos constatarlo, surgieran paralelamente.

Adaptado de www.redteatral.net

CULTURA, TIEMPO LIBRE Y DEPORTES
Comprensión de lectura

PREGUNTAS

7. En el texto se afirma que el origen del teatro:
   a) Está relacionado con la religión.
   b) Sucede en Grecia.
   c) Está muy claro.

8. Según el texto, el fragmento teatral más antiguo trata sobre:
   a) Los misterios de Osiris.
   b) El tema de la muerte.
   c) El amor de un dios y una mortal.

9. El texto afirma que hay culturas:
   a) Que no han desarrollado manifestaciones teatrales.
   b) En las que el teatro no ha evolucionado.
   c) Que basan su teatro en la improvisación.

10. Según el texto, en el teatro chino gran parte de la actuación:
    a) Se basa en el movimiento.
    b) Depende del estado de ánimo de los actores.
    c) No se relaciona con la música.

11. En el texto se afirma que el actor Jackie Chan:
    a) Hizo papeles femeninos al inicio de su carrera.
    b) Fundó una escuela de actuación.
    c) Se formó como actor en China.

12. Según el texto, la relación entre la música y el teatro:
    a) Probablemente existe desde sus orígenes.
    b) No existe en la actualidad.
    c) No está clara en algunas culturas.

8 — CULTURA, TIEMPO LIBRE Y DEPORTES
Comprensión de lectura

TAREA 3

(Ver características y consejos, p. 239)

A continuación va a leer tres textos en los que tres personas cuentan lo que suelen hacer en su tiempo libre. Después, relacione las preguntas, 13-18, con los textos, a), b) o c).

PREGUNTAS

	a) Rita	b) Enrique	c) Maribel
13. Nunca va al cine en su tiempo libre.			
14. Trabaja los fines de semana.			
15. Tiene una segunda casa.			
16. Hace las tareas domésticas el fin de semana.			
17. Solo tiene un día libre.			
18. Siempre se levanta tarde los fines de semana.			

a) Rita
Yo soy crítica cinematográfica, así que me paso la vida viendo películas. Como comprenderéis, cuando llega el fin se semana, lo que menos me apetece es ir al cine. Sería como hacer horas extras... La verdad es que lo que más me gusta es salir de la ciudad y respirar aire puro. Mi marido trabaja en un banco y también está deseando salir de la ciudad. Hace poco hemos comprado un pequeño chalé en la sierra y prácticamente todos los fines de semana los pasamos allí. Solemos salir el viernes al mediodía y el sábado ya amanecemos allí. Nos levantamos temprano y salimos a andar o en bici.

b) Enrique
Durante la semana me levanto a las 5:30 porque vivo muy lejos del trabajo, así que los fines de semana nunca madrugo. Es mi oportunidad de descansar. El sábado tengo que dedicar un par de horas, al menos, a la casa y también suelo hacer la compra, pero por la tarde me lo tomo más tranquilo. Sobre todo me gusta leer, ya que durante la semana nunca tengo tiempo. El domingo suelo salir con amigos. Vamos a tomar una copa o vemos la última novedad de la cartelera. A veces nos reunimos en casa de alguno para ver una película en el DVD o jugar a las cartas.

c) Maribel
Mi familia tiene un restaurante y nuestro momento de más actividad es, por supuesto, desde el viernes por la noche hasta el domingo. No cerramos nunca, así que lo que hacemos es tomarnos un día cada uno. Tiene sus ventajas ir a contracorriente con el resto del mundo. Como el miércoles es el día del espectador en la mayoría de las salas, aprovecho para ir al cine: me sale más barato. Además, las tiendas y los grandes almacenes están mucho más tranquilos en medio de la semana. Pero a veces, cuando mis amigas tienen algún plan interesante y yo no puedo unirme, me da rabia.

CULTURA, TIEMPO LIBRE Y DEPORTES
Comprensión de lectura

TAREA 4

(Ver características y consejos, p. 240)

A continuación va a leer un texto del que se han extraído seis fragmentos. Después, lea los ocho fragmentos, a)-h), y decida en qué lugar del texto, 19-24, va cada uno. Hay dos fragmentos que no tiene que elegir.

BEST SELLERS: EL CANON POPULAR

«Los *best sellers* –dice el historiador francés Pierre Nora– han sabido revelar, en cada momento, las sensibilidades latentes de una sociedad». Aunque, también añade, «las razones de su éxito siguen siendo enigmáticas». **19.** _____. ¿De qué se habla cuando hablamos de *best sellers*? ¿De un fenómeno socio-comercial o de un género literario?

Tradicionalmente, la historia de la literatura se ocupa de los libros de mayor calidad, desde un punto de vista intemporal. Solo importa su valor objetivo. En cambio, en los *best sellers*, el lector es quien decide. Dos cánones van a enfrentarse: el canon ideal y el canon real. **20.** _____.

No hay registros realmente fiables para fijar cuáles son los libros más vendidos de todos los tiempos. En general se considera a *La Biblia* como el número uno universal. Pero la discrepancia ya afecta al siguiente puesto. ¿Sería *El Corán* o bien el *Libro Rojo de Mao*? **21.** _____. Si recurrimos a los *rankings* actuales, tras los títulos citados, aparecen obras como el *Manual del Boy Scout* o el *Libro de los Testigos de Jehová*. **22.** _____.

Pero para conseguir una panorámica fiable sobre las obras que a lo largo de los tiempos han constituido fenómenos sociales, no podemos utilizar las ventas acumuladas a día de hoy, sino que tenemos que recurrir a las historias del libro para detectar aquellas que tuvieron impacto. **23.** _____.

De cualquier modo, es la difusión de la lectura en el siglo XIX la que creó el *best seller* de la era industrial. Y el siglo XX acaba de fijar el fenómeno. La consolidación de EE.UU. como primera potencia mundial y el triunfo de la cultura de masas abren un nuevo espacio editorial, que eclosiona en los años cincuenta. **24.** _____. Bajo esta etiqueta se colocó a una serie de novelas que consiguieron la rarísima unanimidad de público y crítica; a menudo la gente que los leía se reconocía entre sí como integrantes de una nueva cultura con fuerte base generacional.

Adaptado de www.lavanguardia.com

FRAGMENTOS

a)
Y los primeros autores literarios registrados suelen ser Charles Dickens o Agatha Christie, la autora más traducida del siglo xx.

b)
Y cuando una obra está en los dos —en la historia de la calidad y en la historia de la popularidad— pertenece a una categoría especial: el canon total.

c)
Y la amenidad, el lenguaje claro, la narratividad y el tono positivo suelen ser elementos recurrentes en su planteamiento.

d)
A veces esas ventas parecerían hoy insignificantes, pero en sociedades preindustriales con alto nivel de analfabetismo resultaban importantísimas.

e)
La opinión de este experto es un buen punto de partida para introducirnos en un fenómeno que, de entrada, plantea un problema terminológico.

f)
Esto no siempre es así: en la historia contemporánea encontramos numerosas obras testimoniales o de denuncia que han sido superventas.

g)
La respuesta cultural a esta hegemonía *yanqui* llega en los años ochenta, con el auge del *best seller* de calidad europeo.

h)
A ambos se les atribuyen ventas por encima de los 800 millones de ejemplares, pero no hay autoridad que pueda arbitrar el desempate.

CULTURA, TIEMPO LIBRE Y DEPORTES
Comprensión de lectura

TAREA 5

(Ver características y consejos, p. 242)

A continuación va a leer un mensaje de correo electrónico. Elija la opción correcta, a), b) o c), para completar los huecos, 25-30.

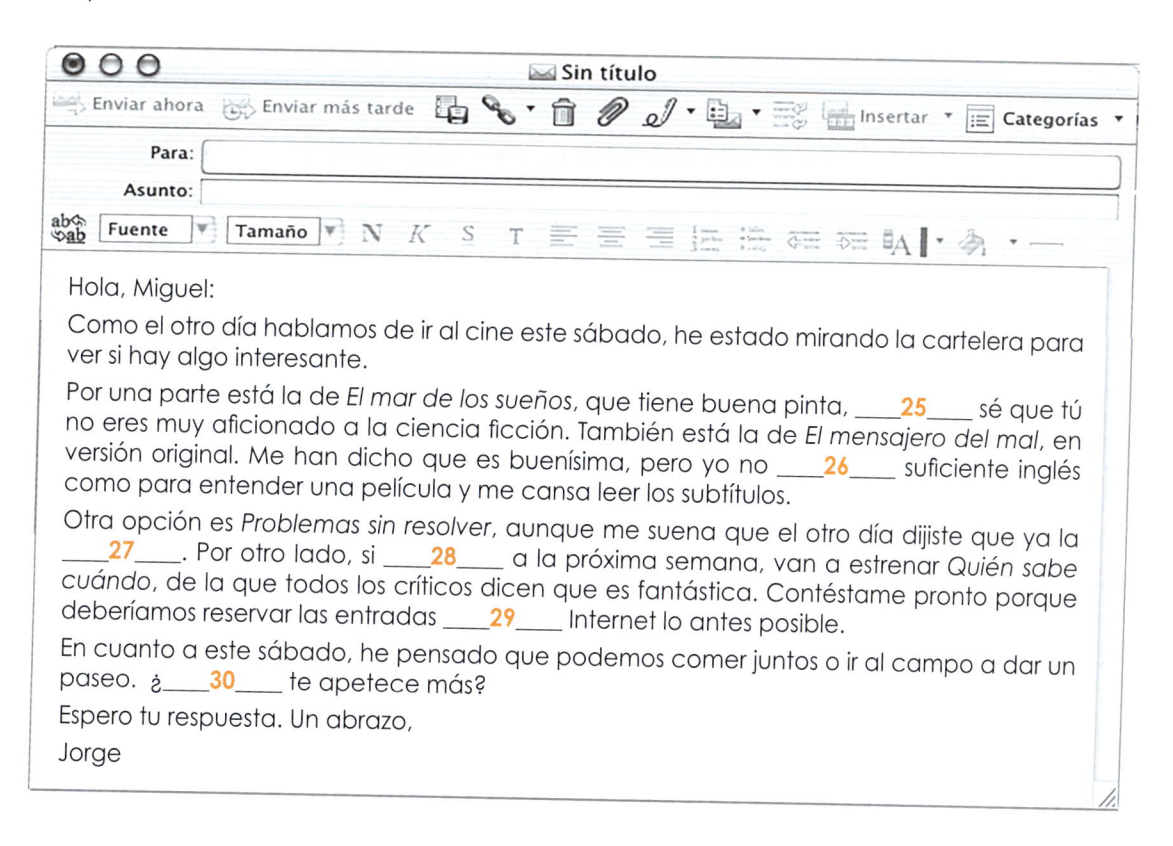

Hola, Miguel:

Como el otro día hablamos de ir al cine este sábado, he estado mirando la cartelera para ver si hay algo interesante.

Por una parte está la de *El mar de los sueños*, que tiene buena pinta, ____25____ sé que tú no eres muy aficionado a la ciencia ficción. También está la de *El mensajero del mal*, en versión original. Me han dicho que es buenísima, pero yo no ____26____ suficiente inglés como para entender una película y me cansa leer los subtítulos.

Otra opción es *Problemas sin resolver*, aunque me suena que el otro día dijiste que ya la ____27____. Por otro lado, si ____28____ a la próxima semana, van a estrenar *Quién sabe cuándo*, de la que todos los críticos dicen que es fantástica. Contéstame pronto porque deberíamos reservar las entradas ____29____ Internet lo antes posible.

En cuanto a este sábado, he pensado que podemos comer juntos o ir al campo a dar un paseo. ¿____30____ te apetece más?

Espero tu respuesta. Un abrazo,
Jorge

PREGUNTAS

25. a) pues   b) así   c) pero
26. a) sé   b) conozco   c) escucho
27. a) veías   b) ves   c) habías visto
28. a) esperemos   b) esperamos   c) esperaremos
29. a) por   b) para   c) de
30. a) Cuál   b) Qué   c) Cómo

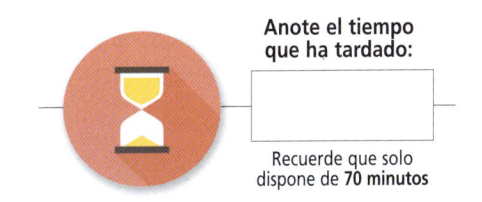

modelo de examen 8

PRUEBA 2 — Comprensión auditiva

Tiempo disponible para las 5 tareas. 40 min

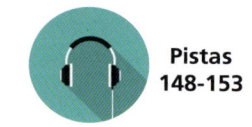

Pistas 148-153

TAREA 1

(Ver características y consejos, p. 243)

A continuación va a escuchar seis mensajes del buzón de voz de un teléfono. Oirá cada mensaje dos veces. Después, seleccione la opción correcta, a), b) o c), para cada pregunta, 1-6.
Dispone de 30 segundos para leer las preguntas.

PREGUNTAS

Mensaje 1
1. ¿Para qué llama Elena a Marga?
   a) Para recomendarle un libro.
   b) Para pedirle un libro prestado.
   c) Para pedirle un favor de parte de María.

Mensaje 2
2. ¿A qué hora prefiere jugar Javier?
   a) A las cuatro.
   b) A las seis y media.
   c) A las ocho.

Mensaje 3
3. ¿Qué debe hacer Eduardo?
   a) Comprar entradas para el cine.
   b) Informar a Jaime de un cambio de plan.
   c) Decidir qué van a hacer hoy.

Mensaje 4
4. ¿De qué informan a la Sra. Rodríguez respecto a las clases de baile?
   a) De que han sido suspendidas.
   b) De que son lunes y miércoles por la mañana.
   c) De que es necesario un mínimo de alumnos.

Mensaje 5
5. ¿Quiénes van a ir a la ópera?
   a) Merche y Lola.
   b) Merche y su novio.
   c) Lola y la mujer de su jefe.

Mensaje 6
6. ¿Qué resultado ha tenido el equipo de Lucas?
   a) Ha ganado.
   b) Ha perdido.
   c) Ha empatado.

Especial DELE B1 Curso completo

CULTURA, TIEMPO LIBRE Y DEPORTES
Comprensión auditiva

Pista 154

TAREA 2

(Ver características y consejos, p. 245)

A continuación va a escuchar un fragmento del programa Películas que marcaron nuestra vida *en el que José nos habla de sus gustos cinematográficos. Lo oirá dos veces. Después seleccione la opción correcta, a), b) o c), para cada pregunta, 7-12.*
Dispone de 30 segundos para leer las preguntas.

PREGUNTAS

7. José dice en la grabación que *Matrix*:
   a) Ya no le gusta.
   b) Sigue gustándole.
   c) Tiene temática social.

8. En el audio, José comenta que:
   a) Empezó a gustarle la ciencia ficción gracias a su primo.
   b) Prefiere leer a ver películas.
   c) Tiene una colección de películas de ciencia ficción.

9. En la grabación José afirma que vio *Matrix*:
   a) En el cine con su primo.
   b) En casa con sus hermanos.
   c) Sin saberlo sus padres.

10. José dice en la grabación que:
    a) Ha visto las tres películas de la serie *Matrix*.
    b) Los efectos especiales de *Matrix reloaded* son peores.
    c) Ha visto *Matrix* muchas veces.

11. En la grabación José afirma que:
    a) La película es más profunda de lo que muchos creen.
    b) Sus amigos tienen la misma opinión que él de la película.
    c) Los medios de comunicación están controlados.

12. José dice en la grabación que:
    a) A su novia no le gusta *Matrix*.
    b) Ha sido su cumpleaños hace poco.
    c) Su novia no ha visto todavía *Matrix*.

Especial DELE B1 Curso completo

8 CULTURA, TIEMPO LIBRE Y DEPORTES
Comprensión auditiva

Pistas 155-160

TAREA 3

(Ver características y consejos, p. 246)

A continuación va a escuchar seis noticias de un programa radiofónico mexicano. Lo oirá dos veces. Después, seleccione la respuesta correcta, a), b) o c), para las preguntas, 13-18.
Dispone de 30 segundos para leer las preguntas.

PREGUNTAS

Noticia 1
13. Este carnaval de Barranquilla se celebra en Madrid:
    a) Por primera vez este año.
    b) Desde 2003.
    c) Desde hace diez años.

Noticia 2
14. Los poemas de Benedetti han aparecido:
    a) En Uruguay.
    b) En Alicante.
    c) En la casa del poeta.

Noticia 3
15. La India Art Fair:
    a) Se celebra en Europa.
    b) Termina hoy.
    c) No tiene éxito.

Noticia 4
16. La última novela de Alicia Giménez Barlett:
    a) Se ha publicado antes en Italia que en España.
    b) No ha tenido tanto éxito en Italia como se esperaba.
    c) Ha sido presentada en Roma a principios de febrero.

Noticia 5
17. El Hispania London:
    a) Está dedicado a la comida europea.
    b) Se ubica a las afueras de Londres.
    c) Ocupa dos pisos.

Noticia 6
18. El Premio Extraordinario de Estudios sobre las Culturas Originarias de América:
    a) Se lleva concediendo desde 1959.
    b) Lo ha ganado Manuel Galich.
    c) Ha sido para una escritora chilena.

Especial DELE B1 Curso completo

CULTURA, TIEMPO LIBRE Y DEPORTES

Comprensión auditiva

Pistas 161-167

TAREA 4

(Ver características y consejos, p. 247)

A continuación va a escuchar a seis personas hablando sobre sus planes para el próximo domingo. Oirá a cada persona dos veces. Después, seleccione el enunciado, a)-j), que corresponde al tema del que habla cada persona, 19-24. Hay diez enunciados (incluido el ejemplo), pero debe seleccionar solamente seis.
Dispone de 20 segundos para leer los enunciados.

ENUNCIADOS

a) Hace lo mismo todos los domingos.
b) No puede salir porque está enfermo.
c) Todavía no tiene claros sus planes.
d) *Hace tiempo que tiene este plan.*
e) Tiene que ayudar a su hijo.
f) Van a venir invitados a su casa.
g) Siempre sale con los mismos amigos.
h) No le apetece mucho el plan.
i) Se levanta tarde todos los domingos.
j) Tiene una celebración familiar.

	PERSONA	ENUNCIADO
	Persona 0	d)
19.	Persona 1	
20.	Persona 2	
21.	Persona 3	
22.	Persona 4	
23.	Persona 5	
24.	Persona 6	

Pista 168

TAREA 5

(Ver características y consejos, p. 248)

A continuación va a escuchar una conversación entre dos compañeros de trabajo, Mauricio y Encarna. La oirá dos veces. Después, decida si los enunciados, 25-30, se refieren a Mauricio, a), a Encarna, b), o a ninguno de los dos, c).
Dispone de 25 segundos para leer los enunciados.

		a) Mauricio	b) Encarna	c) Ninguno de los dos
0.	Ha llegado pronto al trabajo.		✓	
25.	Va a viajar en coche.			
26.	Estudió en Londres.			
27.	Antes vivía en una casa alquilada.			
28.	Todavía no ha visto *La viuda valenciana*.			
29.	Prefiere ver una comedia.			
30.	Ha venido al trabajo en metro.			

Anote el tiempo que ha tardado:

Recuerde que solo dispone de **40 minutos**

Especial DELE B1 Curso completo

modelo de examen 8

PRUEBA 3 — Expresión e interacción escritas

Tiempo disponible para las 2 tareas: 60 min

TAREA 1

(Ver características y consejos, p. 250)

Usted ha recibido esta carta de una amiga.

> Hola:
>
> Te escribo porque el otro día me encontré por casualidad con Ana y Álvaro en la cola del supermercado y estuvimos hablando de que hace mucho tiempo que no hacemos nada juntos, así es que hemos decidido salir el próximo fin de semana.
>
> Por supuesto queremos que vengas con nosotros. ¿Estás libre? Espero que sí.
>
> También queremos decírselo a Sara y a Enrique. Todavía no tenemos ningún plan. ¿Se te ocurre algo a ti? Contesta pronto.
>
> Un beso, Clara

Escriba una carta a Clara en la que deberá:
- Saludar.
- Preguntar por Ana y Álvaro y recordar cuándo fue la última vez que se vieron.
- Decirle que el próximo fin de semana no puede salir y explicar por qué.
- Proponer dejarlo para el siguiente fin de semana.
- Sugerir algunas actividades que podrían hacer.
- Despedirse y agradecerle haberse acordado de usted.

TAREA 2

(Ver características y consejos, p. 251)

Lea el siguiente anuncio.

Amigos del libro — CONCURSO

Desde la asociación Amigos del libro estamos haciendo una encuesta sobre cuáles son los libros más populares entre los lectores. ¿Cuál es el libro que más te ha gustado? ¿Por qué? Escríbenos hablando de tu libro favorito y podrás ganar un lote de diez libros.

Participe en este concurso escribiendo un texto en el que:

- Hable del género de lectura que le gusta más.
- Diga cuál es su libro favorito y de quién es.
- Cuente cuándo lo leyó y si lo recomendaría.
- Describa las emociones que le produjo su lectura.
- Explique brevemente su argumento.

Anote el tiempo que ha tardado:

Recuerde que solo dispone de **60 minutos**

Especial DELE B1 Curso completo

CULTURA, TIEMPO LIBRE Y DEPORTES

Sugerencias para la expresión e interacción orales y escritas

Apuntes de gramática
- Para describir, se utiliza el verbo *ser*: *Es/Fue un partido muy bueno.*
- Para valorar una actividad o experiencia pasada:
  - Si es en un tiempo pasado acabado o alejado del presente, se usa el pretérito perfecto simple (indefinido): *La exposición que vi el lunes me pareció muy interesante.*
  - Si es en un tiempo pasado no acabado o cercano al presente, se usa el pretérito perfecto compuesto: *Este fin de semana hemos ido al campo y he disfrutado mucho.*
- Para hablar del tiempo transcurrido desde algo:
  - *Desde* + momento concreto: *No salimos desde el mes pasado.*
  - *Desde hace* + cantidad de tiempo: *No voy al cine desde hace tres meses.*
  - *Llevar* + cantidad de tiempo + *sin* + infinitivo: *Lleva un año sin hacer deporte.*

Proponer y sugerir
- *¿Qué tal si/Y si salimos al parque?*
- *¿Te parece bien si jugamos al tenis?*
- *Yo iría a ver una obra de teatro.*
- *Podemos/Podríamos jugar al fútbol con ellos.*
- *¿Quieres que vayamos a visitar la feria?*
- *Os propongo hacer algo diferente.*

Disculparse y excusarse
- *Lo siento, pero el próximo fin de semana es imposible. Es que…*
- *Me encantaría, pero es que no tengo tiempo.*

Agradecer
- *Gracias por comprar las entradas.*
- *Os agradezco que vengáis con nosotros.*

Hablar de libros/películas
- *El libro se titula Subir al Everest.*
- *Es una novela de amor, de acción, de ciencia ficción, policíaca.*
- *El protagonista/personaje principal es…*
- *Trata de un horrible crimen.*
- *Cuenta la historia de una pareja que se encuentra después de mucho tiempo y…*

modelo de examen 8

PRUEBA 4 — Expresión e interacción orales

Tiempo disponible para preparar las tareas 1 y 2. 15 min

Tiempo disponible para las 4 tareas. 15 min

TAREA 1

(Ver características y consejos, p. 252)

EXPOSICIÓN DE UN TEMA

Tiene que hablar durante 2 o 3 minutos sobre este tema.

Hable de **a qué dedica su tiempo de ocio**.

Incluya la siguiente información:
- Cuánto tiempo de ocio tiene semanal y anualmente.
- Qué actividades de ocio prefiere.
- Cuáles son las actividades de ocio más populares en su país.

No olvide:
- Diferenciar las partes de su exposición: introducción, desarrollo y conclusión.
- Ordenar y relacionar bien las ideas.
- Justificar sus opiniones y sentimientos.

TAREA 2

(Ver características y consejos, p. 253)

CONVERSACIÓN CON EL ENTREVISTADOR

Después de terminar la exposición de la Tarea 1, deberá mantener una conversación con el entrevistador sobre el mismo tema.

Ejemplos de preguntas
- ¿Cree que es suficiente el tiempo de ocio que tiene?
- ¿Dedica su tiempo de ocio solo a divertirse o realiza obligaciones domésticas o de otro tipo?
- ¿Qué hizo en su último fin de semana?
- ¿Qué planes tiene para sus próximas vacaciones?

Especial DELE B1 Curso completo

CULTURA, TIEMPO LIBRE Y DEPORTES
Expresión e interacción orales

TAREA 3

(Ver características y consejos, p. 253)

DESCRIPCIÓN DE UNA FOTO

Observe detenidamente esta foto.

Describa detalladamente (1 o 2 minutos) lo que ve y lo que imagina que está pasando. Puede comentar, entre otros, estos aspectos:
- Quiénes son y qué relación tienen.
- Qué están haciendo.
- Dónde están.
- Qué hay.
- De qué están hablando.

A continuación, el entrevistador le hará unas preguntas (2 o 3 minutos).

Ejemplos de preguntas
- ¿Le gusta el arte?
- ¿Cuál es su estilo o autor favorito?
- ¿Tiene algún cuadro en su casa?

TAREA 4

(Ver características y consejos, p. 254)

SITUACIÓN SIMULADA

Usted va a conversar con el entrevistador en una situación simulada (2 o 3 minutos).

Usted ha ido a una exposición de arte y le interesa un cuadro. Imagine que el entrevistador es el empleado de la galería de arte, hable con él de los siguientes temas:
- Pregúntele el nombre del autor del cuadro.
- Pregúntele el precio del cuadro que le ha gustado.
- Dígale que es muy caro y pregúntele si tiene alguna otra obra del mismo autor más barata.
- Dígale que se lo va a pensar y pídale el número de teléfono de la galería.

Ejemplos de preguntas
- Buenos días. ¿Puedo ayudarle?
- ¿De qué autor es esta obra?
- ¿Cuánto cuesta este cuadro?

PRUEBA 1 — Comprensión de lectura

Características y consejos

CARACTERÍSTICAS GENERALES DE LA PRUEBA

DESCRIPCIÓN
- Consta de **5 tareas** de lectura y un total de **30 ítems**.
- Su duración total es de **70 minutos**.
- Las lecturas se basan en **textos auténticos**, adaptados en ocasiones al nivel B1 en cuanto al léxico y a la gramática.
- La extensión total de los textos es de entre 1490 y 1820 palabras.

MODO DE REALIZACIÓN
- Los textos se presentan en un **cuadernillo** junto con la prueba de Comprensión auditiva.
- Las respuestas se marcan en **una hoja de respuesta** independiente del cuadernillo.

PUNTUACIÓN
- Esta prueba tiene un valor de 25 puntos, esto es, el 25 % de la nota total del examen.
- Las respuestas acertadas valen 1 punto y las incorrectas, 0 puntos. No se penalizan las respuestas equivocadas.
- La puntuación máxima es de 30 puntos y la mínima, aproximadamente el 60 % (unas 18 respuestas correctas).

TE PUEDE AYUDAR PARA TODA LA PRUEBA 1

Es importante determinar el tipo de relaciones entre el enunciado de la respuesta y el texto. Este análisis permite definir si la opción es correcta o incorrecta.

A. Según el significado…
✓ Un enunciado es correcto cuando:
 – Expresa con otras palabras lo mismo que dice el texto.
 – Resume frases o un párrafo de un texto.
✗ Es incorrecto cuando:
 – Expresa ideas lógicas verdaderas no dichas en el texto.
 – Reproduce las mismas palabras del texto, pero referidas a ideas o a periodos de tiempo distintos.

B. Según el léxico…
✓ Un enunciado es correcto cuando contiene…
 – Rodeos perifrásticos: *conflictos armados* por *guerras*…
 – Sinónimos: *casa* y *vivienda*.
 – Locuciones equivalentes: *estar sin blanca* y *no tener un duro*.
✗ Es incorrecto cuando presenta…
 – Antónimos: *frío* y *calor*.
 – Términos no equivalentes: *afirmar* frente a *suponer*.

C. Según la gramática…
Tiempos, modos y perífrasis verbales
✓ Es correcta cuando el enunciado ofrece formas equivalentes: *tiene que trabajar más* y *debe esforzarse más*.
✗ Es incorrecta cuando el enunciado ofrece formas diferentes.
 – *Está estudiando* y *ha estudiado*.
 – *Es seguro que viene* y *seguro que vendrá*.

Cuantificadores, adverbios, nexos, relaciones lógicas
✓ Es correcta cuando el enunciado ofrece formas equivalentes: *los jóvenes van con frecuencia al cine/los jóvenes van a menudo al cine*.
✗ Es incorrecta cuando el enunciado ofrece formas diferentes.
 – *Todos los estudiantes aprobaron/algunos de los estudiantes aprobaron*.
 – *Aunque llueva/cuando llueva*.

TAREA 1
- Consiste en leer nueve textos breves y relacionar **seis** de ellos con las seis declaraciones breves que les corresponden.
- La capacidad evaluada es extraer la idea principal e identificar información específica en textos breves.
- Los textos son anuncios publicitarios, cartelera de cine, mensajes personales y avisos. Ámbito personal, público, educativo o profesional.
- Extensión: textos de 40-60 palabras; declaraciones o enunciados de 20-30 palabras.

Características y consejos
Comprensión de lectura

TAREA 1
Ejemplo y práctica de cómo resolver la tarea

Usted va a leer tres textos (seis en el original) en los que unas personas hablan del tipo de exposiciones que les gusta y cuatro textos (diez en el original) que informan sobre unas exposiciones. Relacione a las personas (0-2) con los textos que informan sobre las exposiciones (A-D). <u>HAY UN TEXTO QUE NO DEBE RELACIONAR</u> (tres en el original).

	PERSONA	TEXTO
0.	ELENA	
1.	FELISA	
2.	GERMÁN	

0. ELENA: Soy profesora de enseñanza primaria. Considero que los niños deben aprender creando, haciendo cosas, divirtiéndose. Por eso juegan en clase: aprenden sin darse cuenta. Estoy deseando ver esta exposición.

1. FELISA: Siempre he sido una mujer independiente y ahora, que tengo una familia, defiendo el doble papel de la mujer como trabajadora o artista, además de ser madre y esposa.

2. GERMÁN: La verdad es que no tengo mucho tiempo libre, pero los fines de semana son para mí la oportunidad de ver exposiciones con las tendencias artísticas de las nuevas generaciones.

PROGRAMA DE EXPOSICIONES

A	Conde Duque presenta una exposición dedicada a Amparo Sanchís Martos, una mujer moderna que, aunque tuvo que aceptar las normas de la sociedad de su tiempo, supo combinar sus deberes de ama de casa y madre con la escritura de novelas, guiones de radio y creación de dibujos.
B	La Galería 3 Punts siempre ha estado interesada en el talento artístico de los jóvenes. La exposición actual tiene varios tipos de obras, desde esculturas a grafitis. Todas las obras permiten ver la originalidad y creatividad de estos artistas, algunos conocidos internacionalmente.
C	El 2 de junio organizaremos una nueva edición del Mercado del Juguete de Madrid. Podrás encontrar cientos de juguetes antiguos, tradicionales y de colección a precios populares. Más de 50 expositores con Playmobil, Madelman, Geyperman, Scalextric, LEGO, Star Wars, Nancy, trenes, coches a escala… Se celebrará en el centro comercial La Ermita, paseo de la Ermita del Santo, 48, de Madrid.
D	El Museo Reina Sofía organiza en el Palacio de Cristal una exposición de una artista iraní, creadora de esculturas y arquitectura donde se combinan funcionalidad, decoración, industria y artesanía, desarrolladas con materiales como el acero, el cuero, las resinas y otros productos.

Ejemplo de soluciones y claves
A ELENA **(0)** le corresponde el **texto C**: el *Mercado de Juguetes* está relacionado con su profesión (profesora de enseñanza primaria) y por su forma de enseñar (aprender a través del juego). No son correctas las otras respuestas porque se refieren a la actividad artística, pero no al aprendizaje.

Características y consejos
Comprensión de lectura

TAREA 2
- Consiste en leer un texto y responder a **seis** preguntas con **tres opciones** de respuesta cada una.
- Su objetivo es extraer las ideas esenciales e identificar información específica en textos informativos simples.
- Son textos informativos del ámbito público o educativo.
- Extensión: 400-450 palabras.

TE PUEDE AYUDAR

- Lee **los enunciados y los textos** y subraya las palabras **clave**. También puedes resumir el tema esencial de cada uno.
- **Lee despacio** y presta atención a los sinónimos, antónimos, expresiones, rodeos, conectores, tiempos verbales…
- **Relaciona** los enunciados con los textos asegurándote de que significan lo mismo.
- **Empieza por los más obvios** y deja para el final los más dudosos, para releerlos despacio.
- Se pueden **tachar** las respuestas resueltas. Conviene **repasarlo** todo al final.

TAREA 2
Ejemplo y práctica de cómo resolver la tarea

Usted va a leer un texto sobre la antrozoología. Después debe contestar a las preguntas 1-3 (seis en el original). Seleccione la respuesta correcta (a/b/c).

LA ANTROZOOLOGÍA, EL VÍNCULO ENTRE HUMANOS Y ANIMALES

En casi la mitad de los hogares españoles hay algún animal de compañía, principalmente perros y gatos. Debemos saber qué relaciones pueden traer consecuencias negativas y promover las que sean beneficiosas para los humanos y para los propios animales.

La antrozoología es la ciencia que estudia las relaciones entre los seres humanos y el resto de los animales. Aunque esta ciencia cuenta con menos de cuarenta años, las interacciones con los animales forman parte de la historia humana desde sus inicios, como se observa en las pinturas prehistóricas. En la actualidad, los animales no humanos participan ampliamente en la vida cotidiana de las ciudades. Aquellos con los que tenemos un mayor grado de integración y vinculación son los llamados *animales de compañía*. De hecho, en el 49 % de los hogares españoles se convive con algún animal.

Una prioridad de la antrozoología es el estudio de las relaciones con consecuencias negativas, entre ellas el llamado *síndrome de animales*. La persona que tiene esta enfermedad mental, reconocida internacionalmente desde 2013, acumula un gran número de animales que no puede cuidar y no reconoce las malas condiciones en que viven.

La antrozoología también se ocupa del trato cruel contra los animales. Cada año se registran decenas de denuncias por este motivo en la ciudad de Barcelona. La mayoría de las sociedades desarrolladas disponen de mecanismos legales para frenarlo y en Cataluña existe una ley de protección de los animales. No solo se trata de castigar a quienes les causan daño, sino también de fomentar la prevención, y la mejor forma de conseguirlo es educar desde la infancia en el respeto hacia las otras especies.

Otro aspecto negativo de la interacción humano-animal es el abandono. En Cataluña se recogen más de veinte mil animales abandonados al año. Aunque ha aumentado el número de adopciones, nunca es posible encontrar familias de acogida para todos los animales. Los refugios de gatos y perros intentan ofrecerles las mejores condiciones, pero el lugar más adecuado para su bienestar es una familia de acogida. El abandono es consecuencia de no saber la responsabilidad que supone tener un animal en casa. Por eso, es necesario realizar campañas educativas, para que todos actuemos de forma responsable si deseamos comprar o adoptar un animal.

Como punto positivo, la convivencia con animales favorece la interacción social: se ha comprobado que los barrios con más densidad de animales de compañía registran menos índices de criminalidad y una mejor salud de sus habitantes. En efecto, la convivencia con animales tiene grandes beneficios tanto físicos como psicológicos. Por ejemplo, reduce la presión arterial, además de los síntomas de depresión, también la agresividad y el estrés.

Especial DELE B1 Curso completo

Características y consejos
Comprensión de lectura

PREGUNTAS

1. Según el texto, la antrozoología…
   a) empezó con el hombre y las pinturas de la prehistoria.
   b) analiza las condiciones de vida de los perros en las ciudades.
   c) se interesa por las personas y animales que viven cerca o juntos.

2. En el texto se dice que…
   a) una consecuencia negativa de tener animales es el *síndrome de animales*.
   b) el enfermo que tiene síndrome de animales no puede reconocer a todos los animales que posee.
   c) cuando se acumulan animales en una casa, estos no viven bien.

3. En el texto se afirma que…
   a) la alternativa al abandono son los refugios de animales.
   b) la gente debe saber las obligaciones que supone tener un animal.
   c) Cataluña es la comunidad autónoma donde se abandona más a los animales.

Ejemplo de soluciones y claves
La opción correcta en 1 es **c**, porque en el texto se indica que la antrozoología estudia la relación entre los seres humanos y los animales. Si hay una relación, es porque los animales y las personas viven cerca o juntos. La opción b no es posible porque esta ciencia no solo estudia a los perros en las ciudades. La opción a es incorrecta porque en la prehistoria empezó la relación entre personas y animales, no la ciencia de la antrozoología.

TAREA 3

- La tarea consiste en relacionar **tres** textos de entrada con preguntas o enunciados.
- En esta tarea se evalúa la capacidad del candidato para localizar información específica en textos descriptivos, narrativos o informativos.
- Son anécdotas, información práctica de guías de viajes, experiencias, noticias, diarios, biografías, ofertas de trabajo…, del ámbito público.
- Extensión: entre 100 y 150 palabras cada uno.

TE PUEDE AYUDAR

- Puedes empezar leyendo los textos y **resumiendo** cada uno de ellos.
- **Subraya** las palabras clave de cada texto y señala el contenido básico.
- Empieza con las **respuestas más evidentes** a partir de las palabras clave.
- Lee con **detenimiento**.

TAREA 3
Ejemplo y práctica de cómo resolver la tarea

Usted va a leer tres textos (seis en el original) sobre el uso de móviles por los niños. Relacione los textos con las tres preguntas (seis en el original).

PREGUNTAS

	a) Antonio	b) Anabel	c) Ángel
1. ¿Qué persona dice que usar el móvil puede deprimir a los niños?			
2. ¿Qué persona dice que el móvil es importante socialmente para los niños?			
3. ¿Qué persona dice que con los teléfonos móviles favorecen una actitud pasiva?			

Especial DELE B1 Curso completo

Características y consejos
Comprensión de lectura

TEXTOS

a) Antonio

La atención es la ventana a través de la que el cerebro toma contacto con el mundo que le rodea. Cuando el niño nace, apenas dirige su interés hacia el mundo exterior. Poco a poco, aprende a atender a ciertos estímulos. Primero reconocerá los objetos que emiten ruido y se mueven. Más adelante, se fijará en objetos sin movimiento. Dominar la atención es una habilidad imprescindible en la vida. Sin embargo, un mal uso de los móviles o la televisión puede dificultar esta habilidad, porque el cerebro se relaja y espera información, en lugar de atender, esforzarse y reaccionar ante el mundo que le rodea.

b) Anabel

Muchos niños manejan los teléfonos mejor que sus propios padres. Tal vez por ignorancia, tal vez por comodidad (para disponer de esa *media hora* en la que el niño no molesta), los padres permiten a su hijo usar el móvil. ¡Cuidado! Podemos crear una dependencia difícil de eliminar. Además, los niños en pleno desarrollo necesitan de los estímulos sensoriales (ver rodar una pelota, tocarla). Si ve esto en una pantalla, ve algo en dos dimensiones, nada más. Pero no todo es negativo. El uso de móviles con programas educativos favorece el desarrollo de las habilidades en el niño, pero hay que usarlos con moderación.

c) Ángel

Uno de cada cuatro niños de 10 años tiene un *smartphone*. A los 11 ya es uno de cada dos y a los 12, tres de cada cuatro. A los 15 es raro el que no lo tiene. Es una necesidad para no ser rechazado por el grupo de amigos. Sin embargo, esa necesidad puede tener consecuencias muy negativas: adicción, incapacidad para relacionarse y solucionar problemas, además de una falta de atención y dificultades para aprender, ya que las constantes interrupciones para revisar el móvil causan falta de concentración y desinterés. Además, los niños se vuelven dependientes de los *me gusta* en Snapchat o Instagram, y sufren mucho cuando no reciben una respuesta inmediata.

Ejemplo de soluciones y claves
A la **pregunta 1** *(¿Qué persona dice que usar el móvil puede deprimir a los niños?)* le corresponde el **texto c**: Ángel indica que los niños se vuelven dependientes de los *me gusta*, y que sufren si no reciben una respuesta inmediata.
La respuesta b no es correcta porque se dice que los niños se acostumbran al móvil, pero no que se depriman si no lo tienen.
La respuesta a previene del mal uso del móvil, pero no dice nada de la depresión.

TAREA 4
- La tarea consiste en leer un texto incompleto y seleccionar, de los **ocho fragmentos** disponibles, los seis que lo completan.
- En esta tarea hay que **reconstruir un texto** a partir de sus elementos de cohesión.
- Son catálogos, instrucciones, recetas sencillas, consejos y textos narrativos… del ámbito personal o público.
- Extensión: 400-450 palabras.

Características y consejos
Comprensión de lectura

TE PUEDE AYUDAR

- Es fundamental que tengas en cuenta el **contexto**.
- Lee detenidamente el texto identificando sus partes.
- Presta atención **al principio y al final** de las frases, pues pueden tener palabras relacionadas con el texto que debes incluir.
- **Fíjate en los pronombres**: pueden referirse a una idea mencionada antes o que se va a mencionar a continuación.
- También atiende a los conectores para ver si dos frases pueden estar relacionadas por causa, consecuencia, etc.

TAREA 4
Ejemplo y práctica de cómo resolver la tarea

Lea el siguiente texto, del que se han extraído tres fragmentos (seis en el original). A continuación lea los tres fragmentos propuestos (A-C) (ocho en el original) y decida en qué lugar del texto (19-20) hay que colocar cada uno de ellos.
HAY UN FRAGMENTO QUE NO TIENE QUE ELEGIR (dos en el original).

Adiós a María Dolores Pradera, embajadora de la canción en español

Con su discreción habitual, María Dolores Pradera murió el lunes 28 de mayo, en su Madrid natal. Deja atrás una rica trayectoria profesional, primero como actriz y luego como cantante. A ella se debe la popularización en España de muchas canciones del folclore hispanoamericano. A la vez, elevó a la categoría de clásicas las composiciones de cantautores españoles como Carlos Cano y Joaquín Sabina.
__19___ La familia vivió una breve etapa en Chile, donde María Dolores descubrió que cantar se concebía allí como una actividad natural, presente en todas las reuniones. Más adelante, ya con uso de razón, se enfadaba cuando veía en bares españoles el famoso cartel de «Se prohíbe cantar».
Sufrió la Guerra Civil en Madrid; cuando terminó, debió olvidarse de sus estudios para ganarse la vida. Su temperamento artístico se expresó inicialmente como actriz. ___20___ Títulos incómodos, que fueron torpedeados por la censura. Madre de dos hijos, Fernando y Helena, tras separarse de Fernán Gómez en 1957 potenció su faceta de cantante. La Pradera, como era conocida en el ambiente, tenía buen gusto musical, pero urge destacar que también sabía escoger las mejores piezas para su estilo elegante. Aunque admiraba a las intérpretes desgarradas, tipo Chavela Vargas, lo suyo era cantar a media voz, con maravillosa serenidad. Como dijo a Elsa Fernández-Santos en este periódico: «Yo nunca me despeino, solo me desmeleno por dentro».

FRAGMENTOS

A. María Dolores Pradera hizo mucho cine y teatro, a veces con su marido, desde 1945, el galán Fernando Fernán Gómez. Participó en películas de Florián Rey, Juan de Orduña y Gonzalo Delgrás, pero también en cintas polémicas, como la musical *Embrujo* (1947), de Carlos Pérez de Orma, o el drama *Vida en sombras* (1949), de Lorenzo Llobet-Gràcia.

B. Es menos conocido que tuvo encuentros discográficos con instrumentistas como Cachao, Chano Domínguez, Flaco Jiménez o Gerardo Nuñez. Dedicó álbumes completos al repertorio de Chabuca Granda, José Alfredo Jiménez y Carlos Cano. Son los discos que conviene buscar.

C. Hay cierta confusión respecto a su nacimiento: según la fuente que se consulta, nació el 29 de agosto de 1924 o en el mismo día de 1926. Da lo mismo: lo que conviene saber es que sus padres eran una vasco-francesa y uno de esos asturianos emprendedores que hicieron las Américas.

Ejemplo de soluciones y claves
En **19** se coloca el **fragmento B**, porque este texto continúa con el tema de la actividad de la artista como cantante. Este texto se conecta con el anterior con la frase «Es menos conocido que tuvo encuentros discográficos…». El fragmento A aquí sería incorrecto, porque se habla solo de las películas polémicas, pero no dice nada de su labor como cantante. El fragmento C sobra.

Características y consejos
Comprensión de lectura

TAREA 5

- La tarea consiste en leer un texto con seis espacios y **elegir una de las tres opciones** disponibles para cada espacio.
- En esta tarea debemos **identificar y seleccionar** estructuras gramaticales y léxico para completar textos epistolares sencillos.
- Son textos epistolares: cartas al director, cartas formales básicas y cartas o mensajes electrónicos personales. Ámbito personal o público.
- Extensión: entre 150 y 200 palabras.

TE PUEDE AYUDAR

- Lee el texto para tener una **idea general** de su contenido.
- Presta atención a las palabras que hay **antes y después** de la palabra que debes seleccionar.
- Fíjate en la persona de los verbos (primera, segunda, tercera; singular o plural) y en la persona del sujeto.
- Observa el **tipo de frase** que debes completar: ¿expresa causa, consecuencia, condición? ¿Es una pregunta? ¿Puede usarse indicativo, subjuntivo, un tiempo de presente, pasado o futuro?

TAREA 5
Ejemplo y práctica de cómo resolver la tarea

Lea el texto siguiente y rellene los huecos (25 a 30) con la opción correcta (a/b/c):

Para:
Asunto:
De: Firma: Ninguna

Estimados señores:

___25___ escribo este correo para saber si han encontrado un bolso que me ___26___ olvidado en el autobús 106 de la EMT el pasado día 25 a las 19:30, aproximadamente, en el trayecto de la plaza ___27___ Manuel Becerra a Avda. de Daroca.

El bolso perdido es de color *beige* y tiene dos rayas rojas y blancas a los lados. En su interior ___28___ varias cosas: una billetera azul con mi DNI, varias tarjetas y algo de dinero, un par de memorias USB, una bolsita con maquillaje, el abono transporte, un libro digital, pañuelos…

Además de esto, ___29___ él llevaba unos libros y unos apuntes de clase, que no tienen valor económico, pero son muy importantes para mis estudios.

En el caso de que lo hayan encontrado, les ruego que me lo ___30___ lo antes posible o que me comuniquen la forma de recogerlo.

En espera de sus noticias, les saluda atentamente,
Elena Estévez

25. a) Les   b) Los   c) Se
26. a) quedé   b) dejaba   c) dejé
27. a) hasta   b) de   c) hace
28. a) está   b) tiene   c) hay
29. a) dentro de b) dentro   c) entre
30. a) manden   b) mandan   c) mandará

Ejemplo de soluciones y claves
25. a) Les. El pronombre se refiere a «Estimados señores». Es el complemento indirecto (*escribir algo a alguien*). Por esta razón, no es posible *Los* (complemento directo). Tampoco es correcto *Se* en este contexto; sí lo sería si después aparece el pronombre de complemento directo: *Este es mi correo. Se lo escribo para saber…*

Características y consejos

PRUEBA 2 — Comprensión auditiva

CARACTERÍSTICAS DE LA PRUEBA

DESCRIPCIÓN
- Esta prueba consta de **5 tareas** de audio y un total de **30 ítems** de respuesta preseleccionada.
- Su duración total es de **40 minutos**.
- Los audios están grabados en un estudio y simulan ser reales. Están basados en textos auténticos, adaptados al nivel B1 en cuanto al léxico y a la gramática.
- La extensión total de los textos es de entre 1540 y 1930 palabras.

MODO DE REALIZACIÓN
- Los textos se presentan en un cuadernillo junto con la prueba de Comprensión de lectura, con las instrucciones y las preguntas de cada tarea.
- Las respuestas se marcan en una hoja de respuesta independiente del cuadernillo.
- Cada audio se repite dos veces, con pausas antes y después de las audiciones para que los candidatos puedan leer las preguntas.

PUNTUACIÓN
- Esta prueba tiene un valor de 25 puntos, esto es, el 25 % de la nota total del examen.
- Las respuestas acertadas valen 1 punto y las incorrectas, 0 puntos. No se penalizan las respuestas equivocadas.
- La puntuación máxima es de 30 puntos y la mínima, aproximadamente el 60 % (unas 18 respuestas correctas).

TE PUEDE AYUDAR PARA TODA LA PRUEBA 2

Durante la prueba
- ✓ Lee las preguntas o enunciados antes de escuchar los diálogos y subraya las palabras **clave y las ideas importantes** que debes tener en cuenta cuando escuches el audio.
- ✓ **Antes** de la audición hay una pausa de 30 segundos para **leer las preguntas**.
- ✓ Durante la audición puedes **tomar nota** de datos e ideas relevantes al lado de cada pregunta.
- ✓ En **la primera audición**, puedes **ir marcando** las respuestas que estén claras.
- ✓ Deja para **la segunda audición** las **respuestas** que sean **más dudosas**.
- ✓ Al final de cada audición, hay **40 segundos** de pausa y, por eso, es importante ir contestando mientras **escuchas**.

Otras cuestiones
- ✓ Las preguntas generalmente siguen **el orden** del texto, pero no siempre.
- ✓ Es muy importante mantener **la concentración** durante toda la prueba.
- ✓ Algunas audiciones pueden ofrecer **acentos** de las distintas variedades del español, como el andaluz, el español de América... Conviene escuchar estas variantes para habituarse a los distintos acentos y así no se reduzca nuestra capacidad de comprensión.
- ✓ **Todas las estrategias sobre la relación entre los textos y los enunciados** (de significado, léxicas y gramaticales) para realizar **la Prueba 1 se pueden aplicar a toda la Prueba 2**.

TAREA 1
- La tarea consiste en escuchar **seis mensajes breves** y contestar a seis preguntas. Cada una tiene **tres opciones** de respuesta.
- Su objetivo es **captar la idea principal** de textos breves.
- Los textos pueden ser de tipo promocional o informativo, y pertenecen al ámbito personal o público.
- Son monólogos cortos: anuncios publicitarios, mensajes personales, avisos, etc.
- Extensión: entre 40 y 60 palabras cada texto.

Características y consejos
Comprensión auditiva

TE PUEDE AYUDAR

- En los diálogos informales, aparece un léxico coloquial, frases hechas, locuciones... También sinónimos y antónimos, además de frases que expresan una idea con palabras diferentes: *una casa en una calle donde hay bastante tráfico es una casa ruidosa*.
- Es importante tener en cuenta los elementos pragmáticos y recursos como el uso de interrogaciones, exclamaciones, frases interrumpidas, además de la entonación.

TEN EN CUENTA TAMBIÉN QUE...

- Debes leer atentamente las opciones de respuesta para cada pregunta.
- Debes atender a la información global de cada texto.
- Tienes que prestar atención a los sinónimos y rodeos, que pueden expresar una misma idea con unas palabras diferentes a las que se encuentran en las opciones de respuesta. Así, *para **designar** al mejor **docente*** significa '**elegir** el mejor **profesor**', por ejemplo.
- Es muy importante identificar el contexto de las palabras que escuchas y las que aparecen en las opciones de respuesta, porque **una misma palabra en la audición y en las respuestas** no significa que la opción sea correcta. Algunas palabras de la audición que aparecen en las opciones están en un contexto diferente. En el ejemplo propuesto a continuación, en el **mensaje 2**, se habla de «los gastos de *marketing* y publicidad», pero en la pregunta 2, lo que vemos es la palabra *datos*.

TAREA 1
Ejemplo y práctica de cómo resolver la tarea

A continuación, va a escuchar tres mensajes del buzón de voz de un teléfono (6 en el original). Escuchará cada mensaje dos veces. Después, debe contestar a las preguntas 1-3 (1-6 en el original). Seleccione la opción correcta (a/b/c).
Marque las opciones elegidas en la Hoja de respuesta.
Dispone de 30 segundos para leer las preguntas.

TRANSCRIPCIONES:

Mensaje 1
HOMBRE: *Hola, Cristina, soy Roberto. Seguro que has estado buscando por toda la casa tu agenda. La tengo yo, se te olvidó ayer en el restaurante. Me la llevé sin querer entre mis carpetas. Esta tarde tengo una cita cerca de tu oficina, así que, si te parece bien, me paso por allí y te la doy. Llámame para decirme si vas a estar.*
NARRADOR: *¿Para qué llama Roberto a Cristina?*
(5 segundos)
Repetición del audio del Mensaje 1.
(10 segundos)

Mensaje 2
MUJER: *Hola, Pedro. Mañana tengo una reunión con el director general y en el informe comercial que me enviaste no aparecen los gastos de marketing y publicidad. En cuanto puedas, me mandas por correo electrónico esta información, me corre mucha prisa. Gracias.*
NARRADOR: *¿Qué tiene que hacer Pedro?*
(5 segundos)
Repetición del audio del Mensaje 2.
(10 segundos)

Mensaje 3
HOMBRE: *Buenos días, este mensaje es para Claudia Ríos. La llamamos de la empresa Conecta. Hemos visto su currículum y nos gustaría hacerle una entrevista de trabajo. Si le viene bien, podría ser el viernes de la semana que viene, en horario de mañana. Por favor, llámenos en cuanto pueda para fijar la hora.*
NARRADOR: *¿Para qué llama el hombre a la mujer?*
(5 segundos)
Repetición del audio del Mensaje 3.

PREGUNTAS

1. ¿Para qué llama Roberto a Cristina?
    a) Para devolverle su agenda.
    b) Para proponerle salir a comer.
    c) Para recordarle que tienen una cita.

2. ¿Qué tiene que hacer Pedro?
    a) Acudir a una reunión.
    b) Elaborar un informe.
    c) Enviar unos datos.

3. ¿Para qué llama el hombre a la mujer?
    a) Para que le envíe el currículum.
    b) Para concertar una cita.
    c) Para aplazar una entrevista.

Ejemplo de soluciones y claves
En la **pregunta 1**, la respuesta correcta es **a**, porque Roberto explica que Cristina ha olvidado su agenda en el restaurante y, como él la tiene, desea devolvérsela.

Especial DELE B1 Curso completo

Características y consejos
Comprensión auditiva

TAREA 2

- Consiste en escuchar **un monólogo** y contestar a seis preguntas con **tres opciones** de respuesta cada una.
- Su objetivo es **captar la idea esencial** y extraer la **información detallada** de un texto de extensión larga.
- El monólogo describe experiencias personales del hablante.
- Son textos del ámbito personal, público, educativo o profesional.
- Extensión: 400-450 palabras.

TE PUEDE AYUDAR

- Lee atentamente las opciones de respuesta para cada pregunta.
- En esta tarea es fundamental identificar lo que se dice y lo que no se dice. Una idea puede parecer lógica o verdadera, pero no es lo que se menciona en el texto. Simplemente es una deducción o una conclusión personal, no necesariamente coincidente con lo que se ha dicho en la audición.
- Presta atención a los sinónimos y rodeos, que pueden expresar una misma idea con unas palabras diferentes a las que se encuentran en las opciones de respuesta.
- Es importante identificar el contexto de las palabras que escuchas y las que aparecen en las opciones de respuesta, porque **una misma palabra en la audición y en las respuestas** no significa que la opción sea correcta. Una opción con una información verdadera y otra falsa es incorrecta.

TAREA 2
Ejemplo y práctica de cómo resolver la tarea

A continuación, va a escuchar un fragmento del programa *Destino España* en el que Juli, una argentina que vive en España, cuenta cómo es su vida. Escuchará la audición dos veces. Después, debe contestar las preguntas (7-12, aquí 7-9). Seleccione la respuesta correcta (a/b/c). Marque las opciones elegidas en la Hoja de respuesta. Dispone de 30 segundos para leer las preguntas.

TRANSCRIPCIONES:

VOZ DE MUJER: *Me llamo Juli y soy argentina. Llevo trece años en España. Vivo con mi pareja y mi hijo. Al principio vivíamos en una caravana y estuvimos tres años recorriendo España. Teníamos los mejores paisajes como si fueran el jardín de nuestra casa. Después de ver el país, decidimos quedarnos en Asturias, en una zona entre las montañas y la costa. Llegué acá porque, como mis abuelos eran de Bilbao, pensaba mucho en España. Además, mi padre siempre nos animaba a salir, a conocer otras cosas y de ahí me viene mi espíritu aventurero. Por eso, en cuanto tuve una oferta de trabajo acá, dejé la carrera. Aunque extraño mucho mi país, este es un lugar increíble para vivir.*
Mi marido y yo trabajamos como monitores en un centro de esquí. La montaña es nuestra oficina, y la verdad es que es hermosa. Damos clases particulares o a grupos, tanto a chicos como a adultos. Cuando llegamos a las pistas, nos saludamos chocando las manos, porque con los cascos no nos podemos besar. Después, hacemos calentamiento antes de subir a la montaña. A veces volamos en helicóptero para hacer heliesquí. Y bueno, cuando acá llega el verano, vamos a Argentina y nos dedicamos a lo mismo.

PREGUNTAS

7. En la audición Juli cuenta que, al principio, cuando llegó a España...
   a) viajó para conocer el país.
   b) se instaló en una casa con jardín.
   c) se fue a vivir a Asturias.

8. Según la grabación, Juli decidió ir a España...
   a) porque tiene raíces españolas.
   b) para conocer a sus parientes.
   c) cuando terminó la carrera.

9. Con respecto a su trabajo, Juli explica en la audición que...
   a) es propietaria de un centro de esquí.
   b) se encarga de organizar los cursos.
   c) trabaja también en Argentina.

Ejemplo de soluciones y claves
En la **pregunta 7**, la respuesta correcta es **a**, porque la mujer explica que el país era como el jardín de su casa, ya que iban en una caravana y que, después de viajar por todos sitios, se quedaron en Asturias.

Características y consejos
Comprensión auditiva

TAREA 3

- Consiste en escuchar **seis noticias** y contestar a seis preguntas con **tres opciones** de respuesta cada una.
- Su objetivo es comprender **la idea principal** de un texto informativo.
- Es un programa informativo de radio o televisión con seis noticias sobre diferentes temas.
- Son textos del ámbito público.
- Extensión: 350-400 palabras.

TE PUEDE AYUDAR

- Al principio de la audición se ofrece un ejemplo del formato de la tarea que aparece en el cuadernillo como el enunciado 0 y que viene con la respuesta ya marcada.
- Los seis textos de la prueba desarrollan normalmente aspectos distintos del mismo tema: trabajo, compras, salud, anécdotas personales (experiencias, viajes, etc.).
- Como el tema es el mismo, es esencial prestar atención a lo que dice cada persona y elegir la respuesta que explique la idea general de lo que se ha dicho.

TAREA 3
Ejemplo y práctica de cómo resolver la tarea

A continuación, va a escuchar en un programa radiofónico colombiano seis noticias. Escuchará el programa dos veces. Después, debe contestar a las preguntas (13-18, aquí 13-15). Seleccione la respuesta correcta (a/b/c). Marque las opciones elegidas en la Hoja de respuesta. Dispone de 30 segundos para leer las preguntas.

TRANSCRIPCIONES:

Noticia 1
La empresa Tecnova, dedicada desde su creación, hace tres años, a importar motocicletas y camiones eléctricos, decidió ampliar su negocio y pondrá próximamente en Cali y en Bogotá dos fábricas para la elaboración de vehículos eléctricos. Su director, Camilo Matiz, declaró ayer que esperan tener éxito a nivel nacional e internacional, y que ya tienen acuerdos para vender motocicletas eléctricas a Europa.

Noticia 2
Colombiamoda 2013, la gran feria de la moda de Medellín, abre hoy, martes, oficialmente sus puertas. Con 450 expositores y 1500 compradores internacionales llegados de más de 50 países, la feria estará abierta hasta el próximo jueves. Los organizadores del evento prevén que, en el curso de estos tres días, más de 60 000 visitantes recorrerán los pabellones de la feria, un 20 % más que en la versión del año pasado.

Noticia 3
La actriz colombiana Juana Acosta obtuvo ayer el premio de La Unión de Actores Españoles a la mejor actriz de reparto por su interpretación en la serie española *La señal*, que podrá verse en Colombia a partir de enero. Juana Acosta, que acaba de estrenar en televisión una nueva serie, *Familia*, se encuentra rodando en nuestro país una película basada en la vida de Simón Bolívar.

PREGUNTAS

Noticia 1
13. La empresa Tecnova...
    a) lleva tres años fabricando motos eléctricas.
    b) ha inaugurado dos fábricas en Colombia.
    c) exportará vehículos eléctricos.

Noticia 2
14. La feria Colombiamoda 2013...
    a) cuenta con 50 firmas extranjeras.
    b) tiene una duración de tres días.
    c) ha ampliado un 20 % su espacio.

Noticia 3
15. La actriz colombiana Juana Acosta...
    a) ha recibido un premio en Colombia.
    b) ha participado en una serie española.
    c) ha estrenado una película en su país.

Ejemplo de soluciones y claves
En la **pregunta 13**, la respuesta correcta es **c**, porque en el texto se explica que la empresa está dedicada «desde su creación, hace tres años, a importar motocicletas y camiones eléctricos».

Especial DELE B1 Curso completo

Características y consejos
Comprensión auditiva

TAREA 4

- Consiste en escuchar **seis monólogos** o conversaciones breves y **relacionarlos** con los enunciados que les corresponden, de un total de nueve disponibles.
- Su objetivo es **captar la idea general** de monólogos o conversaciones breves informales.
- Son monólogos o conversaciones de carácter informal en los que se cuentan anécdotas o experiencias personales sobre un mismo tema.
- Son textos de ámbito público o profesional.
- Extensión: 50-70 palabras cada uno.

TAREA 4
(adaptado del Manual de preparación al DELE B1, Edelsa, p. 153)
Ejemplo y práctica de cómo resolver la tarea

A continuación, va a escuchar a cuatro personas hablando sobre sus planes para el próximo domingo (seis en el examen original). Oirá a cada persona dos veces. Después, seleccione el enunciado (a-j, aquí a-f) que corresponde al tema del que habla cada persona. Hay seis enunciados (incluido el ejemplo), pero debe seleccionar solamente cuatro (diez enunciados para elegir seis en el examen original).
Dispone de 20 segundos para leer los enunciados.

TRANSCRIPCIONES

Persona 0
Hombre: *El domingo estrenan la última película de La guerra de las galaxias. Soy un fan de esa saga desde que tenía quince años y vi la primera. Luego he visto todas las que han salido, así es que desde que supe que iban a sacar una nueva película estoy deseando verla. Hice la reserva hace ya dos semanas.*

Persona 1
Mujer: *Mi marido es muy aficionado al fútbol y ahora que se está jugando el mundial no se separa de la televisión. A mí no me interesa tanto, pero en ocasiones como esta en la que España juega la final, es diferente. Se lo he dicho a unos amigos y vendrán a verlo con nosotros. Creo que así es más divertido.*

Persona 2
Hombre: *Pues yo quería descansar este fin de semana, porque llevo una temporada de mucho trabajo en la oficina. ¡Estoy agotado! Pero resulta que el domingo son las bodas de oro de mis suegros y mi mujer y sus hermanos le han preparado una fiesta sorpresa y, claro, tenemos que estar todos allí. Espero que no acabemos muy tarde.*

Persona 3
Mujer: *Unos amigos acaban de comprarse un chalé fantástico, con un gran jardín y piscina y quieren hacer una fiesta de inauguración. La idea era hacer una barbacoa allí el domingo, pero las previsiones del tiempo no parecen muy buenas... Tendremos que esperar a última hora para ver si se hace tal como estaba planeado o se deja para el próximo fin de semana.*

ENUNCIADOS

a) Van a venir invitados a su casa.
b) Hace tiempo que tiene este plan.
c) No puede salir porque está enfermo.
d) Todavía no tiene claros sus planes.
e) Se levanta tarde todos los domingos.
f) Tiene una celebración familiar.

	PERSONA	ENUNCIADO
	Persona 0	
19.	Persona 1	
20.	Persona 2	
21.	Persona 3	

Ejemplo de soluciones y claves
La **Persona 0** dice el **enunciado b**, ya que afirma que hizo la reserva para ir a ver la película dos semanas antes.

Especial DELE B1 Curso completo

Características y consejos
Comprensión auditiva

TAREA 5

- Consiste en escuchar una **conversación** y relacionar **enunciados** con la **persona** que los expresa (hombre, mujer o ninguno de los dos).
- Su objetivo es **reconocer** información específica en **conversaciones** informales.
- Es una conversación entre dos personas.
- Son textos de ámbito público o personal.
- Extensión: 250-300 palabras.

TE PUEDE AYUDAR

- La mayor dificultad de esta tarea está en identificar lo que no dice ninguno de los dos, porque pueden ser ideas lógicas o verdaderas en la vida real, pero no mencionadas en el texto.
- La primera persona que habla corresponde siempre a la opción a), la segunda, a la b) y la c) a lo que no dicen ninguno de los dos.
- A cada opción a), b) y c) le puede corresponder el mismo número de respuestas (dos para cada una) o diferente (3, 2, 1 o 1, 3, 2...).

TAREA 5
(adaptado del *Manual de preparación al DELE B1*, Edelsa, p. 154)
Ejemplo y práctica de cómo resolver la tarea

A continuación, va a escuchar una conversación entre dos compañeros de trabajo, Mauricio y Encarna. La oirá dos veces. Después, decida si los enunciados 25-27 (25-30 en el examen real) se refieren a Mauricio, a), a Encarna, b) o a ninguno de los dos, c). Dispone de 25 segundos para leer los enunciados.

TRANSCRIPCIONES:

Hombre: ¡Ya estás aquí! Creía que normalmente los viernes empezabas a las nueve.
Mujer: Ya ves. Es que ayer quedé con la jefa en que vendría una hora antes para poder irme temprano. Es que me voy de viaje y tengo que estar en el aeropuerto a las dos y media. Mi novio pasa a recogerme en el coche a menos cuarto.
Hombre: ¡Ah! ¿Sí? ¿Y adónde vais?
Mujer: A visitar a mi hermana en Londres.
Hombre: ¿Tu hermana vive en Londres?
Mujer: Sí, su empresa la envió a la sucursal de allí hace un par de meses y hemos decidido aprovechar ese puente para verla y visitar la ciudad.
Hombre: ¿La conoces? Es una ciudad preciosa. Yo hice allí la carrera... ¡Qué recuerdos!

ENUNCIADOS CON SOLUCIONES

	a) Mauricio	b) Encarna	c) Ninguno de los dos
25. Irá a Londres en coche.			X
26. Ha llegado pronto al trabajo.		X	
27. Estudió en la universidad en Londres.	X		

Especial DELE B1 Curso completo

PRUEBA 3 — Expresión e interacción escritas

Características y consejos

CARACTERÍSTICAS DE LA PRUEBA

DESCRIPCIÓN
- Consta de **2 tareas**: una de interacción y una de expresión.
- Su duración total es de **60 minutos**.
- La extensión total de todos los textos es de entre 230 y 270 palabras.

MODO DE REALIZACIÓN
- La prueba de Expresión e interacción escritas se presenta en un único cuadernillo donde aparecen las tareas y en el que se deben redactar las respuestas.
- El candidato debe escribir los textos que se le piden en el espacio reservado para cada tarea en el cuadernillo correspondiente.

PUNTUACIÓN
- Se otorga una calificación holística y una calificación analítica a la actuación del candidato en cada una de las tareas. La calificación holística supone un 40 % de la calificación final y la calificación analítica, el 60 % restante. En la calificación analítica las dos tareas se ponderan igual.

NO OLVIDES

✓ Leer despacio las instrucciones de cada tarea y seguir todos los puntos del enunciado que se te piden.
✓ Controlar el tiempo (60 minutos en total).
✓ Practicar en casa mientras controlas el tiempo.
✓ Contar el número de palabras. Recuerda que debes redactar unas 230/270 palabras.
✓ Hacer un borrador y pasarlo a limpio.
✓ Revisar bien la ortografía y la gramática.
✓ Recordar que esta prueba se hace con bolígrafo.
✓ Demostrar todo lo que sabes.

TE PUEDE AYUDAR PARA TODA LA PRUEBA 3

- Conocer los distintos géneros textuales: la argumentación, la exposición, la descripción, los textos dialogados, el texto periodístico, el género epistolar y, en el caso de este último (las cartas), saber cuáles son las formas de tratamiento formal e informal (saludos, despedidas, peticiones corteses, etc.). Ve al *PCIC* en línea: *https://cvc.cervantes.es/ensenanza*
- Mostrar un conocimiento suficiente de los mecanismos de cohesión y coherencia del nivel B1. Para ello, te aconsejamos que visites el *PCIC* en línea.
- Conocer la gramática y la ortografía del nivel B1 (mira en *https://cvc.cervantes.es/ensenanza* los epígrafes correspondientes a ambas).

Características y consejos
Expresión e interacción escritas

> **TAREA 1**
> - Consiste en redactar **una carta o un mensaje** de foro, correo electrónico o blog…, que puede incluir descripción o narración.
> - Su objetivo es producir **un texto informativo** sencillo y cohesionado a partir de la lectura de un texto breve.
> - Se incluye un estímulo textual: una nota, un anuncio, una carta o un mensaje (correo electrónico, foro, muro de una red social, blog, revista… 75-85 palabras), que sirve de base para la redacción del texto.
> - Son textos de ámbito público o personal.
> - Extensión: 100-120 palabras.

TAREA 1
Ejemplo y práctica de cómo resolver la tarea

Usted ha recibido un correo electrónico de un amigo colombiano.

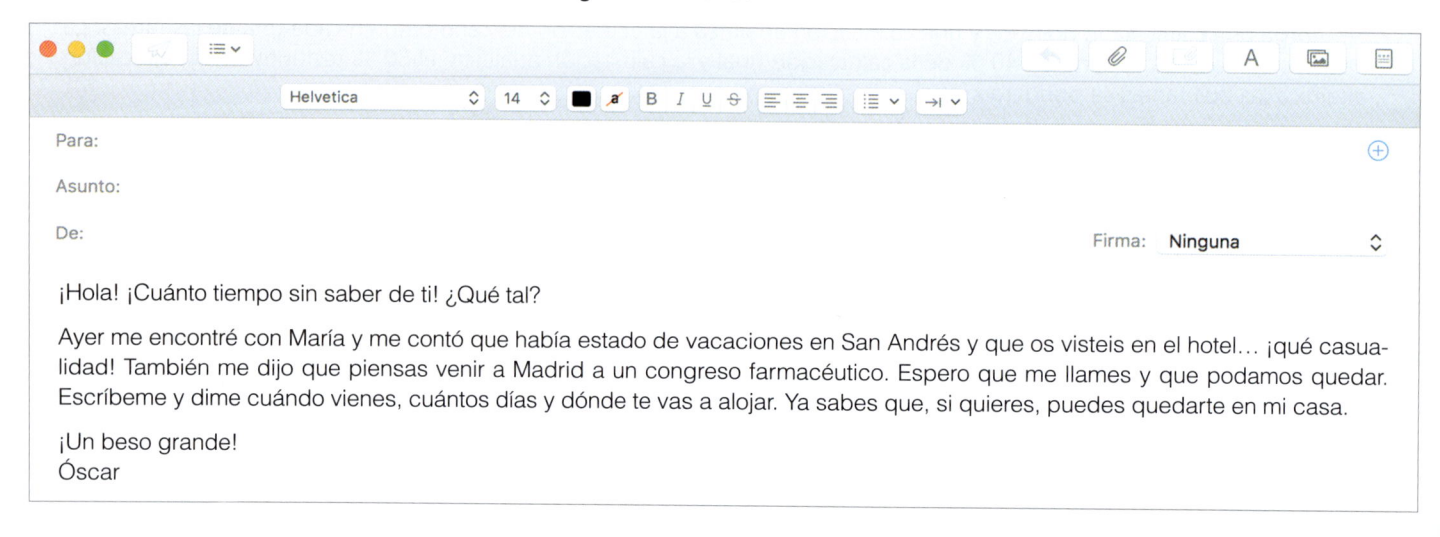

Para:
Asunto:
De: Firma: Ninguna

¡Hola! ¡Cuánto tiempo sin saber de ti! ¿Qué tal?

Ayer me encontré con María y me contó que había estado de vacaciones en San Andrés y que os visteis en el hotel… ¡qué casualidad! También me dijo que piensas venir a Madrid a un congreso farmacéutico. Espero que me llames y que podamos quedar. Escríbeme y dime cuándo vienes, cuántos días y dónde te vas a alojar. Ya sabes que, si quieres, puedes quedarte en mi casa.

¡Un beso grande!
Óscar

Escriba un *e-mail* a Óscar para responder a sus preguntas. Debe también:
- saludar;
- contarle por qué, cuándo y cuánto tiempo estará en Madrid;
- explicar dónde y cuándo vio a María.
- despedirse.

Repasa las fórmulas de saludo y despedida tanto formales como informales.	Revisa los tiempos de pasado y futuro verbales.	Revisa el uso del presente de subjuntivo en planes y en oraciones temporales (*cuando, en cuanto…*).
Recuerda algunas de las frases de deseos con subjuntivo: *¡que te diviertas!, ¡que lo pases bien!, ¡que tengas suerte!,* etc.	Recuerda los elementos de cohesión del texto y repasa la ortografía y los signos de puntuación.	Evita hacer tachones. Te van a entregar un folio en blanco para hacer tu borrador, así que en el cuadernillo de respuesta irá la versión definitiva.

Especial DELE B1 Curso completo

Características y consejos
Expresión e interacción escritas

TAREA 2

- Consiste en **redactar una composición**, redacción, entrada de diario, biografía..., que puede incluir narración o descripción, exponiendo información y opinión personal. **Hay que elegir un tema** entre dos opciones.
- Su objetivo es **redactar un texto descriptivo o narrativo** en el que se exprese opinión y se aporte información de interés personal, relacionada con experiencias personales, sentimientos, anécdotas...
- Se incluye un estímulo textual: una breve noticia de una revista, de un blog o una red social, que ayude a acotar y contextualizar el texto del candidato.
- Son textos de ámbito público o personal.
- Debes elegir entre dos opciones.
- Extensión: 130-150 palabras.

TAREA 2
Ejemplo y práctica de cómo resolver la tarea

Lea el siguiente mensaje publicado en una página especializada de viajes.

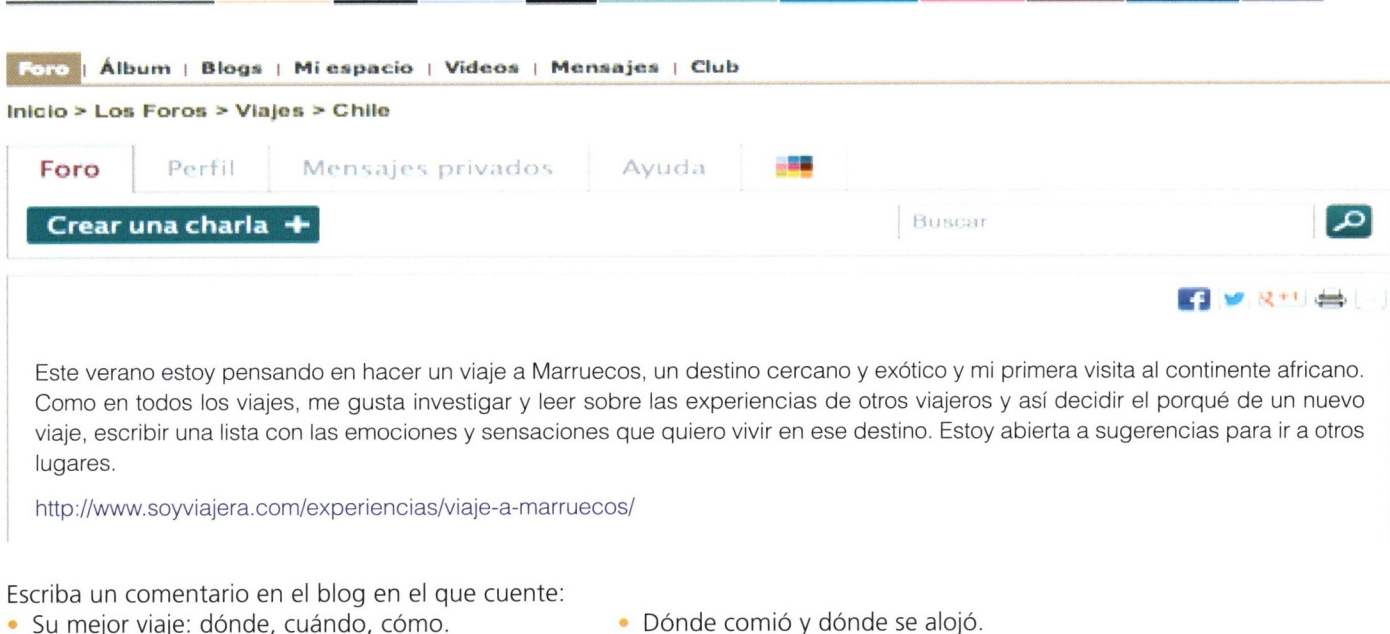

Foro | Álbum | Blogs | Mi espacio | Videos | Mensajes | Club

Inicio > Los Foros > Viajes > Chile

Foro | Perfil | Mensajes privados | Ayuda

Crear una charla +   Buscar

Este verano estoy pensando en hacer un viaje a Marruecos, un destino cercano y exótico y mi primera visita al continente africano. Como en todos los viajes, me gusta investigar y leer sobre las experiencias de otros viajeros y así decidir el porqué de un nuevo viaje, escribir una lista con las emociones y sensaciones que quiero vivir en ese destino. Estoy abierta a sugerencias para ir a otros lugares.

http://www.soyviajera.com/experiencias/viaje-a-marruecos/

Escriba un comentario en el blog en el que cuente:
- Su mejor viaje: dónde, cuándo, cómo.
- Con quién fue.
- Por qué fue.
- Dónde comió y dónde se alojó.
- Por qué fue un viaje especial.

Repasa las fórmulas para dar consejos: imperativo, condicional, los verbos *deber*, *tener que*, los verbos de recomendación (*aconsejar*, *recomendar*, *sugerir*) + subjuntivo/infinitivo.

Subraya los elementos más importantes del texto o a los que quieres responder.

Repasa los tiempos de pasado para explicar bien cómo fue tu viaje (pretérito perfecto compuesto, pretérito perfecto simple, pretérito imperfecto y pretérito pluscuamperfecto).

Repasa algunos elementos de cohesión distintos a *y*, *pero*, *también*, como *además*, *ya que*, *por otra parte*... (revisa el PCIC en línea).

Repasa los usos del indicativo/subjuntivo con los verbos de opinión y las expresiones de valoración.

Utiliza un léxico adecuado. Si no recuerdas una palabra en concreto, usa un sinónimo o parafrasea.

Recuerda las expresiones relacionadas con sentimientos y emociones: *encantar*, *(no) gustar*, *emocionar*, *dar alegría/pena/vergüenza...*, *poner(se) contento/triste...*

Especial DELE B1 Curso completo

PRUEBA 4 — Expresión e interacción orales

Características y consejos

CARACTERÍSTICAS DE LA PRUEBA

DESCRIPCIÓN
- Consta de **4 tareas**: una de expresión, dos de interacción y una de expresión e interacción.
- Su duración total es de **15 minutos** de entrevista, **más 15 minutos** de preparación previa.

MODO DE REALIZACIÓN
- **Preparación:** El candidato dispone de 15 minutos de preparación previa para las tareas 1 y 2 en los que puede tomar notas y escribir un esquema para consultar durante la prueba.
- **Entrevista:** Al inicio de la prueba se realizan una serie de preguntas de contacto que tienen como objetivo romper el hielo y que el candidato se relaje. En la sala donde se realiza la prueba hay dos examinadores: un examinador actúa como entrevistador e interlocutor, y gestiona la interacción mediante preguntas que faciliten el desarrollo de las tareas; el otro actúa como calificador y no interviene en el desarrollo de las tareas.

PUNTUACIÓN
- La calificación se realiza durante el tiempo de administración de la prueba.
- Se otorga una única calificación holística a la actuación del candidato en las cuatro tareas y dos calificaciones analíticas: una correspondiente a las tareas 1 y 2, y otra a las tareas 3 y 4. La calificación holística supone un 40 % de la calificación final y la calificación analítica, el 60 % restante.
- En la calificación analítica las cuatro tareas se ponderan de la siguiente manera: tareas 1 y 2 (50 %), tareas 3 y 4 (50 %). El total de la valoración de esta prueba es del 25 %.

TE PUEDE AYUDAR PARA TODA LA PRUEBA 4

- Intentar elaborar un discurso claro y coherente, con un uso adecuado de los mecanismos de cohesión.
- Colaborar con el entrevistador.
- Pronunciar claramente.
- Dominar el léxico específico del tema.
- Hacer descripciones claras y expresar tu punto de vista.
- Cometer pocos errores gramaticales y/o saber corregirlos.
- Intentar estar tranquilo y relajado.
- No leer las notas que has tomado en la preparación. Es solo una guía o esquema de ayuda.
- Mirar al entrevistador.
- Añadir información con ejemplos, argumentos y explicaciones.

TAREA 1
- Consiste en un **monólogo sostenido** breve, previamente preparado, a partir de un tema y unas preguntas que el candidato elige entre dos opciones dadas. Esta parte durará entre **2 y 3 minutos**.
- Su objetivo es evaluar la capacidad del candidato para realizar una pequeña presentación ensayada donde manifieste su opinión, sus experiencias, o hable de sus deseos sobre un tema o un titular proporcionado previamente.
- Se le ofrece una lámina con un tema o un titular (de entre 80 y 100 palabras) del ámbito personal o público y preguntas para pautar la respuesta.

Especial DELE B1 Curso completo

Características y consejos
Expresión e interacción orales

TAREA 1
Ejemplo y práctica de cómo resolver la tarea

Hable de una ciudad donde le gustaría vivir.

Incluya información sobre:
- dónde está; por qué le gustaría vivir allí o por qué cree que esa sería la ciudad perfecta para vivir;
- cómo es esa ciudad; explique si ha estado ya allí;
- qué le gustaría hacer allí; cuándo y con quién le gustaría vivir allí.

No olvide:
- diferenciar las partes de su exposición: introducción, desarrollo y conclusión;
- ordenar y relacionar bien las ideas;
- justificar sus opiniones y sentimientos.

TAREA 2
- Consiste en **una conversación de unos 3 o 4 minutos** entre el candidato y el entrevistador a partir de la tarea 1.
- En esta tarea se evalúa la capacidad del candidato para **participar en una conversación** sobre el tema de la tarea 1 en la que el entrevistador preguntará por su opinión o su experiencia personal.
- Indicaciones sobre el desarrollo de la conversación.

TAREA 2
Ejemplo y práctica de cómo resolver la tarea

- ¿Ha vivido usted en diferentes ciudades? ¿Y en distintos países? ¿Dónde?
- De los sitios en que ha vivido, ¿cuál es el que más le ha gustado? ¿Por qué?
- ¿Cuáles son los aspectos más importantes en su opinión para decidir vivir en una ciudad u otra?

PARA REALIZAR LAS TAREAS 1 Y 2 TE PUEDE AYUDAR...

- En la preparación del monólogo, escribe en el papel que te facilitará el personal de apoyo del examen las ideas clave del tema. Recuerda que tienes 15 minutos para la preparación de esta tarea y la siguiente.
- Sigue las pautas que se te dan en el papel de entrada de preparación. En el ejemplo propuesto anteriormente, puedes ver que hay una serie de ítems que debes responder (dónde está la ciudad en la que te gustaría vivir, con quién, etc.). Si dejas alguno sin responder, el examinador te lo va a preguntar después, en la entrevista.
- Intenta pensar que estás hablando con un amigo, aunque resulte difícil; así te sentirás más cómodo y te equivocarás menos.
- En muchas ocasiones te habrás preparado más de lo que el examinador te pida. En ese caso no intentes continuar. El entrevistador te dirá: «Es suficiente» cuando ya no tengas que hablar más. Recuerda que con 2 minutos de monólogo y 2 de conversación ya puede saber cómo lo has hecho.
- No olvides que la tarea 1 es un monólogo, con lo cual no debes esperar que el examinador interactúe contigo, mientras que en la tarea 2 el objetivo es precisamente ese, la interacción.

TAREA 3
- Consiste en una pequeña **presentación de unos 2 o 3 minutos** de una imagen y posterior conversación con el entrevistador.
- Se ofrecen **dos opciones**, de las que hay que elegir una, que no se prepara previamente.
- Esta tarea evalúa la capacidad del candidato para **describir una fotografía**, siguiendo las pautas establecidas, y responder a las preguntas del entrevistador.
- Los tipos de texto son una lámina con una fotografía y unas pautas de intervención.

Características y consejos
Expresión e interacción orales

TAREA 3
Ejemplo y práctica de cómo resolver la tarea

Describa detalladamente, durante 1 o 2 minutos, lo que se ve en la fotografía y lo que imagina que está ocurriendo.

Estos son algunos aspectos que puede comentar:
- Las personas de la foto: qué hacen, dónde están, cómo son, qué relación hay entre ellos.
- Lugar donde están: cómo es, qué se hace allí…
- Los objetos de la foto: cuáles hay, cómo son, para qué sirven, dónde están…
- Cuál cree que es la conversación entre las personas de la foto.

Más tarde, el entrevistador le hará algunas preguntas.

Ejemplos de preguntas del entrevistador:
- ¿Ha trabajado usted en algún sitio similar al de la imagen?
- ¿Le gustaría trabajar en un lugar similar al de la foto? ¿Por qué sí/no?
- ¿Qué ventajas/inconvenientes ve a un trabajo como el de la foto?
- ¿Cuál sería el trabajo ideal para usted?

TE PUEDE AYUDAR

- Ya que no has preparado con antelación la fotografía, sino que te la ofrece el entrevistador, intenta hacer una descripción mental de lo que ves en ella en el minuto que te ofrecerán antes de hablar: quiénes crees que son los que aparecen, qué están haciendo, dónde están, cómo son, cuál es su actitud.
- Las preguntas que te hará el examinador estarán basadas en la imagen: ¿has estado en alguna situación similar?, ¿cómo fue?, ¿cuándo?, ¿cómo resultó? Etc., con lo que puedes sentirte más tranquilo, ya que es una conversación que te atañe al pertenecer a tu vida. Si nunca te has encontrado en una situación como la de la foto, intenta imaginar qué harías en esa situación.

TAREA 4

- Consiste en mantener **una conversación con el examinador** para **simular una situación cotidiana**, a partir de la fotografía de la tarea 3. Su duración es de entre 2 y 3 minutos.
- En esta tarea se evalúa la capacidad del candidato para participar en conversaciones para satisfacer necesidades cotidianas o intereses personales: hacer cambios o devoluciones, solicitar un servicio, hacer una queja o una consulta, confirmar o concertar una cita, solicitar una información, quedar con amigos, etc.
- Los tipos de texto son del ámbito personal o público: tarjetas de rol que proporcionan la información que debe conocer el candidato para contextualizar la situación.

Características y consejos
Expresión e interacción orales

TAREA 4
Ejemplo y práctica de cómo resolver la tarea

Usted compró hace unos días un ordenador portátil en una tienda de informática.
Ahora el ordenador no funciona y usted decide ir a la tienda para pedir que se lo cambien por otro.
Imagine que el entrevistador es el empleado de la tienda de informática. Hable con él siguiendo estas indicaciones:

Durante la conversación con el empleado de la tienda de informática usted debe:
- indicarle cuándo compró el ordenador;
- explicarle cuál es el problema;
- pedirle que se lo cambie por otro;
- quejarse si no quiere cambiárselo y pedirle otra solución.

EJEMPLOS DE PREGUNTAS DEL ENTREVISTADOR:
- Hola, buenos días. ¿En qué puedo ayudarle?
- ¿Y cuándo dice que compró el ordenador? Quizá le atendió otro compañero…
- Ah, sí, aquí veo la factura. Pues vamos a ver… Dígame cuál es el problema.

Extracto de *https://examenes.cervantes.es*

TE PUEDE AYUDAR

Expresar opinión:
- *Creo que/Me parece que/Opino que/Pienso que…* y la forma negativa con subjuntivo: *No creo, pienso, me parece que…*
- *Quizá(s)/Tal vez*

Adverbios:
- *Posiblemente, seguramente, probablemente.*
Adversativas: *aunque, pero, sin embargo.*
Nexos y conectores consecutivos: *entonces, o sea que, así (es) que…*
Comparaciones: *igual de/que, tan/tanto… como, más/menos… de/que, el más/menos… de*

EJEMPLO DE INTERVENCIÓN
Muestra de expresión oral apta

TRANSCRIPCIÓN

Para mí el tema es, claro, muy divertido, pero creo que soy de* generación Internet y en esto* caso creo que para mí también el* Internet es más importante que la televisión.

En el texto se escribe que los jóvenes preferían la… el* Internet y también porque creo que con el* Internet podemos hacer más cosas. Es una interacción y con la televisión es yo y la televisión y con el* Internet es de verdad un intercambio, por ejemplo, con Facebook, que por* nuestra generación, claro, es importante. Los correos son una interacción con una… otra gente también. Es por la información, con Google, por ejemplo, y también es* como la televisión, es también entertainment *en el sentido de que podemos ver un vídeo, per* ejemplo Youtube, o*… otras películas y creo también que por* nuestra generación podemos por ejemplo ver películas y la televisión también sobre el* Internet. So* por* mi generación creo que vaya* a ser un tiempo que no hay* televisión y solamente el* Internet.*

https://examenes.cervantes.es

Errores:

- Soy de LA generación DE Internet
- En ESTE caso
- Ø Internet
- PARA nuestra generación
- También, Ø como la televisión…
- POR ejemplo
- U otras películas
- Así que/Por lo tanto
- Creo que HABRÁ un tiempo EN EL QUE no HABRÁ

PISTAS AUDIO

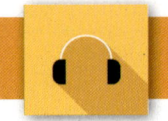

PRUEBA 2 — Comprensión auditiva

*Audio descargable en **www.edelsa.es**.*

Examen 1	Pista	Examen 2	Pista	Examen 3	Pista	Examen 4	Pista
Tarea 1		Tarea 1		Tarea 1		Tarea 1	
Mensaje 1	1	Mensaje 1	22	Mensaje 1	43	Mensaje 1	64
Mensaje 2	2	Mensaje 2	23	Mensaje 2	44	Mensaje 2	65
Mensaje 3	3	Mensaje 3	24	Mensaje 3	45	Mensaje 3	66
Mensaje 4	4	Mensaje 4	25	Mensaje 4	46	Mensaje 4	67
Mensaje 5	5	Mensaje 5	26	Mensaje 5	47	Mensaje 5	68
Mensaje 6	6	Mensaje 6	27	Mensaje 6	48	Mensaje 6	69
Tarea 2	7	Tarea 2	28	Tarea 2	49	Tarea 2	70
Tarea 3		Tarea 3		Tarea 3		Tarea 3	
Noticia 1	8	Noticia 1	29	Noticia 1	50	Noticia 1	71
Noticia 2	9	Noticia 2	30	Noticia 2	51	Noticia 2	72
Noticia 3	10	Noticia 3	31	Noticia 3	52	Noticia 3	73
Noticia 4	11	Noticia 4	32	Noticia 4	53	Noticia 4	74
Noticia 5	12	Noticia 5	33	Noticia 5	54	Noticia 5	75
Noticia 6	13	Noticia 6	34	Noticia 6	55	Noticia 6	76
Tarea 4		Tarea 4		Tarea 4		Tarea 4	
Persona 0	14	Persona 0	35	Persona 0	56	Persona 0	77
Persona 1	15	Persona 1	36	Persona 1	57	Persona 1	78
Persona 2	16	Persona 2	37	Persona 2	58	Persona 2	79
Persona 3	17	Persona 3	38	Persona 3	59	Persona 3	80
Persona 4	18	Persona 4	39	Persona 4	60	Persona 4	81
Persona 5	19	Persona 5	40	Persona 5	61	Persona 5	82
Persona 6	20	Persona 6	41	Persona 6	62	Persona 6	83
Tarea 5	21	Tarea 5	42	Tarea 5	63	Tarea 5	84

Examen 5	Pista	Examen 6	Pista	Examen 7	Pista	Examen 8	Pista
Tarea 1		Tarea 1		Tarea 1		Tarea 1	
Mensaje 1	85	Mensaje 1	106	Mensaje 1	127	Mensaje 1	148
Mensaje 2	86	Mensaje 2	107	Mensaje 2	128	Mensaje 2	149
Mensaje 3	87	Mensaje 3	108	Mensaje 3	129	Mensaje 3	150
Mensaje 4	88	Mensaje 4	109	Mensaje 4	130	Mensaje 4	151
Mensaje 5	89	Mensaje 5	110	Mensaje 5	131	Mensaje 5	152
Mensaje 6	90	Mensaje 6	111	Mensaje 6	132	Mensaje 6	153
Tarea 2	91	Tarea 2	112	Tarea 2	133	Tarea 2	154
Tarea 3		Tarea 3		Tarea 3		Tarea 3	
Noticia 1	92	Noticia 1	113	Noticia 1	134	Noticia 1	155
Noticia 2	93	Noticia 2	114	Noticia 2	135	Noticia 2	156
Noticia 3	94	Noticia 3	115	Noticia 3	136	Noticia 3	157
Noticia 4	95	Noticia 4	116	Noticia 4	137	Noticia 4	158
Noticia 5	96	Noticia 5	117	Noticia 5	138	Noticia 5	159
Noticia 6	97	Noticia 6	118	Noticia 6	139	Noticia 6	160
Tarea 4		Tarea 4		Tarea 4		Tarea 4	
Persona 0	98	Persona 0	119	Persona 0	140	Persona 0	161
Persona 1	99	Persona 1	120	Persona 1	141	Persona 1	162
Persona 2	100	Persona 2	121	Persona 2	142	Persona 2	163
Persona 3	101	Persona 3	122	Persona 3	143	Persona 3	164
Persona 4	102	Persona 4	123	Persona 4	144	Persona 4	165
Persona 5	103	Persona 5	124	Persona 5	145	Persona 5	166
Persona 6	104	Persona 6	125	Persona 6	146	Persona 6	167
Tarea 5	105	Tarea 5	126	Tarea 5	147	Tarea 5	168